總策畫　林慶彰　劉楚華
主　編　翟志成

景印香港
新亞研究所

新亞學報

第一至三十卷
第十九冊・第十卷・第一期（上冊）

景印香港新亞研究所《新亞學報》（第一至三十卷）

景印香港新亞研究所《新亞學報》（第一至三十卷）

黃進興　廖伯源　羅志田

饒宗頤

執行編輯　李啟文　張晏瑞

（以上依姓名筆劃排序）

景印香港新亞研究所《新亞學報》第十九冊

第十卷・第一期（上冊） 目次

景印本・第十卷・第一期（上冊）

新亞學報

第十卷第一期（上冊）

新亞研究所

本學報由美國哈佛燕京學社贈資印行特此誌謝

新亞研究所

目錄

新亞學報編輯畧例

（一）本刊宗旨專重研究中國學術，以登載有關中國歷史、文學、哲學、教育、社會、民族、藝術、宗教、禮俗等各項研究性的論文爲限。

（二）本刊由新亞研究所主持編纂，外稿亦所歡迎。

（三）本刊年出兩期，以每年二月八月爲發行期。

（四）本刊文稿每篇以五萬字爲限；其篇幅過長者，當另出專刊。

（五）本刊所載各篇，其版權及繙譯權，均歸本研究所。

唐代長安太原道驛程考

嚴耕望

長安、太原道，當沿渭水北岸東行，渡黃河，又畧循涑水接汾水河谷而上，此地理條件所限，古今殆大畧相同也。惟歷代驛程，與運用狀況，則不盡相同。隋書經籍志二史部有并州入朝道里記一卷，蔡元恭撰，記當時此道途程當甚詳，惜久佚。今勾稽舊史、詩文，參取圓仁入唐巡禮行記，表出此道途程，以爲讀史者之一助。

此道大畧取渭水北岸東經同州（今大荔縣），由蒲津渡河至蒲州（今永濟縣），再東北畧循涑水河谷而上，至絳州（今新絳縣）。又由同州東北行至龍門，渡河，循汾水而上亦至絳州。又由蒲州沿河東岸北行至龍門，接龍門絳州道。絳州又循汾水河谷北上，經晉州（今臨汾縣），至太原府（今晉源縣）。此觀地形可畧知，殆古今所同者。唐世，此道全線皆置驛，惟同州東北經龍門之支線不置驛。

詳考見下文。今姑先舉三例：其一，周武帝由洛陽伐齊不克，乃改取蒲津、平陽道。通鑑一七二陳太建八年紀述周武帝取此道伐齊事云：

「正月癸未，周主如同州。辛卯，如河東涑川。甲午，復還同州。」三月，還長安。

「冬十月己酉，周主自將伐齊，……至晉州，軍于汾曲，……遣內史王誼監諸軍攻平陽城……周主自汾曲至城下督戰，……遂克晉州。……攻拔洪洞、永安二城。……十一月己卯，齊主至平陽（卽晉州）。周主以齊兵新集，……西還以避其鋒。……留齊王憲爲後拒，齊師追之，……憲引軍渡汾水，追及周主於玉壁。齊師遂圍平陽。……周主使齊王憲將兵六萬屯涑川，遙爲平陽聲援。……癸巳，周主還長安。」

「丁酉，周主發長安。壬寅，濟河。……十二月丁未，周主至高顯，遣齊王帥所部先向平陽。戊申，周主至平陽。……兵纔合，……齊主卽以淑妃奔高梁橋，……至洪洞。……辛亥，周主入平陽。……癸丑，至汾水關。……高阿那肱……守高壁，……周主引軍向高壁，阿那肱望風退走。……丙辰，周主與齊王憲會於介休。……丁巳，周師至晉陽。……己未，周主至晉陽。」

據此，是年周主經營伐齊，凡三次東行。第一次正月，由同州取蒲州、涑水道。第二次十月，入齊道不詳由蒲津，抑由龍門，然由晉州回師則沿汾水下流，是當非取涑水道也。第三次，高顯以南所經不明，但循汾水河谷北上，經晉州、汾水關、高壁、介休，至晉陽則甚詳，皆沿汾水而行也。其二，唐祖李淵由太原入長安，通鑑一八四隋義寧元年紀述其行程如次：

「七月……癸丑，淵帥甲士三萬發晉陽。……丙辰，淵至西河，……入雀鼠谷。壬戌，軍賈胡堡，去霍邑五十餘里，代王侑遣（銜畧）宋老生帥精兵二萬屯霍邑，（銜畧）屈突通屯河東以拒淵。……八月……辛巳旦，東南由山足細道趣霍邑。……遂克之。……丙戌，淵入臨汾郡（晉州、平陽郡）。……庚寅，宿鼓山。絳郡通守陳叔達拒守。辛卯，進攻，克之。……癸巳，淵至龍門。……薛大鼎說淵，請勿攻河東；自龍門直濟河，據永豐倉，傳檄遠近，關中可坐取也。……任瓌說淵曰，關中豪傑皆企踵以待義兵，……義師自梁山齊河，指韓城，逼郃陽……然後鼓行而進，直據永豐，雖未得長安，關中固已定矣。淵悅。……時關中羣盜，孫華最强。丙申，淵至汾陰（今滎河縣北），以書招之。己亥，淵進軍壺口。……壬寅，孫華自郃陽輕騎渡河見淵，……以華……領馮翊太守……使之先濟。繼遣……王長諧……將步騎六千，自梁山濟。……以任瓌爲招慰大使，瓌說韓城下之。……戊午，淵帥諸軍圍河東，屈突通嬰城自守。……淵……留諸將圍河東，自引軍而西。朝邑法曹武功靳孝謨以蒲津、中潬二城降，華陰令李孝常以永豐倉降。……庚申，李淵帥諸軍濟河。甲子，至朝邑，舍於長春宮。……壬申，進屯馮翊，……世民……營於涇陽。……冬十月辛巳，淵至長安。」

是李淵行軍沿汾水南下，至汾水入河處，分軍自梁山渡河，而自引兵南行。又分軍圍河東郡，而自引大軍渡蒲津至朝邑，屯馮翊（同州），入長安也。其三，圓仁入唐求法巡禮行記三，記由太原府至長安之行程所經州縣如次：

清涼縣，文水縣，汾州，孝義縣，靈石縣，霍邑縣，趙城縣，洪洞縣，晉州，太平縣，稷山縣，龍門縣，寶鼎縣，到河中府。過蒲津關，經河西縣，朝邑縣，同州，馮翊縣，操〔櫟〕陽縣，高陵縣，渡渭橋，灞橋，至長安城。

此亦與前舉兩度行軍路線畧同。觀此三例，此道所經，大畧可曉。

唐六典六刑部司門郎中條：「京城四面關有驛道者爲上關，餘關有驛道及四面關無驛道者爲中關。」上關六，同州蒲津關居其一；中關十三，同州龍門關居其一。則蒲津關道爲主線，置館驛；龍門關道則不置驛也。蒲津以西及以北幹線，置驛尚有可考者，俱詳後文。

長安正東微北至同州二百五十里。其行程蓋有南北兩道。北道由長安北渡渭水七十里至涇陽縣（今縣），置迎冬驛，其渡處當在長安北二十六里之中橋渡，但亦可能取道長安西北十八里之中渭橋。

元和志一，京兆府，「正東微北至同州二百五十里。」同書同州卷及寰宇記二五雍州卷皆同。惟寰宇記同州卷作一百八十里，顯誤。涇陽縣去長安方位里數，據元和志二；長安志一七，同。寰宇記二六作二百里，亦顯誤。長安志一七，涇陽縣有「迎冬驛，在廣吉鄉。十道志曰，舊池陽縣城俗名迎冬城……後爲驛，今廢。」按元和志云「涇陽本秦舊縣。」「惠帝改置池陽縣……故城在今縣西北二里。以其地在池水之陽，故曰池陽。」

關於長安至涇陽之渡渭處，雍錄六、三渭橋條，秦、漢、唐駕渭水者凡三橋，便橋、中渭橋、東渭橋是也。「三橋而外，以船渡者十一處。萬年一，渭橋渡；長安三，中橋、嘉麥、段留也。」長安志一二長安縣，「中橋渭水渡在縣北二十六里。」同書一三咸陽縣，「中橋渡在縣東二十五里。」「安劉渡（蓋與段留爲一渡歟？）在縣東三十五里。」「嘉麥渡在縣東三十五里。」疑此道渡處或當在中橋渡，蓋在中渭橋之東不甚遠，故以中渭名也。然亦可能即取中渭橋，或取另外兩渡口也。中渭橋在長安西北約十八里，詳長安涼州道驛程考。

涇陽以東，並北山南麓東北行，四十里至三原縣（今縣東北三十里），置三原驛。縣西南十五里黃白城蓋當大道。

三原又東四十里至富平縣（今縣東北十里），城內置富平驛。又六十里至梁田陂，又三十里至奉先縣，即蒲城縣（今縣），城內置昌寧驛。又有「通智驛，在縣西北景陵下，去縣二十里。堯山驛在縣北光陵下，去縣十里。孝城驛在縣東北泰陵下，去縣三十里。豐山驛在縣北橋陵下，去縣三十里。」蓋多爲帝陵而置，未必皆當大道。奉先又東約六十里至乾坑店，當置驛。又三十里至同州治所馮翊縣（今大荔縣）。

通鑑二二九，建中四年，李懷光入援奉天。至河中，渡河，「西屯蒲城，有衆五萬。」又「自蒲城引兵趣涇陽，並北山而西，……敗泚兵於醴泉。」又舊一二一李懷光傳，懷光屯咸陽不得志，「乃驅兵分爲部隊，掠涇陽、三原、富平，自同州往河中。」觀其往返所經，知咸陽、涇陽、三原、富平、蒲城、同州、河中爲一道，在北山之南，故云「並北山」也。蒲城，開元四年已改名奉先，以及諸縣間之里距皆可據元和志推知。寰宇記二八，同州蒲城縣在州東南九十里。按東南當作西北。一統志同州府，縣在州西八十里，是矣。里數仍從記。

蒲城縣各驛見長安志一八蒲城縣目。同書一九，富平縣，「縣驛在縣城內，西北至三原縣驛五十里。南至華州一百三十里。」又一七渭南縣，「渭南驛在縣郭內，……北至耀州富平縣驛七十里。」知三原、富平縣皆置驛也。惟兩縣相距五十里，與據元和志所推求之里數有十里之差，姑存待考。

黃白城，元和志一，三原縣有「黃白城，在縣西南十五里，後漢李傕亂政，……移保黃白城，即此地也。秦曲梁宮在縣西南十五里，黃白城內。」按黃白城屢見通鑑。如漢興平二年，李傕「欲轉車駕幸池陽黃白城。」胡注引李賢曰：「故城在今涇陽縣西北。」（卷六一。）又晉建興元年，四月「漢中山王曜……寇長安，……詔麴允屯黃白城以拒之。」下云：「曜屯蒲坂。」八月「曜……攻麴允于黃白城，允累戰皆敗。」趙染說曜曰：「麴允率大衆在外，長安空虛，可襲也。」（卷八八。）又晉永和六年，杜洪據長安，苻健由枋頭悉師西襲長安。「健遣苻雄徇渭北……羌酋白犢屯黃白……降於健。」（卷九八。）是黃白城當甚重要。且似當渭北入長安之大道也。

梁田陂、乾坑店　白居易有和楊同州寒食乾坑會後聞楊工部欲到知予與工部有宿酲詩（全唐詩七函七册居易集三二）。是當去同州不遠。又新二一八沙陀傳，黃巢據長安，李克用自河東入援。「克用自夏陽濟，……次同州、壁乾坑，與賊戰梁田陂，敗之。進壁渭橋，遂收京師。」新二二五下黃巢傳云，李克用「獨引軍自嵐、石，出夏陽，屯沙苑，破黃揆軍，遂營乾坑。……合河中、易定、忠武等兵擊巢，……巢衆凡十萬……大戰梁田陂，賊敗。」舊五代史二五後唐武皇紀，略同，惟作乾坑店。通鑑二五五中和三年紀，略同。胡注：「乾坑在沙苑西南。梁田陂，舊書作良天坡，在成店西三十里。」按元和志二同州，「州西三十里有乾坑，即龍首（渠）之尾也。」地望正合。一統志同州府卷古蹟目，「乾坑在大荔縣西四十里，接蒲城縣界。……今名界溝。」是也。觀里距及白詩，此處當置驛無疑，但驛名無考耳。梁田陂在乾坑之西，胡注云成店西三十里。但城店亦無考。紀要五四，梁田陂在蒲城縣西三十里。形勢頗合。而一統志同州府卷山川目，「梁田坡在華州西三十里。」下引通鑑及胡注。華字似譌。然據寰宇記二八，同州本後魏所置華州，西魏改名同州。則此華州即指同州言，謂在同州西三十里也。似紀要之說爲長。

南道由京師東行，經長樂驛、滋水驛，至東渭橋，共五十里。過橋即渭橋鎮，又三十里，中經鴻臚館，至高陵縣（今縣），置神皐驛，在城北。

圓仁由同州至長安通化門外，中經故市、櫟陽、渭橋、灞橋，即是南道。見行記卷三。由京師東行經長樂、滋水兩驛，至東渭橋五十里，詳唐兩京館驛考及唐代長安洛陽道驛程考。李觀東渭橋銘序（全唐文五三五）云：「（貞元）七年十一月，觀自京師適高陵，經東渭橋。」是適渭北高陵而取道東渭橋之明證。元和志，高陵西南至京兆府八十里。寰宇記二六，同。則橋至縣城三十里也。又按涇陽在府北七十里，高陵在府東北八十里，則至高陵不取涇陽可知，此亦取道東渭橋至高陵之反證。

長安志一七，高陵縣有「渭橋鎮在縣南一十八里。」當即在渭橋至高陵途中。圓仁行記三，櫟陽南至渭橋三十五里，水閣一里，鎮臨渭水，在北岸上，殆即渭橋鎮也。長安志又云「鴻臚館在縣南一十八里。今廢。神皐驛在縣北一百五十步，今廢。」當是唐世館驛也。鴻臚館在縣南十八里，當在大道上。

又東，略沿渭水北岸行，二十里至櫟陽縣（今櫟陽鎮，在臨潼縣北隔渭水五十里），置館驛。或由滋水驛東行至昭應縣，北渡渭水，亦至櫟陽，里程略同。

柳宗元館驛使壁記（全唐文五八〇）述京畿館驛云：「自萬年至於渭南，其驛六，其蔽曰華州，其關曰潼關。自華而北，界於櫟陽，其驛六，其蔽曰同州，其關曰蒲津。……」是櫟陽當渭北東出同州大道之要，並置驛也。櫟陽當同州道，自不待言。圓仁由同州經櫟陽，渭橋，至長安，見行記三。圓珍由長安經東渭橋，又經櫟陽縣至同州，見餘芳編年集圓珍請弘傳眞言止觀兩宗官牒欵狀。此二者皆其證。至於華州，元稹華嶽寺望山詩，全題作「與（劉）太白同之東洛，至櫟陽，太白染疾駐行，予於九月二十五日至華嶽寺雪後望山。」（元長慶集一六。）此其明徵矣。又廣記三四一引河東記，述貞元中鄭馴事云，馴卒於渭橋，鬼魂至渭口渡渭至永豐倉，還華陰別墅。此雖小說家言，亦足見當時必多如此行程者。是櫟陽亦當渭北東出華州之又一證也。

元和志一，櫟陽縣西南至京兆府一百里。寰宇記二六，同。則高陵至櫟陽僅二十里。又杜翁自京赴奉先縣詠懷（詳注四）云：「凌晨過驪山，御榻在嵽嵲，」「北轅就涇渭，官渡又改轍。」是由滋水驛更東至昭應始北渡渭水矣。檢一統志西安府卷關隘目，「櫟陽鎮在臨潼縣北五十里，即元廢櫟陽縣治。」亦即唐櫟陽縣治也。則杜翁由昭應（即今臨潼）渡河即抵櫟陽，昭應在長安東五六十里，（詳長安洛陽道驛程考。）則所謂櫟陽西南至京師百里者亦可能指杜翁所經之道而言。

櫟陽又東三十里至新店，又約三十里至下邽縣（今下邽鎮，在渭南縣北隔渭水五十里），蓋置驛。相近有永安店，又東約二十五里至故市（今有故市鎮），又東約三十五里至潘驛（今有潘邑），又東十里至王明店，又東十里渡洛水，又十里至同州治所馮翊縣（今大荔縣），驛名待考。

上邽當大道雖無强證，然地在渭水北岸，同州西南至櫟陽間，其為大道所經無疑。其今地，一統志西安府卷關隘目，「下邽鎮在渭南縣北五十里，即秦下邽縣治。」而古蹟目下邽故城條引渭南縣志，「下邽故城在縣北五十里，元省入渭南，遺址猶存。」合觀此兩條，似自秦至元，下邽皆即今渭南縣北五十里之下邽鎮者。檢寰宇記二九下邽縣目，「廢下邽縣城在縣東南三十五里。地理志，秦下邽也，自漢及晉不改，魏初移於雄霸城。水經注云，渭水注下邽故城南，即此也。」又云：「本秦漢舊縣，……隋開皇……十七年屬同州，置在雄霸城。……按四夷縣道記云，下邽縣東南二十五里有下邽古城，在渭水之北，即大業十一年自此城移入西魏廢延壽郡城，即今縣理是也。」則秦漢之下邽在隋唐之下邽東南二十五里或三十五里，本非一地。一統志誤混爲一。檢元和志二，下邽縣東南至華州八十里。（寰宇記，縣在州東北隔渭水八十里。東北顯爲西北之誤。）而渭南東至華州五十里。就形勢言，今渭南縣北五十里之下邽鎮正當即隋唐之下邽，不能更在其西北二十五里或三十五里也。且「遺址猶存」亦當係隋唐至元之下邽城，非更古之城也。

白居易別楊同州後却寄（全唐詩七函八册居易集三九）云：「潘驛橋南醉中別，下邽郵北醒時歸。」明下邽至潘驛不太遠。檢一統志同州府卷關隘目，「潘驛鎮在大荔縣西三十里。」國防研究院地圖，大荔西南有潘邑，當即其地。則爲同州西南行之第一驛，故楊同州得送別居易於此也。

通鑑二六二，天復元年十月，朱全忠至河中將趨西京。十一月己酉，引兵七萬趣同州。壬子，「全忠自故市引兵南渡渭。」華州韓建降，「全忠乃西南趣赤水。」檢申報館新地圖，大荔西南有故市，其南有道通華縣，赤水又在華縣之西。則此故市地望與朱全忠行程正合，當在下邽、潘驛之間。

同州至長安可有三道，三原、富平道最迂，南取華州道二百六十里；（元和志，華州西至長安一百八十里，東北至同州八十里。）而高陵、櫟陽道最捷近，所謂二百五十里者當指此道而言，故櫟陽東經下邽、故市、潘驛，至同州應爲一百五十里。又通典一七三，同州馮翊郡，「西至華陰郡下邽縣八十九里。」則櫟陽至下邽約六十里，又經故市六十里至潘驛，又三十里至同州也。前引柳宗元館驛使壁記，「自華而北，界於櫟陽，其驛六。」疑下邽、故市皆置驛，下邽爲京畿望縣，尤當置驛無疑。

上文考證既定，復檢圓仁入唐行記三，述其同州以西行程云：

「同州……西行十里渡洛河，西行十里到馮翊縣安遠村王明店……西行十五里到蕃〔潘〕驛店……西行四十里到故市庄……西行二十五里到永安店……西行三十五里到新店……南行三十里到京兆府界操〔櫟〕陽縣……南行三十五里到高陵縣渭橋。」

是同州西行經潘驛，故市，至櫟陽，再至渭橋，正上文所考之道也。惟不云經上邽。蓋圓仁所經，惟住宿斷中則記之，餘則多畧之也。又據唐代志書，櫟陽至同州應爲一百五十里，此記則一百六十五里，相差亦不多，蓋據民間所報，容有未確，故仍據地志書之。但據此記，同州西十里渡洛河，又有王明店、永安店、新店之名，永安店蓋即上邽地區也。

兩道皆置驛。然唐人行旅似取南道經東渭橋者爲多。

前於論櫟陽當南道之要，引圓仁行記及圓珍請弘傳眞言止觀兩宗官牒欵狀，一由同州至長安，一由長安至同州，皆取道櫟陽及東渭橋。又通鑑二二九，涇原之亂，李晟由河北入援，「自蒲津濟，軍於東渭橋。」皆見唐代公私行程多取南道；取北道者則殊少見。

同州南行三十二里有興德宮，置興德驛。又南渡渭水興德津至華陰縣，接長安、洛陽大驛道。州東北行至龍門渡河，爲通太原之另一道。

按通華陰道，詳唐代長安洛陽道驛程考。通龍門道，詳後文。

同州當河中之衝途，爲通太原之主線。其行程：州東三十五里至朝邑縣（今縣），當置驛。縣東三十步有古大荔國故王城，縣西南二里有臨晉故城，皆爲自古用兵會盟之重地。

新一五四李晟傳，晟曰：「河中抵京師三百里，同州制其衝。」是也。元和志二，朝邑縣西至州三十五里。九域志三，同。圓仁行記亦云朝邑西行三十五里至同州。寰宇記二八作二十五里，字譌。

朝邑爲自古軍事會盟之重地。史記地名考臨晉條列舉戰國秦漢史事云：「魏文十六，伐秦，築臨晉元里。秦惠文王十二，與魏王會臨晉。魏哀十七，與秦會臨晉。秦武三，與韓襄王會臨晉。漢王從臨晉渡，下河內。漢王還定三秦，渡臨晉……。」是臨晉在古代交通上之地位可知。其地望舊有馮翊（即大荔）與朝邑兩說。河渠書正義引括地志：「同州本臨晉城也，一名大荔城，亦曰馮翊城。」又游俠郭解傳正義：「臨晉故城在同州馮翊縣西南二里。」元和志二，馮翊「本漢臨晉縣，故犬戎城，秦獲之更名。舊說，秦築高壘以臨晉國，故曰臨晉。晉武帝改爲大荔縣。」是謂臨晉在唐之同州治所馮翊縣，正義且指明在馮翊西南二里也。而通典一七三同州朝邑縣，「古大荔戎因〔國〕，漢臨晉縣故城在西南。」寰宇記二八朝邑縣，「臨晉故城在今縣西南。」紀要五四，臨晉城在朝邑西南二里。是皆謂在朝邑也。按此二說皆甚古，未知孰是。然馮翊去河六十里，朝邑去河減三十里，似朝邑爲正。且元和志六，朝邑「本漢臨晉縣地。大荔國在今縣東三十步，故王城也。」寰宇記，同。漢臨晉即古大荔國王城，似別無異說。元和志亦承認大荔國在朝邑，亦臨故城當在朝邑之證也。

又東約三十里至大河，有蒲津，乃自古臨晉、蒲坂之地，爲河東河北陸道西入關中之第一鎖鑰。故建長橋，置上關，皆以蒲津名。河之兩岸分置河西（今平民縣？）、河東縣（今永濟縣），夾岸置關城，西關城在河西縣東二里，東關城在河東縣西二里，河之中渚置中潬城。河橋連鎖三城，如河陽橋之制。開元九年易竹絙爲鐵鏈以繫舟航，兩岸各鑄鐵牛四鐵人四以鎮維之，具見規制之宏壯。

蒲津關　臨晉當大河東西交通要衝，故自古常置關曰臨晉。齊策六，即墨大夫謂齊王曰：

「三晉大夫皆不便秦，……王與之百萬之衆使收三晉之故地，即臨晉之關可以入矣。鄢郢大夫不欲爲秦，王收而與之百萬之師，使收楚故地，即武關可以入矣。」

此似爲臨晉名關之最早見者，具見臨晉、武關爲晉、楚入秦之主道。大抵關中向東交通自古以三關爲重。武關東南通江漢流域，臨晉關東北通黃河大灣曲以東以北地區，（即唐之河東道、河北道）；至於正東通大河以南大平原地區，秦漢以函谷關爲阻，魏晉以下則以潼關爲重險也。故臨晉關在中國交通軍事史上之地位極高。方輿紀要三九山西重險蒲津條引述極詳，茲不贅。僅引兩事爲顧書所未及者：

隋書二四食貨志：「時（文帝初）………戶口歲增，諸州調物，每歲河南自潼關，河北自蒲坂，達於京師，相屬於路，晝夜不絕者數月。」

舊一五憲宗紀，元和十二年二月，「時王承宗、李師道欲阻用兵之勢，遣人折陵廟之戟，焚芻藁之積，流矢飛書，恐駭京國。……及賊平復，得淄青簿領中有賞蒲、潼關吏案，乃知容姦者，關吏也，搜索不足以爲防。」

據此，蒲關與潼關並爲東方入長安之兩主道可知，張說蒲津橋贊云：「關西之要衝，河東之輻湊，必由是也。」（詳下引。）誠不虛矣。唐六典六刑部司門郎中條，京城四面關有驛道者爲上關。上關六，蒲津其一。亦見其地位。至於關名蒲津之始。通鑑一七二，陳太建八年，周伐齊，分軍守要害，使涼城公辛韶守蒲津關。」胡注：「漢書，武帝元封六年，立蒲津關。」檢漢書實無此文。又元和志一二河中府河東縣，「蒲坂關一名蒲津關，在縣西四里。魏志曰，太祖西征馬超、韓遂，夜渡蒲津關，即謂此也。」檢魏志亦無蒲津關之名。不知關名蒲津究何始也。然觀通鑑此條，不能遲於南北朝末期。又周書三九韋瑱傳，「鎮蒲津關，帶中潬城主。」尤爲強證。至唐通稱蒲津關，見通典一七三馮翊郡朝邑縣目及史記淮陰侯傳索隱等處。前引六典六刑部司門條，當唐盛時，上關僅六座，潼關、蒲津關各居其一，是地位相同。新書方鎮表河中格，「至德元載，置河中防禦守捉蒲關使。二年，升河中防禦爲河中節度兼蒲關防禦使。」又通鑑二一八，至德元載有蒲關防禦使呂崇賓。是天下有變，其見重固亦與潼關同置防禦使也。

元和志云，蒲津關在河東縣西四里。又朝邑縣目云：「縣西南（蓋東南之譌）有蒲津關。」寰宇記四六蒲州河西縣，「蒲津關在縣東二里，通西北鄜延銀夏之路。」又河東縣，「蒲津關在縣西二里，後魏大統四年，造舟爲梁，九年築城，亦關河之巨防。」按通鑑二八八後漢乾祐元年，「郭威自陝州，白文珂自同州，常思自潼關，三道攻河中。……白文珂克西關城，柵於河西。」西關城殆即河西縣東二里蒲津關之西城也。河西有西關城，當對東關城而言。東城殆即寰宇紀河東縣西二里者。岑參有宿蒲關東店詩（全唐詩三函八冊參集二）云：「關門鎖歸客，一夜夢還家，月落河上曉，遙聞秦樹鴉。」當即在河之東岸關城之外也。蓋大河東西兩岸各有關城，河之中渚又有中潬城（詳下文），如河陽橋有南北中三城之制。

中潬城　圓仁行記卷三，自太原「到河中節度府……有蒲津關，……渡黃河，浮船造橋闊二百許步。黃河西〔兩〕流造橋兩處，南流不遠兩派合。却過七重門向西行五里到河西縣。」是此處河中有洲，故流分爲二。前引周書韋瑱傳，西魏大統八年已置中潬城，有專人防守。蓋即在此河渚上也。通鑑一八三隋義寧元年，李淵起兵，「朝邑法曹靳孝謨以蒲津、中潬二城降。」是隋唐仍舊置。下文考蒲津橋引張說蒲津橋贊仍謂中潬爲河橋中間襟束也。

蒲津橋　三國魏志武帝紀，漢建安十六年，操討馬超、韓遂，「潛遣徐晃……夜渡蒲坂津，據河西爲營。」蓋以津在蒲坂故名。後乃省稱蒲津。苻健時有蒲津監寇登，見御覽一六四引十六國春秋。又通鑑一五六梁中大通六年，高歡退屯河東，「築城於蒲津西岸。」是也。隋唐時代通稱蒲津矣。通典四六，蒲州河東縣，「有蒲津關，後魏大統四年造浮橋。九年築城爲防。」寰宇記四六作「造舟爲梁。」按秦本紀昭襄王十五年初作河橋。正義：「此橋在同州臨晉縣東，渡河至蒲州，今蒲津橋也。」此言蓋是。又通典一七三，朝邑有河橋，「秦后子奔晉造舟於河，通秦晉之道。」則浮橋之制早已有之，不始於大統也。通典四六續云：

「大唐開元十二年，河兩岸開東西門，各造鐵牛四，其牛下並鐵柱，連腹入地丈餘，並前後柱十六。」

寰宇記，「鐵牛四」下有「鐵人四」三字，又最後有「橋跨河，至今存。」又新志河中府河西縣目云：

「有蒲津關，開元十二年鑄八牛，牛有一人策之。牛下有山，皆鐵也，夾岸以維浮梁。」

此云開元十二年更修浮橋，於兩岸各鑄鐵牛四鐵人四以維之。而唐會要八橋梁目云：

「開元九年十二月九日，增修蒲津橋，絙以竹葦，引以鐵牛。命兵部尙書張說刻石爲頌。」

通鑑亦書於九年，云：「新作蒲津橋，鎔鐵爲牛以繫絙。」按九年正月改蒲州爲河中府，置中都，六月罷。增修蒲津橋可能與建中都有關。且張說爲兵部尙書在九年，至十一年爲中書令，由王晙繼任兵尙。尤爲作頌當在九年之證。又據前引各條，似此次增修浮橋惟鑄鐵牛鐵人於兩岸以鎭之而已。然檢張說蒲津橋贊（全唐文二二六）云：

「域中有四瀆，黃河是其長。河上有三橋，蒲津是其一。（另二橋當指太陽橋，河陽橋。）隔秦稱塞，臨晉名關，關西之要衝，河東之輻湊，必由是也。其舊制，橫絙百丈，連艦千艘，辮修笮以維之，繫圍木以距之，亦云固矣。然每冬冰未合，春沍初解，流澌崢嶸，塞川而下，如礎如臼，……綆斷航破，無歲不有。雖殘渭南之竹，仆隴坻之松，敗輒更之，罄不供費，津吏成罪，縣徒告勞，以爲常矣。開元十有二載（一作九年十二月），皇帝聞之曰：嘻，我其慮哉！………通其變………相其宜，授彼有司，俾鐵代竹，取堅易脆。………於是大匠蕆事，百工獻藝，………是煉是烹，亦錯亦鍛，結而爲連鎖，鎔而爲伏牛，偶立於兩岸，襟束於中潬，鎖以持航，牛以縶纜，亦將厭水物，奠浮梁，又疏其舟間，畫其鷁首，必使奔澌不突，積凌不溢。新法既成，永代作則。」

是則此次增修，不但鑄鐵牛鎭兩岸，以繫絙，且鑄鐵連鎖爲絙以繫舟航，又中束於中潬也。然鐵鏈亦未必能持久，故其後又用竹笮。新一八二李固言傳，出爲河中節度使。「蒲津歲河水壞梁，吏撤笮用舟，邀丐行人。固言至，悉除之。」此爲中葉仍用竹笮之證。餘芳編年集圓珍請弘傳眞言止觀兩宗官牒欵狀云：「止同州城，次渡蒲關。……見黃河兩岸各有鐵牛四頭，以鏁繫腳縛船爲浮船之基。」時在大中九年。蓋鐵絙雖廢，而鐵牛仍存也。

河東縣西去長安約三百二十里，爲蒲州、河中府之治所，開元中嘗置中都，蓋以位居長安、洛陽、太原之間，當三都聯絡交通之樞紐也。

通典一七九，蒲州河東郡西至馮翊郡八十里，西去西京三百六十里。檢同書一七三，馮翊郡東至河東郡八十一里，西去西京二百七十里。是本書即不相符。元和志，同州西至上都二百五十里，東至蒲津關六十里。同書一二，河中府西至同州六十七里，西南至上都三百二十里。寰宇記四六，河中府西至長安三百二十五里，與元和志畧合，大約三百二十里之譜也。

唐會要六八諸府尹目云：

「開元九年正月八日，改（蒲州）爲河中府，號中都，以姜師度爲尹。六月三日停中都，却爲州。乾元三年二月二十三日，改爲河中府，以蕭華爲尹。元年建卯月一日，號爲中都。元和三年三月，復爲河中府。」

按舊志作開元八年置中都，蓋誤。其餘年份皆合。而通典一七九作開元九年五月置中都，尋罷。無再置中都之文。新志亦誤作八年，亦無再建中都之文。檢元和志一二，開元元（寰宇記作「九」是）年五月五日置中都，六月詔停。下迄「大歷中，元載爲相，又上建中都議曰」云云，帝未許。寰宇記四六，同。是其時非中都也。復考肅宗元年建卯月南郊赦文（全唐文四五）云：「五都之號，其來自久，宜以京兆府爲上都，河南府爲東部，鳳翔府爲西都，江陵府爲南都，太原府爲北都。」是即建卯月一日赦文也。實未再建河中府爲中都也。此爲强證。會要、舊志皆誤無疑。至於開元九年，建中都，一作正月，一作五月。檢舊紀，開元九年春正月丙辰，改蒲州爲河中府，置中都。秋七月戊申，罷中都，依舊爲蒲州。通鑑二一二，置中都年月日同，罷中都作六月己卯。是也。是置在正月一日無疑，作五月者，譌也。

元和志云：大曆中，元載上建中都議，雖不果行，然其論河中形勢云：「河中之地左右王都，黃河北來，太華南倚，總水陸之形勝，鬱關河之氣色。」又云：「有羊腸、底柱之險，濁河、孟門之限，以轘轅爲襟帶，與關中爲表裏。」吉甫稱此議宏博，盡當時利害。蓋河中亦誠形勢之地也。

由河中府署循涑水南岸東北行，約七十里至虞鄉縣（今縣），又三十里至解縣（今縣），又東北四十五里至安邑縣（今縣），縣之南北有青臺驛。又蓋五十二里至桐鄉故城，即漢聞喜縣也。又北渡涑水八里至聞喜縣（今縣），又北六十里至絳州治所正平縣（今新絳縣），去河中二百六十里。

元和志一二，河中府「東北至絳州，取桐鄉路二百六十里。」寰宇記四六，蒲州「東北至絳州取桐鄉路二百四十五里。」是兩州間大道經桐鄉也。檢元和志，聞喜縣有「桐鄉故城，漢聞喜縣也，在縣西南八里。」又寰宇記四六解州聞喜目，與元和志同。（寰宇記四七絳州曲沃縣目云，桐鄉在曲沃縣西南，誤也。）檢一統志絳州卷古蹟目聞喜故城條引縣志，「甘泉谷在縣東二十里，桐鄉城在谷之西南，今縣在涑水南岸。」是此道當署循涑水河谷而行。通鑑一七二陳太建八年，「周主使齊王憲將兵六萬屯涑川，遙爲平陽（晉州）聲援。」正屯兵此道中也。參看周書一二齊王憲傳，憲屯大軍於涑水，進據蒙坑，以援晉州，知晉州無虞，復退歸涑川。由涑水接汾水爲一通道尤明。此道既循涑水河谷，而桐鄉在水南，則此道南段當經虞鄉、解縣、安邑也。下文各縣間里距累積計之，亦正合二百六十里之譜，且安邑南北有青臺驛，亦大道所經之一證。

青台驛，見御覽一七六引郡國志。志云：「蒲州蚩尤城鳴條野。禹娶塗山女，思戀本國，築臺以望之，謂之青臺，上有禹祠，下有青臺驛。」檢元和志六，陝州安邑縣，「高堠原在縣北三十里，原南坂口，即古鳴條陌也。」又寰宇記四六解州安邑縣，「蚩尤城在縣南一十八里。」「鳴條陌在縣東北一十五里。」則此驛正確地望雖不可知，要在安邑南北則無疑。則唐代驛道經安邑可知。寰宇記又云：「龍池宮在縣東南一十八里，唐開元八年置。」按唐置行宮例近驛道，亦道經安邑之證。安邑爲自古名都，驛道經此固宜。

又虞鄉縣（今縣）西至河中府七十里，見元和志及寰宇記。解縣西至河中府一百里，見寰宇記解州目。（元和志作四十七里，顯誤。）解縣東北至安邑四十五里，解縣東北至聞喜縣一百五里，皆見寰宇記解州目。聞喜北至絳州六十里，見元和志絳州目。則累積計之，由河中東經虞鄉，折東北經解縣，安邑，聞喜，至絳州，正合二百六十里之數，則志、記所謂取桐鄉路者即此道也。

州南七里有故家雀關，蓋亦大道所經。

通典一七九絳州絳郡治正平縣，「有高齊故武平關在今縣西三十里，故家雀關在縣南七里，並是鎮處。」寰宇記四七絳州正平縣亦有故家雀關，方位里數皆同。一統志絳州卷關隘目引州志：「州舊有南關，比歲爲汾水所齒，明萬曆八年，……建新關，北距舊關，南距澮水，皆不及二里，如舊關制，名曰重興。」統志引之以爲舊關即故家雀關，蓋是。在州南汾水南岸也。

又由同州取龍門關路亦通絳州。

龍門即古傳說大禹所鑿者。河水注引魏土地記曰：「梁山北有龍門山，大禹鑿通孟津，河口廣八十步，岩際鐫跡，遺功尚存。」通典一七三同州馮翊郡，韓城縣「古韓國，謂之少梁。漢爲夏陽縣，有梁山。……有龍門山，即禹導河至於龍門是也。魚集龍門，上即爲龍，皆在此。龍門戍在縣東北，極嶮峻。又有龍門關。」即其地。

龍門爲大河要津。通鑑一〇九，晉太元二十一年，秦主興遣將攻西燕河東太守柳恭，恭臨河拒守；不能下。興乃禮聘汾陰薛彊爲將，「引兵自龍門濟，遂入蒲坂。」又一五一，梁普通七年，魏以河東薛修義爲龍門鎮將。又一五六，梁中大通六年，西魏龍門都督薛崇禮以城降歡。又一七〇，陳太建二年，齊斛律光出晉州道，於汾北築華谷、龍門二城。進圍定陽（宋白云在慈州吉鄉縣）。三年，齊將宇文憲「自龍門渡河，斛律光退保華谷。」此皆唐前史事，見龍門爲一津渡處。又一八四，隋義寧元年，述唐高祖起兵路線，經晉州，至絳州。又由絳州西至龍門，令王長諧偏師由龍門梁山濟河，而自帥大軍沿河東岸南下圍河東，又由河東蒲津濟河至朝邑，屯長春宮。已見前引。又舊太宗紀，述武德二年事云：

「宋金剛之陷澮州也，兵鋒甚銳。……太宗上表……願假精兵三萬，……平殄武周。……高祖……悉發關中兵以益之，又幸長春宮，親送太宗。……太宗率衆趣龍門關，履冰而渡之，進屯柏壁，與賊將宋金剛相持。……金剛……遁……至介州。」

按澮州，武德初置，在今翼城縣。是太宗行程由長春宮，循大河西側至龍門，渡河至絳州也，與王長鍇等入關路線相反，皆見同州取龍門道至絳州也。

其道蓋由同州，或州東之朝邑縣，循河之西側，北經郃陽（今縣）、韓城（今縣），至龍門山，約二百五十里。地臨大河，河廣八十步，至險峻。夾河置關、戍、倉，皆以龍門名。開元中，龍門爲中關，以此道不置驛也。

篇首引通鑑一八四任瓌說李淵之言，可知梁山渡河指韓城，逼郃陽，乃至同州。而觀舊太宗紀書事，則自長春宮出發至龍門也。宮在朝邑縣（見前）。蓋同州至郃陽，朝邑至郃陽皆通道也。元和志二，同州郃陽縣西南至州一百二十里，韓城縣西南至州二百里。寰宇記二八，同。又通典一七三，馮翊郡韓城「有龍門山。……龍門戍在縣東北，極嶮峻。又有龍門關。」元和志，龍門山在韓城縣北五十里。「龍門戍在縣東北，極險峻，後周於此置龍門關，今廢。」寰宇記，韓城有「龍門山在縣北五十里，……三秦記，河津一名龍門，懸船而行，兩旁有山，水陸不通。」「龍門關一名龍門戍，極險峻。西魏大統元年置，在龍門山下，關口有龍門城，即戍所也。」是同州至龍門之里距情形可曉，龍門關戍皆在大河西岸也。而元和志一二絳州龍門縣，又云：「龍門在縣西北二十二里。」「大禹祠在縣西二十五里龍門山上。」寰宇記四六，蒲州龍門縣略同。則關又在絳州龍門縣境，在縣西北二十二里。新志，韓城、龍門兩縣亦皆記龍門關。蓋關實夾河建置耳。又新志，河中府龍門縣「有龍門倉，開元二年置。」是河之東側又有倉，以備屯聚接撥之用耳。

龍門河廣僅八十步，甚險峻，見前引河水注。又元和志一二絳州龍門縣，「黃河北(?)去縣二十五里，即龍門口也。」下文「河口廣八十步」云云，與河水注同。又引三秦紀曰，河津一名龍門，水陸不通，魚鼈之名莫能上。」寰宇記，同。均見龍門之形勢。

開元間，龍門關爲中關，不置驛，見唐六典，引詳本文首條。

由龍門渡河，東南行二十二里至龍門縣（今河津縣），在汾水之北五里。

縣在龍門口之東南二十二里，前條已引證。元和志龍門縣目又云：「汾水北去縣五里。」寰宇記同。又縣當絳州西渡大河之道，前引通鑑述李淵事亦已可徵知。

又由蒲州沿大河東側北行三十五里至辛驛店，又四十里至粉店，又四十里至寶鼎縣（古汾陰縣，今榮河縣），又二十五里至秦村，又三十五里至新橋渡，渡汾水又十六里亦至龍門縣。

圓仁行記卷三，由太原至龍門縣，「龍門縣……西南行十六里到新橋渡，渡汾河，渡從西岸着東岸，正南行三十五里到寶鼎縣管內秦村，……向西望見黃河。南行二十五里到寶鼎縣，……南四十里到臨晉縣粉店，……南行四十里到辛驛店，……南行三十五里到河中節度府。」即此道也。中國史上亦多可考。如前引通鑑一八四，述李淵行軍路線，由絳州至龍門，分軍渡河下韓城，而自將大軍圍河東，又由河東渡河至朝邑。是淵自率大軍即循此道。又通鑑一四一，齊建武四年「二月己酉，魏主南至離石。……夏四月庚申，至龍門，遣使祀夏禹。癸亥，至蒲坂，祀虞舜。辛未，至長安。」是龍門至蒲坂纔三日程，必直南行至蒲坂，不繞道也。復考前引李淵至龍門，未圍河東之前曾至汾陰。又通鑑二一二，開元十年，玄宗由東都北巡至幷州。二月，取晉州道，經汾陰，祠后土。三月還至長安。又二一三，開元二十年十月，由東都幸北都。十一月庚申，祀后土於汾陰。十二月，還西京。皆亦取道汾陰也。就形勢言之，蓋經絳州，西至龍門，又沿河東岸行經汾陰至蒲州河東縣也。汾陰後更名寶鼎。正即圓仁所行者。元和志一二河中府，寶鼎縣西南至府一百一十里。寰宇記四六蒲州寶鼎縣在州北一百一十里。龍門縣在州北一百九十八里。是里距可知。與圓仁行記相差才三里耳。

由龍門沿汾水北岸東行，四十九里至玉壁故城，又十二里至稷山縣（今縣），置驛。又二十九里至柏壁故鎭。又二十里至絳州治所正平縣（今新絳）。

元和志一二絳州，龍門縣東至州一百一十里。稷山縣東至州四十九里。寰宇記四六，稷山至絳州里數同。則龍門至稷山當爲六十一里。圓仁行記三，稷山縣西行六十五里到龍門縣，里數畧同。

又通典一七九絳州稷山縣，「後魏龍關郡，後周勳州故城，在今縣西南十二里，即王思政所築玉壁城，爲周氏重鎭。」元和志一二絳州稷山縣，「玉壁故城在縣南（寰宇記全抄元和志，但作「西南」，「是也」，今本元和志脫「西」字）十二里。後魏文帝大統四年，東道行台王思政表築玉壁城，因自鎭之。八年，高歡寇玉壁，……不尅。周初於此置玉壁總管。……城周廻八十（十字衍）里，四面並臨深谷。」此必當軍道。通鑑一七二陳太建八年，周主取齊平陽（晉州），引兵還，留齊王憲爲後拒。憲引軍渡汾，追及周主於玉壁。是爲的證。玉壁東北至稷山十二里，則西至龍門當爲四十九里。

又元和志絳州正平縣，「柏壁在縣西南二十里。後魏明帝元年於此置柏壁鎭，太武帝廢鎭，置東雍州及正平郡。周武帝於此改置絳州。建德六年，又自此移絳州於今稷山縣西南二十（當乙）里玉壁。按柏壁高二丈五尺，周廻八里。」寰宇記四七，全同。按此當亦大道所經。舊書太宗紀，武德二年十一月，「太宗率衆趣龍門關，履冰而渡之，進屯柏壁，與賊將宋金剛相持……金剛……遁，……追之至介州。」新紀、通鑑畧同。此尤柏壁當龍門、絳州道之明證。地在絳州西南二十里，則西至稷山當爲二十九里也。稷山置驛，南部新書己：「稷山驛吏王全作吏五十六年，人稱有道術，往來多贈篇什。」玉谿詩注卷一有戲題贈稷山驛吏王全詩。此稷山置驛之明證。

又崔祐甫汾河義橋記（全唐文四〇九）云：「絳人有成橋於稷山縣南汾河水上。」又云：「初茲縣有具舟之役，鄰邑有官修之梁。自太原、西河、上黨、平陽，至於絳，達於雍，繇卒迫程，賈人射利，濟舟爲捷，渡江如肆。」按元和志，稷山縣，「汾水在縣南五十里。」寰宇記，同。龍門、絳州道當行汾水之北，稷山南五十里汾水上之橋似非此道所經。豈絳州、聞喜道中耶？或另有通道耶？待考。

舊一六二李傪傳：「至坊州、絳州刺史，……常飾廚傳，以奉往來中使及禁軍中尉賓客，以求善譽。」即此一事足見使臣賓客過往之衆。

絳州爲京師、同州入太原諸道之總匯，故奉使往來者甚多。

由絳州東北循汾水河谷，渡河經高顯（今地），踰蒙坑（今蒙城）之險，凡一百四十里至晉州治所臨汾縣（今縣）。

通鑑一七二陳太建八年，述是年冬周主伐齊事云：

「十一月丁酉，周主發長安。壬寅，濟河，與諸軍合。十二月丁未，周主至高顯，遣齊王帥所部先向平陽。戊申，周主至平陽。庚戌，諸軍總集……逼城置陣。」

胡注：「高顯蓋近涑川。」紀要四一解州夏縣，高顯戍，在縣北。下引胡注爲說。按此前周主命齊王憲「將兵六萬屯涑川，遙爲平陽聲援。」故胡氏疑高顯與涑川相近也。紀要遂實指之。今按周主丁未至高顯，明日即至平陽，若高顯在夏縣北，則至平陽幾二百里，殊少可能。檢國防研究院地圖，絳縣東北，汾水南流折西處有高顯地名，在河東岸。元和志一二，絳州東北至晉州一百四十里。宇寰記四七絳州目，同。又四三晉州目亦云南至絳州一百四十里。度此高顯北去晉州不及百里，蓋眞其地矣。

蒙坑 周書一二齊王憲傳，憲營於涑水，進援晉州。或云晉州已陷，乃遣大將帥輕騎夜至晉州，「憲進軍據蒙坑爲其後援。」又通鑑二六七，後梁開平三年，「晉王……遣周德威……出陰地關攻晉州。詔楊師厚將兵救晉州。德威以騎扼蒙坑之險，師厚擊破之，進抵晉州。」胡注：「蒙坑在汾水東，東西三百餘里，蹊徑不通。」又新五代史五〇王峻傳：「劉旻（北漢）攻晉州，……峻軍出自絳州，先鋒報過蒙坑，峻喜謂其屬曰：蒙坑，晉絳之險也。旻不分兵扼之，使吾過此，可知其必敗也。峻軍去晉州一舍，旻聞周兵大至，即解去。」通鑑二九〇，畧同。是其地在晉州之南一舍以上，當晉絳大道，且極險要。檢國防研究院地圖，新絳、臨汾正中間有蒙城，在汾水之東，是其地矣。

又由絳州北行二十五里至鼓山，亦至晉州。疑非一道。

通鑑一八四，隋義寧元年，李淵起兵。八月「丙戌，淵入臨汾郡。……庚寅，宿鼓山。絳郡通守陳叔達拒守。辛卯，進攻，克之。」胡注，「鼓山在絳郡北。」一統志絳州卷山川目，「鼓山在州西北二十五里。唐温大雅創業起居注，義寧元年，帝宿於絳郡西北之鼓山，去郡二十餘里。……州志，鼓山即鼓堆，周四里，高五丈，穹窿而圓，狀如覆釜，人馬踐履有聲，故名。」就方向言，似與高顯非一道，然亦難定。

又由稷山東北行三十里至長秋驛，又五十里至太平縣（今汾城縣），又二十五里渡汾水至故關店，與絳州至晉州**道合**。故關北行二十五里至晉橋店，又三十里至晉州。

圓仁行記三，自太原府到晉州城。「出城西門西南行三十里到晉橋店，……南行二十五里到故關店，過河入景雲普通院宿。河北，晉州襄陵縣南界；河南，絳州太平縣北界。……南行二十五里到太平縣，……出南郭門，……行五十里到長秋驛宗家庄，……驛北十五里有馬頭山……西行三十里稷山縣。」此爲另一道，似且置驛，但故關店以北蓋即絳州通晉州道也。

晉州又東北，沿汾水東岸行，三十七里至高梁故城，有高梁橋。又二十三里至洪洞縣（今縣）。縣北六里有洪**洞鎮故城**。

周書一二齊王憲傳，憲屯永安（霍邑），退軍至高梁橋。通鑑一七二，陳太建八年，叙周齊攻守平陽事云：阿那肱謂齊主曰：「不如勿戰，却守高梁橋。」胡注，「地形志，晉州平陽縣有高梁城。水經注，汾水逕高梁故城西，故高梁之墟也。晉文公害懷公於此。汾水又南過平陽縣東。新唐志，晉州臨汾縣東北十里有高梁堰。」按高梁爲自春秋以來之名所。紀要四一及一統志平陽府卷古蹟目引述甚詳。紀要引括地志云：「高梁城在臨汾縣東北三十七里。」（一統志引作二十七里，但結論亦作三十七里。）

通鑑一七二，陳太建八年，周齊爭晉州，齊主來援，至洪洞。舊五代史二五唐書武皇紀，張濬伐晉，武皇遣薛鐵山「出陰地關營於洪洞。」知洪洞當道。圓仁行記三，洪洞縣南行六十里到晉州。亦其證。元和志一二晉州，亦云洪洞縣西南至州六十里。則高梁東北至洪洞二十三里也。志云：「本漢揚縣，……義旗初建，改爲洪洞縣，因縣北故洪洞鎭爲名也。」「洪洞故城在縣北六里，後魏鎭城也。姚最序行記曰，周建德五年，從行討齊，師次洪洞，百雉相臨，四周重複，控據要險。」通典一七六以爲東魏北齊鎭，蓋較可信。

又北三十五里至趙城縣（今縣），在汾水東四里。又北二十五里至益昌驛，又二十五里至霍邑縣（今霍縣），在汾水東二里。有霍山驛，蓋即縣驛。

通鑑二九〇，後周廣順元年，「北漢主攻晉州，久不克……軍乏食……燒營夜遁。……康延沼將騎兵追之，及於霍邑，……北漢兵墜崖谷死者甚衆。霍邑峻險，延沼畏懦不急追……。」亦見霍邑爲當道險地。元和志一二晉州，趙城縣南至州九十五里（寰宇記作九十里），霍邑縣南至州一百五十里，可計相互里距。兩縣在水東里數亦見元和志。又圓仁行記三，「霍邑南去晉州一百六十里。從縣西行十五里到霍昌村馬家店，……南行十五里到益昌驛，……南行三十里到趙城縣，南行十五里到屈頂村，……南行二十里到洪洞縣。」視前考爲詳，今據記書之。惟霍邑去晉州仍從元和志作一百五十里。

李商隱有登霍山驛樓（全唐詩八函九冊商隱集三）。檢元和志洪洞縣目云，「霍山在縣東北三十里。」趙城縣目云，「霍山廟在縣東南三十里霍山上，……貞觀五年敕令修理。」霍邑縣目云，「霍山一名太岳，在縣東三十里。」是霍山爲南自洪洞北至霍邑百數十里間之一山脈名，在汾水之東約三十里。商隱所登之霍山驛究何所指？按詩云「廟列前峯迴」，云「嶺巉嵐色外」，云「壺關有狂孽，速繼老生功。」再檢元和志，霍邑縣目記高祖兵至此，宋老生陳兵據險，師不得進，霍山神寄語，當東南傍山取路。於是進師去城十餘里，老生戰敗，遂平霍邑。又新志，霍邑縣「有西北鎭霍山祠。」又雀鼠谷在霍邑縣以北地區。則此霍山驛必在霍邑縣境，疑即縣驛耳。蓋縣東三十里之霍山雖有微道，應非驛路所經也。一統志霍州卷關隘目，「霍山驛在州東關。明洪武中置，在縣治西。成化中移此。今廢。」蓋明洪武亦因唐驛置。

霍邑北行二十里至永清驛，又二十里至長寧驛，置汾水關，爲河中府北界，唐末蓋更名長寧關。（今南關鎭。）又十里至桃柳店，又十里至陰地關，相近高壁嶺（今高壁舖），置高壁鎭、雁歸驛、通濟橋。關鎭並置，驛橋兼設，足見其在交通軍事上之重要性。關北二十里至靈石縣（今縣）。

元和志一三汾州靈石縣，「本漢介休縣地。隋開皇十年因巡幸，開道得瑞石，遂於谷口置縣，因名靈石。」是縣當驛道無疑。廣記一九三虬髯客條，李靖由長安「將歸太原，行次靈石旅舍。」亦其例證。

關於霍邑至靈石之一段行程，圓仁行記卷三記之最詳云：

「……到靈石縣。過縣，傍汾河南行二十里到陰地關，關司勘出。過關南行十里到桃柳店，……店臨汾河，……南行十里到長寧驛、汾水關，關司勘入，是河中府北界。……南行二十里到永清驛，……南行二十里到晉州管內霍邑縣。」

今據此一一書之。下文再就中國典籍可考者補論如次：

高壁嶺鎮、汾水關、陰地關、雁歸驛　通典一七九汾州靈石縣條云：

「今縣東南有高壁嶺、雀鼠谷、汾水關，皆險固之處。」

考通鑑一七二，陳太建八年十二月，周、齊爭晉州（平陽），齊兵潰敗。下文叙事云：

「辛亥，周主入平陽。……癸丑，至汾水關。……（齊將）高阿那肱所部尚一萬，守高壁。（胡注：「高壁，嶺名，在雀鼠谷南。括地志，汾州靈石縣有高壁嶺。」）餘衆保洛女砦。周主引軍向高壁。阿那肱望風退走，齊王憲攻洛女砦，拔之。……丙辰，周主與齊王憲會於介休。」

又一八八，唐武德三年紀事云：

「四月……甲寅……秦王世民追及尋相於呂州（胡注：蓋治霍邑），大破之。乘勝逐北，一晝夜行二百餘里，戰數十合，至高壁嶺，總管劉弘基執轡諫曰：……深入不已，不愛身乎？……世民曰：……機難得而易失。……遂策馬而進，……追及金剛於雀鼠谷，一日八戰，………俘斬數萬人。夜宿於雀鼠谷西原。……丙辰，……世民引兵趣介休。」

據此兩條，是高壁嶺、汾水關、雀鼠谷皆當大道，高壁在靈石東南，亦在雀鼠谷之南，汾水關又在高壁之南也。皆與圓仁行記合。至於洛女砦蓋偏道也。

高壁又見通鑑一八〇隋仁壽四年紀，楊諒反於太原，「遣其將趙子開擁衆十餘萬，柵絕徑路，屯據高壁，布陣五十里。」足見此地當大道，居津要。復考咸通十三年，蕭珙河東節度高壁鎮新建通濟橋記

（金石續編一一、八瓊七六）云：

「粤茲雄鎮，實河東軍之要津。封接蒲城，當舜夏墟□舊地，有關曰陰地，有亭曰雁歸，固晉川之一隅，通汾水之千派。金流洶湧，林麓森沉，東控介巒，西連白壁，峯巔萬仞，壁峭千尋，……代郡、雁門何越之有。至若馹騎星馳，華軒雲湊，……皆中朝名士，悉息駕於雁歸亭，未嘗不題藻句，紀年代也。」

此尤見高壁鎮地位之衝要，陰地關即在其地，故下文且云「關城居人」也。雁歸亭者自即驛名無疑。下文云，「是橋長一百尺，闊一丈五尺，下去水四十尺，椒置門屋，立鏁鑰，安華表柱，俾閽者潔嚴掌轄，署其名曰通濟。其南有古之魯氏石橋，雖名揚寰海，而通濟之義莫大茲也。」則此橋規制甚宏，其南且有舊橋，久已馳名，具見爲大道之湊。檢紀要四一，靈石縣目，「高壁嶺在縣東南二十五里，亦名韓信嶺，最爲險固，北與雀鼠谷接。」一統志霍州卷山川目：「高壁嶺……新志，一名韓信嶺，在縣南二十五里，南去霍州八十里，五代時北漢於此置砦，今名高壁舖。」是霍州至靈石一百零五里。唐宋志書記程約九十里，圓仁行記作爲八十里，則高壁即在行記之陰地關，北至靈石約二十里也。通濟橋記陸增祥跋云：「曰高壁鎮，曰通濟橋，曰陰地關，明一統志（靈石）縣南二十里，汾水西。」「西」蓋「東」之誤。

陰地關，唐末五代屢見史冊。如通鑑二五八，大順元年，張濬伐太原，會諸軍於晉州。……秋七月，官軍至陰地關。……九月……官軍出陰地關，遊兵至於汾州。」舊五代史二五唐書武皇紀，張濬來伐，「

武皇遣薛鐵山……出陰地關，營於洪洞。」是澮與克用兩方行軍，皆進出於此關也。又通鑑二六二，天復元年，朱温數道圍攻太原。其一道，「權知晉州侯言以慈隰晉絳兵入自陰地。」同書二六七，後梁開平二年八月，「晉周德威李嗣昭將兵三萬出陰地關攻晉州。」三年八月，「晉王引兵南下，先遣周德威將兵出陰地關攻晉州。」同書二六九，後梁貞明二年，「（梁）發河中、陝、同、華諸鎭兵合三萬，出陰地關，奄至晉陽城。」是朱温與李克用父子用兵晉州、太原一線，亦皆進出此關也。又通鑑二八七，後漢天福十二年，「帝發太原，自陰地關，出晉、絳。」同書二九〇，後周廣順元年正月，「北漢主發兵屯陰地。……丁亥，以承鈞爲招討使……將步騎萬人寇晉州。」十月，「北漢主自將兵二萬自陰地關寇晉州。」同書二九一，後周顯德元年，圍攻太原，「詔王彥超、韓通自陰地關入。」是五代末期，太原、晉州道仍以此關爲要鍵。其地，圓仁行記云在靈石縣南二十里。新唐書地志，汾州靈石縣「西南有陰地關。」是也。而一統志霍州卷關隘目，陰地關「（靈石）新志，在縣西南五十里，即有南關鎭。唐宋以來，雄關橫立。……今關廢，遺址猶存，俗稱南關者，因冷泉關在北也。」紀要四一靈石縣目，「陰地關在縣西南百二十里。……通志，陰地關在縣南二十里汾水西。恐誤。」是一統志及紀要皆誤，惟通志爲正。

汾水關，前引通鑑陳太建八年書事，關在高壁之南。又同年周主伐齊之前，命諸將守要害。其一軍，「杜國宇文盛步騎一萬守汾水關。」十月周師既克晉州，進拔洪洞、永安（即隋唐霍邑縣），「使永昌公椿屯雞栖原。」「癸酉，齊主分軍萬人向千里徑，又分軍出汾水關，自帥大軍上雞栖原。」胡注：「括地志，汾州靈石縣有雀鼠谷、汾水關。」「雞栖原在永安北。」即霍邑之北也。故此關當周齊交兵時代甚重要。括地志云靈石縣有汾水關。通典云在靈石縣南，蓋其時仍見置，屬靈石縣也。前節引一統志所引靈石新志，謂陰地關在縣南五十里南關鎮。據圓仁行記，疑南關鎮即汾水關耳，非陰地關也。

又舊一七九張濬傳，濬伐李克用，兵敗。「李克用上章論訴曰，晉州長寧關使張承暉於當道錄到張濬牓。」事又見通鑑二五八大順元年考異引唐末見聞錄。是晉州有此關。而新志云汾州靈石縣「西南有陰地關，又有長寧關。」蓋當靈石、霍邑之間歟？地望與汾水關相當，本疑先名汾水關，唐中葉以後改名長寧關歟？及讀圓仁行記三，汾水關與長寧關同在一地，則此揣測或不誤也。

霍邑之北偏西五十餘里有賈胡堡，似亦當此大道。蓋桃柳店地區也。

通鑑一八四，隋義寧元年七月，李淵起兵。癸丑，發晉陽。「丙辰，淵至西河（汾州）。」「壬戌，軍賈胡堡，去霍邑五十餘里。代王侑遣虎牙郎將宋老生帥精兵二萬屯霍邑，……以拒淵。」胡注：「賈胡堡在霍邑西北。括地志，汾州靈石縣有賈胡堡。」新志亦云汾州靈石縣「有賈胡堡。」又有賈胡折衝府。此堡既當重要軍道，又在霍邑西北，似當在汾水陰地兩關道上。元和志一三汾州靈石縣，「賈胡堡在縣南三十五里。」按霍邑至靈石約八九十里，堡在靈石之南三十五里，則南至霍邑五十五里以下，故通鑑云五十餘里也。若果在前考之大道上，則當在桃柳店地區矣。

此皆沿汾水北行之主線，又霍邑東北三十里有雞栖原，當霍山高平處，亦為兵家要道，然與汾水關道非一線。又東南有山道，曾為兵家用奇之地，或謂即所謂千里徑者，非也。

周書一二齊王憲傳云：

「（建德）五年大舉東討，憲率精騎二萬爲前鋒，守雀鼠谷。（此指目標而言。）高祖親圍晉州，憲進兵克洪洞、永安（即霍邑）二城，更圖進取。齊人焚橋守險，軍不得進，遂屯於永安。齊主……將兵十萬自來援之。時柱國陳王純頓軍千里徑，大將軍永昌公椿屯雞棲原，大將軍宇文盛守汾水關，並受憲節度。……齊主分軍萬人向千里徑，又令其衆出汾水關，自率大兵與椿對陣。」

通鑑一七二陳太建八年，紀事畧同。胡注：「雞栖原在永安北。」即霍邑之北也。兵家以主力相爭，蓋亦當要道。然觀周齊兩方用兵皆三路並出，則雞栖原似與汾水關非一道。紀要四一霍州雞栖原，「州東北三十里，霍山高平處。」一統志霍州卷山川目，同。按汾水關道由霍邑沿汾水河谷而上，向西北行再折東北至靈石。今此雞栖原在霍邑東北霍邑高平處，則在汾水陰地兩關道之東無疑。必別一道也。

隋義寧元年，李淵起兵太原。通鑑一八四述其初期行程云：

「七月……壬戌，軍賈胡堡，去霍邑五十餘里。代王侑遣虎牙郎將宋老生帥精兵二萬屯霍邑……以拒淵。會積雨，淵不得進。……八月己卯，雨霽。……辛巳旦，東南由山足細道趣霍邑……老生兵大敗。」

是淵至賈胡堡不能直攻，乃向東南繞山足小道，側攻霍邑下之也。元和志一二晉州霍邑縣，「隋末，……宋老生屯兵於此。義師之至也，老生陳兵據險，師不得進，忽有白衣老人詣軍門曰，霍山神遣語大唐皇帝，若向霍邑，當東南傍山取路，我當助帝破之。遣人視之，果有微道。………於是進師，去城十餘里，老生戰敗，……遂平霍邑。」同書一二靈石賈胡堡條，亦云義師屯此堡，霍山顯靈。是李吉甫亦謂唐師至此堡，始向東南繞山道，側攻霍邑也。一統志霍州卷關隘目，「千里徑在州東，霍山神指唐高祖之徑也。」下引元和志此段故事。紀要四一霍州，「千里徑，州東十里，後魏平陽太守封子繪所開之徑也。……或謂之十里徑。」同書三九山西名山目霍山條亦引李淵破宋老生事，謂其所取山道「蓋即千里徑也。」是皆謂唐高祖所取山道爲千里徑。按千里徑，前引周書齊王憲傳及通鑑屢及此地。陳太建八年，周伐齊，分遣諸軍進取要害地。命一軍宇文憲守雀鼠谷，一軍宇文純守千里徑。及既下晉州進屯雞栖原，又分軍屯汾水關與千里徑。齊主來救，亦分軍一出千里徑，一出汾水關，自帥大軍上雞栖原。汾水關在雞栖之西，則千里徑誠可能在雞栖之東，舊說以爲即唐祖所取之小道，蓋有可能。然實不足信。

考千里徑之名似始見於北齊書二一封隆之傳附子子繪傳及周書三七韓褒傳。封子繪傳云：

「（天平二年）除衞將軍平陽太守。……晉州北界霍山舊號千里徑者，山坂高峻，每大軍往來，士馬勞苦，子繪啓高祖請於舊徑東谷別開一路。高祖從之，仍令子繪領汾晉二州夫修治，旬日而就，高祖親總六軍，路經新道，嘉其省便，賜穀二百斛。」

韓褒傳云：

「（保定）三年，出爲汾州刺史。州界北接太原，當千里徑。先是齊寇數入，民廢耕桑……。」

按前條乃東魏初年，後條乃北周初年。據後條，汾州當千里徑。（通鑑一七二陳太建八年胡注引杜佑曰，「汾州北界太原，當千里徑。」當即據韓褒傳而言。然今檢通典，無此語。）則徑道不得南在霍邑之東十里。據前條，千里徑之名至遲北魏統一時代已有之，爲重要徑道，大軍進行皆由此出。至東魏立國二年，又於舊徑東谷別開新道，以便大軍進行。唐祖迂廻之道，史家既明言爲微徑細道，且若此微道即千里徑，唐祖豈不知，宋老生豈不守，知其非千里徑明矣。意者千里徑新舊道當係指一長距離道路而言，當在靈石、霍邑地區，今日已難詳考，但決非唐祖繞行之小道也。

靈石東北傍汾水行十里至小水店，又傍汾水尋山谷行三十五里至冷泉驛。置關，蓋亦名冷泉，在汾水東岸。出關而北皆平原曠野，入關而南則左山右河，號爲天險。

玉谿詩詳注二有寒食行次冷泉驛詩云：

「介山當驛秀，汾水遶關斜。」

按元和志一三，介山在介休縣西南二十里。汾水在縣北十二里。則此冷泉驛當在介休縣西地區，且置關。馮注：「明統志，冷泉在汾州府孝義縣西南二十里，炎夏凊冷。本朝王阮亭秦蜀驛程後記，抵介休縣，過冷泉關。關爲太原平陽要害。又抵靈石縣。按新書志，汾州孝義縣有隱泉山。頗疑音近，即後稱冷泉者。」今檢一統志汾州府卷山川目，「冷泉在孝義縣西南二十八里，其泉夏冷。」與馮引明志畧合。但一統志霍州卷關隘目有冷泉關，云：

「冷泉關在靈石縣北四十五里，接汾州府介休縣界，一名冷泉鎮，因冷泉水爲名，又名古川口。明沈復禮修冷泉關記，山西平陽爲畿輔右翼，靈石之冷泉尤捍衞平陽之重地，……天險屹然。舊志，關外迤北皆平原曠野，入關則左山右河，中道一軌，實爲南北咽喉。」

是關在靈石縣北四十五里。又一統志霍州卷津梁目，有「冷泉渡在靈石縣北四十里汾河岸，靈石口。」又寺觀目，「靈石縣北四十五里有大雲寺，一名冷泉寺。寺鎖重關之中，雲山幽麗。」紀要四一靈石縣，「冷泉鎮在縣北四十里，有冷泉，北流入汾，鎮因以名。靈石口巡司置於此。志云鎮有冷泉渡，臨汾河。」皆地在縣北約四十里之證。按近代孝義縣至靈石縣約九十里以上。冷泉關及鎮、渡、寺在靈石北四十里或四十五里，而冷泉在孝義縣西南二十里或二十八里，與關、鎮、渡、寺必非一地。則唐之冷泉驛在今冷泉歟？抑今關鎮所在歟？考八瓊金石補正七四冷泉關河東節度王宰題記云：

「會昌……四年……九月……寵詔遷鎮北門，十月過此。……大中……二年，……拜章乞覲……蒙恩下允。……明年正月……却歸本鎮。至二月五日過此。因覽其重巒複疊，積樹參差，汾水廻于而潺湲，天險蔽抱而崇固。……駐旆關亭，吟睇移景。又覩中令河東公及相國令狐公、左僕狄公、相國崔公來罷之題列，……。」

陸氏跋云：「唐靈石縣隸汾州，南有陰地關，又有長寧關，所云駐節關亭是也。」按此石在靈石冷泉關，故題冠關名，其地去陰地長寧兩關已很遠。王宰在此駐旆之關，決非陰地兩關無疑。按前引商隱詩，冷泉驛有關，臨汾水，去介山亦不遠。據王宰題記，今冷泉關，唐已置關，近汾水，形勢與一統志所記今冷泉關絕相類，則商隱詩冷泉驛之關即王宰駐旆之關無疑，亦即今冷泉關也。今冷泉關，唐既置冷泉驛，則唐於其地所置關極可能亦名冷泉關矣。至於冷泉在孝義西南二十餘里，地不近汾水，去介山亦頗遠，非唐之關驛所在矣。

此文考論已竣，得讀圓仁行記三，自孝義南行四十五里，「到冷泉店，……傍汾河尋山谷行卅五里到小水店……傍汾河西南行十里到靈石縣。」是唐代冷泉店果在靈石縣北四十五里，並見小水店地名，因據書之。

又王士禎秦蜀驛程後記上，二月二十二日由平遙抵介休。二十三日「過冷泉關，關爲太原、平陽要害，嘉靖、萬曆間再修之，今廢無人居。」是日抵靈石縣。則近代驛道由介休經冷泉關至靈石也。考通鑑一八七、一八八武德二年、三年紀云：

「二年……四月……丙辰，劉武周圍幷州。……五月……丙戌，劉武周陷平遙。……六月……丁未，武周進逼介州（在介休縣），……遂陷介州……武周將黃子英往來雀鼠谷，數以輕兵挑戰。……癸亥，以（裴）寂爲晉州道行軍總管，討武周。……八月，……裴寂至介休，宋金剛據城拒之。……寂軍遂潰……馳至晉州。武周遣宋金剛攻晉州，拔之。……進逼絳州，陷龍門。……十月……悉發關中兵以益世民，使擊武周。……十一月……秦王世民引兵自龍門乘堅冰渡河，屯柏壁。……與宋金剛相持。……三年……四月……丁未，金剛北走，秦王世民……追及尋相於呂州（蓋治霍邑）大破之。……至高壁嶺……追及金剛於雀鼠谷，夜宿於雀鼠谷西原。……丙辰……世民引兵趨介休……至晉陽。」

是宋金剛由太原進兵經平遙，介休，雀鼠谷，至晉州，絳州；李世民逆其道，由絳州，晉州，高壁，雀鼠谷，又經介休至太原。故唐世介休爲大道所經與近代同。即由靈石經冷泉關驛至介休也。檢一統志，介休縣西南至靈石縣界二十五里，靈石縣東北至介休縣界四十里，是兩縣距離六十里。（秦蜀驛程後記則作八十里。）唐里距大畧相同。是冷泉關驛在兩縣接境處之稍東，再東北二十里即至介休縣也。

中古時代有所謂雀鼠谷者，即冷泉關以南之隘道，亦即汾水河谷隘道，北口在冷泉驛關之東近十里，南口在賈胡堡、汾水關地區，接霍邑北界。全長約一百一十里，形勢險峻，多偏梁閣道。

前引通鑑，陳太建八年，周伐齊，遣齊王憲將兵二萬守雀鼠谷。隋義寧元年，唐祖起兵太原，經西河（汾州）入雀鼠谷，軍賈胡堡，去霍邑五十餘里。武德二年，劉武周兵下平遙、介休，往來雀鼠谷，陷晉州。李世民反攻，由霍邑、高壁追及武周軍於雀鼠谷，大破之，乃引兵趣介休至晉陽。故此谷在中古軍事上極重要。考此谷之名蓋始見於水經注六汾水經。經云：「汾水……又南過冠爵津。」酈注云：

「汾津名也，在界休縣之西南，俗謂雀鼠谷，數十里間道險隘，水左右悉結偏梁閣道，纍石就路，縈帶巖側，或去水一丈，或高五六尺（官本曰，按近刻脫「水」字「五」字，「尺」譌作「丈」。）上戴山阜，下臨絕澗，俗謂之爲魯般橋，蓋通古之津隘矣，亦在今之地險也。」

按此文，御覽、寰宇記屢經徵引。御覽四五霍山條云：

「水經云，霍山北有雀鼠谷，（谷）中道險，左右柱結成偏梁閣道，累石成路，俗謂之魯班橋也。」

寰宇記四三晉州洪洞縣條所引與此同，惟「谷」字不脫，又「柱」作「悉」，「偏梁」作「橋」。同書四一汾州靈石縣條云：

「水經注云，汾水又南過冠爵津。按注云，汾水關名也，在雀谷，一名爵津谷，俗謂之雀鼠谷。」

此皆畧有異同而已，所云霍山之北者，蓋谷之南端起霍山之北境也。詳下文。

關於此谷之位置，唐、宋志書屢有記述。列舉如次：

隋書地理志：西河郡永安縣有雀鼠谷。

括地志，汾州靈石縣有雀鼠谷汾水關。（通鑑一七二胡注引）

通典一七九汾州西河郡，靈石縣「今縣東南有高壁嶺，雀鼠谷，汾水關，皆險固之處。」

元和志一三，汾州介休縣，「雀鼠谷在縣西十二里。」

寰宇記四一，與元和志同。

新唐志，汾州介休縣，「有雀鼠谷。」

是谷在介休縣西南十二里，向西南申展至永安（在孝義東南，靈石東北）靈石縣境。與水經注云在介休西南，而他書引用又云霍山之北者至吻合。復考寰宇記四一汾州孝義縣有雀鼠谷條云：

「雀鼠谷，冀州圖云，在縣南二十里，長一百十里，南至臨汾縣霍邑縣界，汾水出於谷內，南流入河，即周書調鑒谷。」

是此谷即霍邑以北之汾水河谷，長達一百十里。此最分明，故唐宋志書，或云在介休，或云在永安，或云在靈石也。然云在孝義縣南二十里，似有未合，蓋孝義至汾水似不止二十里（？）也。按冀州圖當為北朝或隋人所述，其時縣名永安，在今孝義縣東南，云谷在縣南二十里，正與介休西十二里者不相遠。谷之北口在介休西十二里，則在冷泉驛關之東約近十里，即在靈石縣之東北約五十餘里，則其南口應在靈石縣南約六十里處，正當賈胡堡汾水關地區，接霍邑北界矣。故通鑑一八四，唐祖起兵太原，由西河郡入雀鼠谷，軍賈胡堡，去霍邑五十餘里也。蜀道驛程記上，「介休縣西南二十里，兩山夾立，汾水貫其中。」下引水經注冠爵津雀鼠谷文。正即谷之北口矣。

由冷泉關驛東北至太原有南北兩道。南道由冷泉關驛東北行約二十里至介休縣（今縣）。

冷泉至介休里距已詳冷泉關條考證。

又東經平遙至祁縣，約百里而遙。

前引通鑑一八七、一八八武德二年三年紀，劉武周由幷州，陷平遙，進陷介州。是取南道，平遙在道上。落漠驛在太谷縣西北，（詳後。）則其西之祁縣必亦在道上。一統志汾州府卷，介休東北至平遙界三十里，平遙西南至介休界三十里，平遙東北至祁縣界二十五里。又太原府卷，祁縣西南至平遙界十五里。知介休至祁縣當約百里上下。檢蘇同炳明代驛遞制度頁七九，明初驛道，介休至平遙七十里，平遙至祁縣五十五里。唐代驛道蓋亦百里而遙歟？

祁縣東北約三十里至落漠驛（今太谷縣西北十五里或十九里登豐村境），**玄宗置青城宮。由驛東南行九里至龍泉頓，開元中改名萬年頓，又十里至太谷縣，乃通潞州、洛陽道。**

落漠驛　御覽詩（唐人選唐詩十種本）有李益題太原落漠驛西堠云：

「征戍在桑乾，年年薊北寒，殷勤驛西堠，此路到長安。」（參看全唐詩五函三冊李益集二。）

是太原有此驛，道向長安者。考水經洞過水注：「涂水……出陽邑東北大嵰山涂谷，西南逕蘿蘑亭南，與蔣谷水合。」元和志一三太谷縣，「蘿蘑亭，俗名落漠城，在縣西北十九里。」（寰宇記四〇，同。）是其地可確考。又檢明一統名勝志山西卷一太谷縣，「洛漠城在縣西北十五（十九？）里，相傳秦將王翦伐趙所築，唐玄宗嘗遊幸，立永豐頓於上，有青城宮，今屬登豐村。」一統志太原府卷古蹟目洛漠城條，畧同。惟云明皇「兼立青城宮於此，今名登豐村。」爲小異。是其今地且可確指也。又按元和志一三，祁縣北至府一百里。此道既經落漠、洞過兩驛至太原府，已知洞過驛在府南約近四十里，落漠驛在太谷西北十九里，則落漠至洞過及祁縣皆當約三十里也。檢明代驛遞制度頁七九，祁縣至同戈驛正爲六十里。

又明一統名勝志山西卷一太谷縣目，「縣西北十里有萬年頓，亦玄宗所立。本名龍泉頓，北都留守杜暹奏易今名。」此當是由太原經落漠，又東南經萬年頓至太谷通潞州、洛陽者。

落漠驛北行約三十里至洞過驛（今徐溝縣），又北約四十里至太原府治所太原縣，（今晉源縣），置都亭驛。

洞過驛、都亭驛皆已詳洛陽太原道驛程考。兼參上條。

北道由冷泉關驛北行渡汾水三十里至王同村，又十五里至孝義縣（今縣），又三十五里至汾州治所西河縣（今汾陽縣）。

元和志一三汾州目，州西南至上都一千九十里，東北至太原府一百七十里。（寰宇記四一，全同。）又太原府目，府西南至上都一千二百六十里，（寰宇記四〇，作一千六百里，顯誤。）恰爲汾州兩數之和。知太原至上都道經汾州也。（通典一七九，太原府西南至汾州二百里，去西京一千三百里。又汾州去西京千二百六里，北至太原府二百里，「千二」蓋「千一」之譌。）考隋書四八楊素傳：

「（漢王）諒所署介州刺史梁修羅屯介休，聞素至，懼，棄城而走。進至清源，去并州三十里。」

又通鑑一八〇仁壽四年紀云：

「諒所署介州刺史梁修羅屯介休，聞素至，棄城走。諒聞趙子開敗（于高壁、霍山），大懼，自將衆且十萬，拒素於蒿澤。會大雨，……退守清源。」

按清源在汾水北。此軍事進退，當即經汾州至清源，逼太原也。又通鑑二六三天復二年紀，李嗣昭敗退於晉州，李克用聞之，「遣李存信以親兵逆之，至清源，遇汴軍，存信走還晉陽。」是又軍行取北道經清源之一證。又前引唐高祖起事，先至西河，亦由北道也。

據楊素傳及通鑑，北道似亦經介休者。然圓仁行記三，由汾州「南行三十里到孝義縣……南行十五里到王同村，……南行三十里到冷泉店。」不過介休。蓋由冷泉關驛出雀鼠谷直北行，中經王同村至孝義縣，凡四十五里，並不繞經介休，楊素傳固不足據謂必經介休城也。元和志一三汾州目，孝義縣西北至州三十五里。與行記署合。

又畧循汾水北岸東北行，經郭柵村六十里至文水縣（今縣東十里舊縣都），三十里至交城縣（今縣），二十五里至晉村，十五里至清源縣（今縣），四十里亦至太原府。

元和志一三太原府目，文水東北至府一百十里，交城東北至府八十里，清源東北至府三十九里。（寰宇記四〇，有文水清源兩條，皆同。）又汾州東北至府一百七十里。（寰宇記四一，同。）按前引隋楊素傳，軍至淸源，去并州三十里，蓋約數。

以上就形勢及唐宋志書所記方向里數可推知者。圓仁行記三云，由太原府出西門巡禮西山，到雨花寺，又「向西南行四十里到淸涼〔源〕縣……西南行十五里到晉村……西南二十五里到石高村……西南行二十五里到文水縣。……行四十里到郭柵村……西南行二十五里到汾州東衆香寺……西南行五里到汾州城。」總計太原至汾州里數約一百七十五里有餘，與前文所擬定之一百七十里者相合，大約即是一線，惟出太原巡禮西山爲迂耳。又不云經交城縣，就形勢言，大道必經之也。或者交城非圓仁留宿及斷中地，故不之及。今參合書之如此。

綜上所考，長安至北都太原府之行程可畧述如次：

由長安東出，經長樂驛、滋水驛（卽灞橋驛），折北渡東渭橋至高陵縣（今縣），置神臯驛。又東，畧沿渭水北岸行，經櫟陽縣驛（今櫟陽鎭）、下邽縣驛（今下邽鎭），固市，潘驛，渡洛水至同州治所馮翊縣（今大茘縣）。此爲南道，去長安二百五十里。又由長安北渡渭水，至涇陽縣（今縣），置迎冬驛。自涇陽並北山南麓東北行，經三原縣（今縣東北三十里）、三原驛，富平縣（今縣東北十里）、富平驛，梁田陂，蒲城縣（卽奉先縣，今蒲城縣）、昌寧驛，乾坑店，亦至同州治所馮翊縣。此爲北道，去長安約三百三十里。兩道皆置驛，然唐人行旅似取南道者爲多。

同州爲東方交通樞紐，州南至興德宮、興德驛，由興德津渡渭水至華陰縣，接長安洛陽大驛道。州東行、東北行皆今考之道也。

由同州東行經朝邑縣（今縣）六十里至黃河蒲津，爲河東河北兩道陸路西入關中之鎖鑰，建長橋，置上關，皆以蒲津名。河之兩岸分置河西縣（今平民縣？）、河東縣（今永濟縣），夾岸置西關城、東關城，河之中渚置中潬城，河橋連鎖三城，規制宏壯。河東縣爲蒲州河中府治所，地當長安洛陽太原三都交通之樞紐，故開元中嘗置中都。

由河中府署循涑水東北行，經虞鄉縣（今縣），解縣（今縣），安邑縣（今縣），青臺驛，聞喜縣（今縣），渡汾水至絳州治所正平縣（今新絳縣），去河中二百六十里。又由河中府向北沿黃河東岸行，經辛驛店，粉店，寶鼎縣（今榮河縣），至新橋渡，渡汾水，至龍門縣（今河津縣），又東行汾水北岸，經玉壁故城，稷山縣驛（今縣），柏壁故鎮，亦至絳州，去河中二百九十里。此二道皆置驛。又由同州或朝邑縣向北沿黃河西岸行，經郃陽縣（今縣），韓城縣（今縣），至龍門山，渡河亦至龍門縣，接蒲絳道。龍門河廣八十步，至險峻，夾河置關、戍、倉，此道不置驛，故爲中關。

絳州東北渡汾水，循汾水河谷而上，經高顯（今地），蒙坑（今蒙城），故關店，晉橋店，至晉州治所臨汾縣（今縣），去絳州一百四十里。又由稷山東北行，經長秋驛，太平縣（今汾城縣），渡汾水，亦至故關店，接絳晉道。

晉州又東北沿汾水東岸行，經高粱城、高粱橋，洪洞縣（今縣），趙城縣（今縣），益昌驛，霍邑縣（今霍縣），霍山驛，永清驛，至長寧驛，置汾水關，唐末更名長寧關（今南關鎮），爲晉汾二州分界處。又北經桃柳店二十里至陰地關、高壁鎮、雁歸驛、通濟橋，爲中古此道上之軍事要衝。又北經靈石縣（今縣）至冷泉關、冷泉驛。

出關而北，皆平原曠野，入關而南，則左山右河，號爲天險。中古時代有所謂雀鼠谷閣道一百一十里者，即冷泉關以南至汾水關地區之隘道也。

冷泉東北至太原亦有南北兩道，由冷泉東行汾水南岸，經介休縣（今縣），平遙縣（今縣），祁縣（今縣），落漠驛（今太谷縣西北十餘里），洞過驛（今涂溝縣），至太原府治所太原縣(今晉源縣)，是爲南道，凡約二百二十里。由冷泉折北渡汾水，經孝義縣（今縣）至汾州治所西河縣（今汾陽縣），又東行汾水北岸，經郭柵村，文水縣（今縣東十里），交城縣（今縣），晉村，清源縣（今縣），亦至太原府，是爲北道，都凡二百五十里。兩道皆置驛。太原府爲北都，置都亭驛，如長安、洛陽之制。

此文民國五十八年十月下旬已寫近完成，擬休假中帶回台灣續完；然環境改易，竟未動筆。今續寫完稿，並加補訂。民國六十年正月二十日，農曆五十九年臘月二十四日，小除夕。

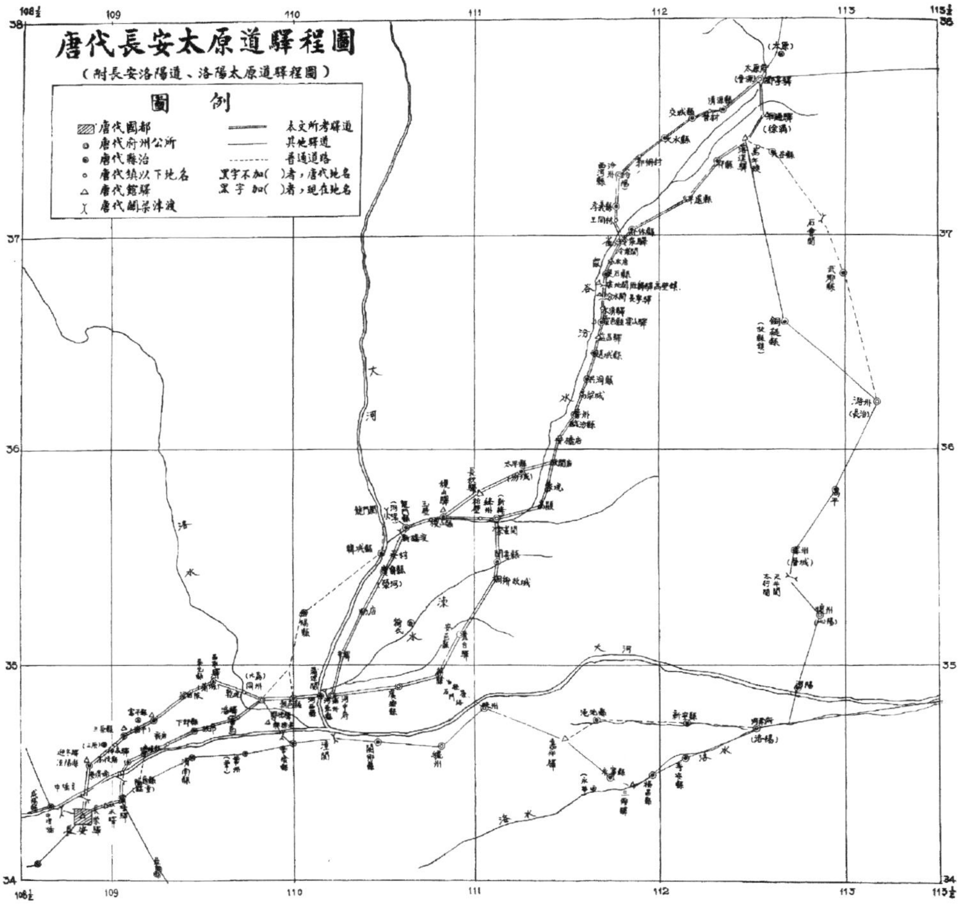

編按：原圖修復放大見圖錄冊，圖版十三

王充論考

徐復觀

一、引　言

一個人的思想的形成，常決定於四大因素。一爲其本人的氣質。二爲其學問的傳承與其功夫的深淺。三爲其時代的背景。四爲其生平的遭遇。此四大因素對各思想家的影響力，有或多或少的不同；而四大因素之中，又互相影響，不可作孤立地單純地斷定。氣質可以影響一個人治學的方向；而學問亦可變化一個人對氣質控御的效能，這是可以得到一般地承認的。處於同一時代，受到同一遭遇，因氣質與學問功力的不同，各人的感受、認取、心境，亦因之而各異。反之，時代及遭遇，對於人的氣質的薰陶，與學問的取向，同樣可以發生很大的影響，這也應當可以得到一般地承認。

切就王充而論，他個人的遭遇，對於他表現在論衡中的思想所發生的影響之大，在中國古今思想家中，實少見其比。此點後面還要特別提到。尤其是兩漢思想家的共同特性，是對現實政治的特別關心。所以在各家著作中，論政都佔有重要的地位。就論衡來說，不僅論政的比例佔得少。並且在內容上，除了以他自己的遭遇爲中心，反映了一部分地方政治問題外，對於當時的全般政治的根源問題，根本沒有觸到。在政治方面，他還有備乏、禁酒、政務三書，沒有傳下來；但就論衡中的對作自紀兩篇所陳述的三書內容，實屬政治上的枝葉問題，其意義恐亦微不足道。且論衡中以極大的分量，從事於歌功頌德，這在古今值得稱爲思想家中，實係最特出的現象。我的解釋，除了他過分力求表現的氣質以外，和他身處鄉曲，沉淪下僚，沒有機會接觸到政治的中心，因而也沒有接觸到時代的大問題，有不可分的關係。人情上，凡在追求想像中，不僅沒有得到，並且也沒有實際接觸到的事物，便自然是容易加以美化的事物。所以王充在政治方面寫下了繁複而異乎尋常的歌功頌德的文章，不必是他的品格上的問題，而實際是由他的遭遇限制了他展望時代的眼界。這種限制，也影響到他思想的其他方面。例如論衡中，許多是爭其所不必爭的文章；他以最大地自信力所開陳的意見，事實上許多直可稱爲鄉曲之見。因爲他個人的遭遇，對他的思想發生了這大的作用，所以對後漢書王充列傳中錯誤的考正，便不僅是故事性的考正，而且是了解他的思想的一個關鍵。

二、後漢書王充列傳中的問題

王充的生平，論衡中有他自己寫的自紀篇，作了有系統的陳述。他在自紀篇中說，「年漸七十，時可懸輿……乃作養性之書凡十六篇。……命以不延，吁嗟悲哉」。從這段話看，在自紀篇寫成以後，王充沒有其他重要的活動。再參稽論衡全書，凡直接間接關涉到他自己的生平時，亦無不與自紀篇所記的相符合。王充的性格，頗好誇矜矯飾；所以自紀篇中雖自稱「充性恬澹，不貪富貴」；但從全書看，他是一個非常重視名位的人，對於與名位有關的自己行跡，都紀錄了下來。他一生最高的名位，要算在他六十一歲左右，當了郡刺史的治中，即是郡主的幕僚，他自以爲「材小任大，職在刺割」，等於郡守的總文案。由此我們可以推定，在他一生中更有意義的經歷，他是不會遺漏的。

後漢書四十九王充列傳，畧採自紀篇，而又雜錄謝承袁崧後漢書以成文。其中爲自紀篇所無，且顯相抵迕者，均牽涉到他的思想的形成的問題。今人好言王充，而未嘗一疑其列傳中之不實之處，故特先加以辨證。玆錄列傳原文於下：

王充字仲任，會稽上虞人也。其先自魏郡元城徙焉。充少孤，鄉里稱孝。後到京師，受業太學，師事扶風班彪。好博覽而不守章句。家貧無書，常遊洛陽市肆，閱所賣書，一見輒能誦憶，遂博通衆流百家之言。後歸鄉里，屛居教授。在郡爲功曹，以數諫爭不合去。充好論說，始若詭異，終有理實。以爲俗儒守文，多失其眞。乃閉門潛思，絕慶弔之禮。戶牖牆壁，各著刀筆。著論衡八十五篇，二十餘萬言，釋物類同異，正時俗嫌疑。刺史董勤，辟爲從事，轉治中，自免還家。友人同郡謝夷吾，上書薦充才學。肅宗特詔公車徵，病不行。年漸七十，心力衰耗，乃造性書十六篇。裁節嗜欲，頤神自守。永元中，病卒於家。

以下把有問題的地方，逐一加以考查。

一　鄉里稱孝的問題

按「充少孤，鄉里稱孝」，惠棟等已引自紀篇證爲不可信。我這裏只特別指出，王充在自紀篇中所以詆及其祖與父，乃因爲在王充思想中，根本沒有孝的觀念。孝的觀念的形成，乃出於對父母生的感恩報德之念。但王充在物勢篇中說：「夫天地合氣，人偶自生也。夫婦合氣，子則自生也。夫婦合氣，非當時欲得生子，情欲動而合，合而生矣。」他在這裏所說的，因係事實；但把父母生子完全作一種純事實的判斷，當然從這裏產生不出孝的觀念。他自己沒有孝的觀念，如何會有「鄉人稱孝」的事情。且如後所述，王充晚年因受到鄉里的譴責而避難他鄉，所以他是正「大不理於衆口」的人，更不會有鄉里稱孝的聲譽。戶牖牆壁，各著刀筆，亦爲情理所無。

2 受業太學師事班彪的問題

近人黃暉論衡校釋附編二，附有王充年譜。把王充受業太學，師事班彪，著記於光武建武三十年，時充二十八歲。胡適則在年譜光武建武二十年，王充十八歲下附記謂「王充在太學，約在此時；可能還更早。受業於班彪，也約在此時」。王充在自紀篇所述的學歷如下：

「六歲教書 按教以寫字， 恭愿仁順；禮教具備，矜莊寂寧，有巨人之志。父未嘗笞，母未嘗非，閭里未嘗讓責讓。八歲出於書館。書館小童，百人以上，皆以過失袒責，或以書醜得鞭。充書日進，又無過失。手書既成，辭（請）師受論語尚書，日諷千字。經明德就，謝師而專門，援筆而衆奇。所讀文書，亦日博多。才高而不尚苟作，口辯而不好談論。非其人，終日不言。其論說始若詭於衆；極聽其終，衆乃是之。以筆著文，亦如此焉」。

從王充矜誇的口氣中，假定他曾受業太學，豈有不加叙述之理。

班彪乃當時的「通儒上才」註一，若王充曾出其門下，何以在自紀篇說自己「未嘗履墨涂，出儒門」呢。

論衡一書，大約有九處提到班氏父子；其中特別提到班彪的如

超奇篇：班叔皮續太史公書，百篇以上，義浹理備，觀讀之者以爲甲，而太史公乙。

佚文篇：班叔皮續太史公書，載鄉里人，以爲惡戒。

案書篇：孔子生周，始其本；仲舒在漢，終其末。班叔皮續太史公書，蓋其義也。

對作篇：太史公書，劉子政序，班叔皮傳，可謂述矣。

從上面的文字看，他把班彪的地位是看得很高的；但沒有絲毫師生的意味在裏面。至於他提到班固時，則欣羡之情，眞有雲泥分隔之恨。如別通篇「是以蘭台之史，班固賈逵楊終傅毅之徒，名香文美，委積不紲」。又如案書篇「今尚書郎班固，蘭台令楊終傅毅之徒，雖無篇章，賦頌記奏，文辭斐炳，賦象屈原賈生，奏象唐林谷永；比以觀好，其美一也」。乃謝承及司馬彪後漢書」。謂「班固年十三，王充見之，拊其背謂彪曰，此兒必記漢事」。註二 極傳會荒唐之能事。

再從班彪方面說，王充受業太學，師事班彪，必須班彪與太學有關係。按漢書叙傳班固對其父的叙述是「河西大將軍竇融嘉其美德，訪問焉。舉茂材爲徐令，以病去官。後數應三公之召，仕不爲祿，所如不合」。可知他的一生，與太學並無關係。後漢書四十上班彪列傳，對其隨竇融入洛的行跡，叙述較詳。茲錄要如下：

「及融(竇融)徵還京師（建武十三年），光武問曰，所上章奏，誰與參之？融對曰，皆從事班彪所爲。帝雅聞彪材，因召入見，舉司隸茂材，拜徐令，以病免。後數應三公之命，輒去」。「彪復辟司徒王況府」（按建武二十三年王況爲司徒）。

「後察司徒廉（孝廉），爲望都長，吏民愛之。建武三十年，年五十二，卒官」。

按望都在河北省。胡適所以反對黃暉把王充入太學師事班彪，繫在建武三十年下，乃因他發現了班彪是年死於望都長的官所。若王充此時入太學受業，不可能看得到班彪，所以便改繫在建武二十年下。殊不知在班彪入洛後的行跡中，根本與太學無緣；並且傳中詳細紀錄了班彪從事著作的情形，而未提到私人講學的情形。在後漢書中，是把私人講學當作一個人的重要行跡而常加以紀錄的。

王充既未嘗到京師，則傳中所有這段有關的紀錄皆不可信。至於說後歸鄉里，屏居教授」，這在論衡全書中皆無痕跡可尋，且有強力的反證。王充在書解篇中，以「著作者爲文儒」的文儒自居，認爲文儒高出於說經的世儒。他假設「或曰，文儒不若世儒，世儒說聖人之經……故在官常位……門徒聚衆，招會千里。……文儒爲華淫之說，於世無補，故無常官。弟子門徒，不見一人……答曰不然，文儒之業，卓絕不循……業雖不講，門雖無人，書文奇偉，世人亦傳」。這不是很清楚說他不曾「屏居教授」嗎？

3 謝夷吾推荐的問題

列傳中說「友人同郡謝夷吾上書薦充才學」亦絕不可信。

謝夷吾，後漢書八十二上列於方術列傳中。據傳，他是會稽山陰人。第五倫於建武二十九年爲會稽太守註三而夷吾由郡吏擢爲督郵。是時與地，皆可與王充相接。但謂因謝夷吾之薦而「肅宗特詔公車徵，病不行」，這便大有問題了。現在先就自紀篇，把他仕進的情形錄下：

「在縣，位至掾功曹。在都尉府，位亦掾功曹。在太守，爲列掾五官功曹行事。入州爲從事」。

上面是總的叙述。但就下面的話，他的仕進並不順暢。

「見汚傷，不肯自明。位不進，亦不懷恨……得官不欣，失位不恨」。

「俗材因其微過，蜚條陷之，然終不自明，亦不非怨與人……不鬻智以干祿，不辭爵以弔名……遭干羊勝，謂之無傷」。

「充性恬澹，不貪富貴。爲上所知，拔擢越次，不慕高官。不爲上所知，貶黜抑屈，不恚下位。比爲縣吏，無所擇避」。「充仕數不耦，而徒著書自紀」。

從上面的文字看，他是犯過「微過」，而被人汚傷，因而在仕途上是幾經波折的。他在文字上表現得很恬澹通達，好像不在是非得失上計較；但就論衡全書看，却恰恰相反，可以說是隱痛在心，隨處流露，這是了解他思想形成的一大關鍵，在後面還要提到。自紀篇

「充以元和三年，徙家避難。詣揚州部丹陽九江廬江。後入爲治中。材大任小，職在刺割。筆札之思，歷年寢廢。章和二年，罷州家居。年漸七十，時可懸輿」。

據案書篇「建初孟年，中州頗歉，潁川汝南民流四散。聖主憂懷，詔書數至。論衡之人，奏記郡守，宜禁奢侈，以備困乏。言不納用，退題記筆，名曰備乏。酒糜五穀，生起盜賊……奏記郡守禁民酒。退題記草，名曰禁酒」。後漢書三章帝本紀，章帝於永平十八年八月即皇帝位。是歲「京師及三州大旱，詔勿收兗豫徐州田租」。明年改元爲建初元年，兩次詔書恤農救乏。王充上文所指者正係此事。是王充在明帝之末，章帝之初，五十歲前後（建初元年五十歲）「在太守府爲列掾五官功曹行事」，向太守陳述了備乏禁酒的意見未見採用，退而作備乏禁酒兩篇。接着大概就被人「蜚條陷之」，不爲太守所容，黜居鄕里。自紀篇下面的一段話，正說的是黜居鄕里的一段情形。

「俗性貪進忽退，收成棄敗。充升擢在位之時，衆人蟻附。廢退窮居，舊故叛去。志俗人之寡恩，故閒居作譏俗節義十二篇。冀俗人觀書而自覺。故直露其文，集以俗言」。

「充既疾俗情，作譏俗之書；又閔人君註四 之政，徒欲治之，不得其宜，不曉其務；愁精苦思，不睹所趨，故作政務之書。又傷僞書俗文，多不誠實，故爲論衡之書」。

可知王充黜退鄉居的十年左右時間，他寫了譏俗政務兩書；而論衡雖屬稿於明帝永平之時；但成書實亦在此數年中事。尤其歌功頌德的無聊作品，皆成篇於此十年之內註五 。他既以淺俗之文，譏彈了他的鄉里，必引起強烈地反擊，使他在故鄉住不下，所以在他六十歲（元和三年）的時候，便不得不「徙家避難」。又因爲他以太守爲對象，寫了政務之書，所以在避難中又有機會參與揚州刺史的幕僚工作。一直到他六十二歲的章和二年，罷州家居。

我們可以推定，從「在縣位至掾功曹」的「位至」兩字看，他開始的職位，當然比掾功曹低得多。他由縣掾功曹而至都尉府掾功曹，而至太守府的五官功曹行事，這是由走入仕途，到五十一、二歲時的官歷；在這段官歷中，斷無因謝夷吾之薦，被徵召而因病不起的事。由六十歲到六十二歲，避難徙家，充揚州刺史幕僚，此時若有徵召，在情理上也無「病不行」的可能。肅宗（章帝）卒於章和二年二月壬辰，是他在六十二歲時，已沒有被肅宗徵召的可能。六十二歲以後，更不待說。並且六十二歲，罷州家居以後，一直到他「年漸七十」寫自紀篇時，他還慨嘆於他的「仕路隔絕，志窮無經，事有然否，身有利害。頭白齒落，日月踰邁。儔倫彌索，鮮所恃賴」。說明他是上進無門，並且也沒有朋友；更可證明由六十歲以迄他之死，決無因薦被召的事。他在這段期間，「雖懼終徂，愚猶沛沛」，健康的情況良好，無「病」可言。而以他的性格，假定眞正被召，就是死在路上也是甘心的。只有從五十一、二歲，到六十歲這段時間，是因譏罷仕家居的這段時間，値得考慮。現在看他在這段時間情形如何：

如上所述，王充在五十一、二歲以後，廢黜家居，正是他大事著作之時。據黃暉考定狀留、效力等篇，是章帝時所作。狀留篇有：

「世人怪其仕宦不進，官爵卑細」；及「長吏妒賢，不能容善，不被鉗赭之誅幸矣，焉敢望官位升舉，道理之早成也」。這是他沉滯幕僚時所作。效力篇：

「文儒之知，有似於此。文章滂沛，不遭有力之將，援引薦舉，亦將棄遺於衡門之下，固安得升陟聖主之庭，論說政務之事乎」。

從「遺棄於衡門之下」一語視之，此篇是作於廢黜家居的時候。超奇篇是同一時期前後的作品，裏面說：

「詔書每下，文義按當作「章」，字之訛經傳四科。詔書斐然，郁郁好文之明驗也。上書不核實，著書無義指，萬歲之聲，徵拜之恩，何從發哉。……羣諸瞽言之徒，言事麤陋……不蒙濤沙之謫幸矣；焉蒙徵拜爲郎中之寵乎」。

須頌篇把他在這時期所寫的歌功頌德的文章的動機與目的畧有說明。

「漢家功德，頗可觀見。今上章帝即命，未有褒載。論衡之人，爲此畢精，故有齊世、宣漢、恢國、驗符」。

「國德溢熾，莫有宣褒。使聖國大漢，有庸庸之名。咎在俗儒不實論也」。「聖者垂日月之明，處在中州 中州指洛陽，當時的京師。此二句指皇帝而言。 隱於百里 (此句有脫字) 遙聞傳授；不實形耀，不實難論 此四句就王充自己不能直接依日月之明而言。 得詔書到，計吏至，乃聞聖政。是以褒功失丘山之積，頌德遺膏腴之美。使至台閣之下，蹈班賈之跡，論功德之實，不失毫釐之微。……道立國表，路出其下。望國表者昭然知路。漢德明著，莫立邦表之言，故浩廣之德，未光於世也」。

他這樣迫切地想見知於朝廷的目的，是認爲他到了朝廷以後，能更進一步的歌功頌德。而受知於朝廷以後想做的官，乃是俸祿一百石的蘭台令史的芝麻綠豆大的官。所以上文的台閣二字，乃蘭台二字之誤。他在別通篇說：「或曰，通人之官，蘭台令史註六，職校書定字，比夫太史太祝註七職在文官……是以蘭台令史班固賈逵楊終傅毅之徒……無大用於世。曰，此不繼（然）……令史雖微，典國道藏。通人所由進。猶博士之官，儒生所由興也」。

他在這段時間，寫了古今無出其右的歌功頌德的文章。甚至他在講說篇中再三以「鳳凰騏驎難知」，而斥以鳳凰等爲祥瑞的虛僞；這是他原來的觀點。但在最後却反轉來說「案永平 明帝年號 以來，迄於章和 章帝改元之……年號，不及兩年而崩，甘露常降，故知衆瑞皆是，而鳳凰騏驎皆眞也」。他何以這樣地無聊呢？無非想由此而得到朝廷的照顧。在這段時間，豈有因薦被召而病不行之理？且當時薦士，只有兩條途徑。一是朝廷的三公九卿及分位畧同的命官。二是本州本郡本縣的長吏。謝夷吾既未躋身朝列，亦未涖長鄉邦，他是沒有資格推薦王充的。

三、王充的遭遇與思想的關連

因王充不理於鄉邦之口，故晚年避難他徙，所以時間一久，鄉里對其平生便不知其詳。但得蔡邕的宣揚，到東漢末期，聲名雀起，鄉邦又引以爲榮。加以當時喜緣飾先賢以爲地方光寵的風氣盛行，於是把漢人認爲有面子的事情，塗飾到王充身上去，這便是後漢書王充列傳將他加以美化的許多錯誤之所由來。把上述美化的僞裝揭穿了，還原他爲一個矜才負氣的鄉曲之士，對他思想的了解，是一個大的幫助。鄉曲之士，要突研鄉曲之見以形成超越擴大的精神境界，有待於人格的特殊修養及學問上特殊的成就；但王充並非其人。王充這一類型的鄉曲之士的特點，他所能反映的只是他所能接觸到的鄉曲的環境。因爲他的矜才負氣的關係，便首先將自己的才與氣，和鄉曲的環境對立起來，以建立他個人的思維世界。在他的思維世界中，對無現實權勢的學術問題，每有過份的自信，而其實，許多都是遼東之豕。對有現實權勢的政治問題，則又有過分的自卑，而朝廷便成爲他畢生夢想的天國。這種過分的自信與自卑，結合在一起，形成他的內心深刻的矛盾，便不能不運用他自身的才氣，來加以解除；在這種解除的說法中，取得自我精神的保護。這便是論衡一開始的逢遇、累害、命祿、幸偶、命義，諸篇所以成立的根源。由此而推演上去，便成爲他一套特殊地唯氣論地自然宇宙觀與人生觀。胡適在他所寫的王充的論衡一文中，不會從根源地，全面地去把握王充的思想，而只採用摭摘片斷字句的方法，以建立自己的論點。對於他所完全不了解的兩漢思想， 輕輕加上「騙子」兩字；而對於性格與他有些相近的王充，輕輕加上「科學」兩字。這恐怕不是以科學精神治思想史的態度。下面試就王充的遭遇對他的思想的關連，舉若干例證。

一 命運論的形式

自紀篇「充仕數不耦」。「涉世落魄，在數黜斥」。「俗性貪進忽退，收成棄敗」。又「俗材因其微過，蜚條陷之」。所以逢遇篇便說：

「今俗人既不能定遇不遇之論，又就遇而譽之，因不遇而毀之。各據見效，案成事，不能量操審才能也。」

累害篇：

「夫鄉里有三累，朝廷有三害。累出於鄉里，害發於朝廷。古今才洪行淑之人，遇多此矣」。「夫不原士之操行有三累，仕宦有三害。被毀謗者謂之辱，官升進者謂之善，位廢退者謂之惡。完全升進，幸也，而稱之；毀謗廢退，不遇也，而訾之。用心若此，必爲三累三害也」。

「夫采玉者破石拔玉。進士者棄惡取善。夫如是，累害之人，負世以行；指擊之者，從何往哉」。

命祿篇：

「仕惡不貴，治產不富……，伐薪逢虎之類也」。

幸偶篇：

「物善惡同，遭爲人用，其不幸偶，猶可傷痛。況含精氣之徒乎」。

命義篇：

「故人之在世，有吉凶之命，有盛衰之祿，重以遭遇幸偶之逢。獲從生死而卒其善惡之行，得其胸中之志，希矣」。

本來關於人的行爲與結果，偶然的因素很大。偶然的因素，不是人自身可以把握得了的。尤其是在封建與專制的政治社會結構之中，權勢常挾不合理的事情以强加於各種各樣的人的身上，更不易由行爲與結果的因果關係來加以解釋；所以在春秋時代，便已出現命運之命的觀念。接着便有骨相學的興起。至秦大一統的專制政治成立，一般人更成爲被動的存在，這些觀念，便更爲發展。但像王充這樣，爲了保護自己而將此種觀念發展成爲一個理論的系統，以爲爾後命相學奠基礎，却是非常之少的。

2 對讒佞的痛恨

對佞人讒人的痛恨，也是應當的。但王充在這一點上不是作原則性的論述，而依然不出於他自身遭遇的直接反映。如答佞篇：

「問曰，佞人好毀人，有諸？曰，佞人不毀人。如毀人，是讒人也。何則？佞人求利，故不毀人……妬人共事，然後危人。其危人也，非毀之；而其害人也，非泊之。譽而危之，故人不知；厚而害之，故人不疑」。

「假令甲有高行奇知，名聲顯聞，將恐人君召問，扶而勝已；欲故廢不言（佞人欲藉故廢之，但不言於口。黃釋誤。）常騰譽之。薦之者衆，將議欲用，問佞人；佞人必對曰，甲賢而宜召也。何則？甲意不欲留縣，前聞其語矣。聲望欲入府。在郡則望欲入州。志高則操與人異；望遠則意不顧近。屈而用之，其心不滿；不則臥病。賤而命之則傷賢；不則損威……因耐下之，用之可也。自度不能下之，用之不便。夫用之不兩相益，舍之不兩相損。人君按漢郡守與僚屬間稱君臣，故論衡中凡論時事而稱人君皆指郡守或都尉。黃不知此義，以爲當作「將」，非是。畏其志，信佞人之言，遂置不用。

上面的話，可以推知王充在縣，曾經有人想推薦他，而爲妬嫉者以巧言所阻，因而須次甚久，幾經周折，乃能入郡尉府。又如言毒篇，說明「天下萬物，含太陽氣而生者，皆有毒螫。毒螫渥者在蟲則爲蝮、蛇、蜂、蠆……

……」；接着便說：

「其在人也爲小人。故小人之口，爲禍天下。小人皆懷毒氣。陽地小人，毒尤酷烈。故南越之人，祝誓輒效」。

「毒螫之生，皆同一氣，發動雖異，內爲一類。故人夢見火，占爲口舌；夢見蝮蛇，亦口舌。火爲口舌之象。口舌見於蝮蛇，同類共本，所稟一氣也」。

「辯口之毒，爲害尤酷。何以明之，孔子見陽虎，白汗交流……故君子不畏虎，獨畏讒夫之口；讒夫之口，爲毒大矣」。

因爲他是在會稽本郡曾受到「俗材因其微過，蜚條陷之」；會稽、古之南越，氣候較中原爲炎熱，便由此構出「含太陽氣而生者皆爲毒螫」……「陽地小人，毒尤酷烈」的一套理論。

3　儒生文吏之爭

當時地方政府的僚屬，由兩種人構成。一是儒生，一是文吏。王充以儒生進用，在簿書乃至政治實務上，大概不及同僚的文吏，他便寫下程才、量知、謝短、效力等篇，以與文吏較長挈短。程才篇說：

「論者多謂儒生不及彼文吏；見文吏便利，而儒生陸落按迂闊貌，則詆訾儒生以爲淺短，稱譽文吏謂之深長，是不知儒生，亦不知文吏也」。「儒生有闕，俗共短之；文吏有過，俗不敢訾；歸非於儒生，付是於文吏也。夫儒生材非下於文吏也，又非所習之業，非所當爲也。然世俗共短之者，見將郡將不好用也。將之不好用之者，事多已不能理，須文吏以領之也」。

量知篇：

「文吏儒生，皆爲掾吏，並典一曹，將郡將知之者，知文吏儒生筆同；而儒生胸中之藏，尙多奇餘。不知之者，以爲皆吏，淺深多少同量；失實甚矣」。

謝短篇：

「程才、量知，言儒生文吏之材，不能相過。以儒生修大道，以文吏曉簿書。道勝於事，故謂儒生頗愈文吏也」。

儒生與文吏在地方政治中的對立，也算各地方政治中的一個問題；本來也可以提出來談談的。但王充却把「道」與「事」相對立的來談，而且談得這樣的叮嚀繁複，還是爲了自己的進身出路的問題。

他在謝短、效力兩篇後，接着是別通、超奇兩篇，辨解他既是儒生，爲什麽不能以經學名家呢？因爲他瞧不起專經之儒而自己是通儒；並且他是能從事著作的超奇之儒；希望能「蒙徵拜爲郎中之寵。接着是狀留篇，一開始便感慨的說：

「論賢儒之才，既超程矣按即指他自己而言。世人怪其仕官不進，官爵卑細；以賢才退在俗吏之後，信不怪也」。

「賢儒俗吏，並在世俗，有類於此。遇闇長吏，轉移俗吏，超在賢儒之上；賢儒處下，受馳走之使」。

「夫賢儒所懷，其猶水中大石，在地金鐵也。其進不若俗吏速者，長吏力劣，不能用也」。

像王充這種鄉曲之士，對問題不從客觀的把握上出發，而只從自己遭遇的反映上出發。因此，估論衡很大分量的這類文章，實際不是由客觀的分析綜合以構成原則性的理論，而只是爲了辨解自己，伸張自己，所編造的理由。**我們要衡論他的學術，**不僅應把這一部份劃出於學術範圍之外，而且應時時記著他的這一態度，影響到他的全部思想。他爲了伸張自己，不惜在定賢篇中把當時一切衡定人品的標準，完全推翻，而祇歸於「立言」之上；因爲他除了立言這件事以外，一切都與當時論人的標準不合。正因爲他沒有進過太學，並與京師不能通聲氣的關係，所以當時學術上最大的五經同異的問題註九，他都沒有觸到。而正說篇中所述的經學情形，亦多未可爲典要。他標榜「嫉虛妄」，當時最大的虛妄是圖讖；他爲了想得到朝廷的青睞，只駁了有關孔子的兩條緯書，而對圖讖反以符瑞相傳會。他所嫉的虛妄，除論死、訂鬼、薄葬數篇，有學術價値外，其他多係世俗迷信，及書傳中之神話乃至文學上常有的誇飾，辨之固然可以表示他很注意這些問題；但不辯的人，並非即可證明在理知上是相信這一套。先把王充的「人」弄淸楚了，再進而論其學術。

四、王充學術思想的特點

以下畧論王充在學術上的特點。

一　重知識不重倫理道德

王充所追求的學術趨向有二：一爲「疾虛妄」註十，一爲求博通。這兩者皆出自求知的精神。兩漢思想家，多以人倫道德爲出發點，由人倫道德的要求以構成知識系統。王充則以追求知識爲出發點，順着知識的要求而輕視人倫道德。可以說，王充在「自我保護」時，常常提到人倫道德；但在他的人格中，在他的著作中，人倫道德的觀念，實際是很薄弱的。換言之，在王充的心目中，並沒有眞正地人倫道德的問題。要指出王充思想的特性，首先應當把握到這一點。自孔子以來，沒有不重知識的；但都是以知識爲達到人倫道德的手段，所以最後總是歸宿於人倫道德；連特別重視知識的荀子也不例外。我們就王充的平生以細讀他的著作，在兩漢思想中，確是一個例外。謝短篇下面的一段話，最值得注意。

「夫儒生之業，五經也。南面爲師，旦夕講授章句，滑（熟）習義理，究備於五經可也。五經之後，秦漢之事，無不 不字衍文 能知者，短也。夫知古不知今，謂之陸沉。然則儒生所謂陸沉者也。五經之前，至於天地始開，帝王初立者，主者爲誰，儒生又不知也。夫知今不知古，謂之盲瞽。五經比於上古，猶爲今也。徒能說經，不曉上古，然則儒生所謂盲瞽者也」。

按王充上面的一段話，是把五經當作代表在古與今之間的一段歷史知識來看。亦即是把經當作史來看。經與史的分別，本來不在典籍的自身，而在讀者所取的角度，及對它所提出的要求。從歷史知識的角度去看五經，以得到歷史知識爲目的去讀五經，則五經本來就是歷史資料。但五經經孔子的整理，經孔門的傳承，其目的不是在講歷史知識，而是在講文武之道，在建立政治、社會、人生之道。換言之，是出於人倫道德的要求，而不是出於歷史知識的要求。兩漢經學，不管在內容上雜入了許多駁雜的東西，但在精神上，乃是五經得以成立的原始精神的高度發揮。尤其是漢宣以後，以迄王充的時代，經過許多儒生的努力，漸漸把五經成爲規範朝廷政治行爲的大經大法。例如東漢外戚之盛，始於章帝。第五倫以後族過盛，上疏諫爭，認爲「不應經義」註十一。等於現代人說不合憲法。此種例子甚多。王充心目中的五經，實際只代表一段歷史知識。這可以說明兩點：第一點是在王充的精神中，倫理道德的根器至爲稀薄；但追求知識的欲望則極爲熱烈。第二點，這正是他不曾入過太學，不曾沾染到博士系統的學風，所以能不爲所囿限，而可自由活動的結果。所以他瞧不起當時之所謂師法。例如謝短篇「夫總問儒生以古今之義，儒生不能知，斯則坐守師法，不頗博覽之咎也」。

2 否定行爲與結果的因果關係

因重視倫理道德，必重視行爲。在漢代，倫理道德中的最大問題爲大一統地專制政治中的皇帝的行爲問題。當時流行的天人感應之說，主要是說由皇帝的行爲而與天發生感應，終於得到或吉或凶，爲禍爲福的結果。在骨子裏面，依然是由統治者的行爲所招致的結果；這中間只加上由天的意志而來的災異，以作爲凶或禍的結果的預報，讓人臣有講話的機會，讓人君有改變行爲的時間。這種出於人倫道德對行爲善惡的要求，無所謂科學不科學。若謂天人感應之說不可信，由政治行爲以決定政治結果，這是政治、社會中的眞實，而不能不加以肯定。但因王充只有知識的要求，沒有人倫道德的要求，便不僅把漢儒控制皇帝已發生相當效果的感應說推翻，連由行爲善惡所招致的吉凶禍福的因果關係亦加以推翻了。

偶會篇：

「推此以論，人君治道功化，可復言也。命當貴，時適平。期當亂，祿遭衰。治亂成敗之時，與人興衰吉凶適相遭遇」。

「世謂韓信張良輔助漢王，故秦滅漢興，高祖得王。夫高祖命當自王，信良之輩時當自興，兩相遭遇，若故相求」。

這便把人君主動求賢任能的要求取消了。

異虛篇：

「故人之生死，在於命之夭壽，不在行之善惡。國之存亡，在期之長短，不在於政之得失」。

答佞篇：

「——儀（張儀）秦（蘇秦）排離之人也。處擾攘之世，行揣摩之術，當此之時，稷興不能與之爭計，禹皐陶不能與之比效。若夫陰陽調和，風雨時適，五穀豐熟，盜賊衰息，人舉廉讓，家行道德之功，命祿貴美，術數所致。非道德之所成也」。

治期篇：

「孔子曰，道之將行也與？命也。道之將廢也與？命也。由此言之，教之行廢，國之安危，皆在命時，非人力也」。

「人皆知富饒居安樂者命祿厚，而不知國安治化行者皆歷數吉也。故世治非賢聖之功，衰亂非無道之致。國當衰亂，賢聖不能盛；時當治，惡人不能亂。世之治亂，在時不在政。國之安危，在數不在教。賢不賢之君，明不明之政，無能損益」。

他上面的說法，把推動政治社會向善法去惡的行爲動機與要求，一起推翻了。表面看，這是出於他的命相哲學；但其命相哲學之所以會這樣地推類至盡，正由在他的精神中缺乏人倫道德的眞實感。但他在非韓答佞程材謝短效力等篇中，有時又特別强調道德操行的重要，這說明他之所以能强自樹立，還有賴於這種時代文化中的感受；但此種感受，乃在他與僚屬中的文吏相對立，吃了文吏的虧，而須要加以抵抗、辯護時，才顯了出來；這可以說不是從根本中來。

3 反博士的學術系統

自漢武成立五經博士，並設立博士弟子員後，「專經」成爲朝廷的官學，「師法」又成爲官學的護身符；在專經與師法兩大口號交織之下，自然形成當時最有勢力的博士學術系統，及以章句爲主的學術風氣。但卓犖特出之士，多不以博士系統的學風爲然，要求在學術中得到更大的自由天地，以擴大知識的範圍。他們都尊經尊孔；但他們對經的態度，是主張通而不主張專，是主張義理而瞧不起章句；主張理性地判斷，而輕視師法的傳承。更重要的是，他們在經學之外，同時也重視先秦諸子，給先秦諸子以重要的地位。他們在人事的傳承及主張上，不一定成一個學派；但在反博士系統而主張學術開放的這一共同點上，我們不妨稱之爲自由學派。研究兩漢學術的重點，應當放在這一自由學派上面。但乾嘉以來，以迄王國維們，却都放在博士系統上面，乾嘉學術之固陋，其根本原因在此。屬於自由學派的人，當然受到博士系統通過朝廷政治勢力的壓迫，因而有許多人會泯沒不彰，或不願以學術自見。但在今日還可以看到的有如揚雄、劉歆、桓譚們，都是自由學派中的傑出人物，此當另有專論。王充在學術的成就上，在人品的規模氣象上，都不能與揚雄們相比；但因爲他沒有沾上博士系統的邊，且因爲他是知性型的人物，在學問上主要以追求知識爲主，則自然走上貴博貴通而輕視專經師法的一條路；因之，他應當算是草莽中的自由學派。在這一點上，我們應當肯定他在學術史上的地位。

王充論衡中之所謂儒生，皆指博士系統下的儒生而言。他在謝短篇中，已譏儒生爲陸沉，爲盲瞽。他代爲儒生之言曰，「上古久遠，其事闇昧，故經不載而師不說也」，即係指出儒生爲經與師所封閉。又謂「儒生不能都曉高下，欲各別說其經（按即指專經而言）；經事義類，乃以不知爲貴也？事不曉，不以爲短」。此言儒生的專經，也不能通其義類，把書上的章句和問題隔絕起來，而不自知其短。接着向儒生提出五經本身的各種常識的問題以考驗儒生，而嗤笑其不能知；而總結以「夫總問儒生以古今之義，儒生不能知；別名（各）以其經事問之，又不能曉；斯則坐守師法，不頗博覽之咎也」，「夫儒生不覽古今，何（所）知不過守信經文，滑（熟）習章句，解剝之錯，分明乖異」。按當時博士系統的學問的病根不僅在不博覽，但王充總算提出了許多病根中的一個重要病根。

他在別通篇中，更把儒生與通人作相對的論述。他說：

「夫富人不如儒生，儒生不如通人」。又說「章句之儒，不覽古今，論事不實。」所謂「章句之儒」，指的即是博士系統的儒生。通由博而來，他當然反對博士們的專經之業。他說：

「或以說一經爲是，何須博覽？夫孔子之門，講習五經，五經皆習，庶幾之才也。顏淵曰，博我以文……顏淵之曰博也，豈徒一經哉？不能博五經，又不能博衆事，守信一學，不好廣視，無溫故知新之明，而有守愚不覽之闇，其謂一經是者其宜也」。

下面的話，都是特別爲治學應由博而通來說的：

「故血脈不通，人以甚病。夫不通，惡事也。故其病變致不善……是故良醫服用也百病之方，治百人之疾。大才懷百家之言，故能知百族之亂」。

「世儒易爲，故世人學之多，非事可折第，故官廷設其位。文儒之業，卓絕不循；人寡其書，業雖不講，門雖無人，書文奇偉，世人亦傳。彼虛說，此實篇：折累二者，孰者爲賢」。

「倮蟲三百，人爲之長。天地之性人爲貴，貴其識知。今閉闇脂塞，無所欲好，與三百倮蟲何以異？……諸夏之人，所以貴於夷狄者，以其通仁義之文，知古今之學也。如徒作（任）其胸中之知以取衣食，經歷年月，白首沒齒，終無曉知，夷狄之次也」。

王充在超奇篇中，把當時的讀書人分爲四等；在四等中，以博士系統的儒生爲最下：

「故夫能說一經者爲儒生；博覽古今者爲通人；采掇傳書，以上書奏記者爲文人；能精思著文，連結篇章者爲鴻儒。故儒生過俗人；通人勝儒生；文人踰通人；鴻儒超文人。故夫鴻儒，所謂超而又超者也。以超之奇，退與儒生相料……其相過遠矣」。

在上面的話中，很顯然地他是以鴻儒自居，由鴻儒以卑視博士系統的儒生。他這種衡斷，雖然主觀的意味很重，但在客觀上，也可以成立。而鴻儒雖超過通人兩等，但鴻儒必由通人而來，是可斷言的。

他在書解篇中，却稱儒生爲世儒，稱鴻儒爲文儒。在二者對比中，也表現出卑視博士系統之業。「著作者爲文儒，說經者爲世儒。或曰，文儒不如世儒。世儒說聖人之經，解賢之傳……故在官常位，位最尊者爲博士；門徒聚衆，招會千里，身雖死亡，學傳於後……文儒爲華淫之說，於世無補，故無常官；弟子門徒，不見一人。身死之後，莫有紹傳……答曰，不然……」。

王充主張博，則求知的範圍，必由五經而推及諸子。他以能著作爲鴻儒，從事於著作者爲諸子。所以從這兩點上，他必推重諸子。超奇篇把谷永唐子高推許在博士儒生之上；把司馬遷劉向，推許在谷永唐子高之上；把陸賈董仲舒推許在司馬遷劉向之上；又把陽成子長的樂經，揚雄的太玄經，推許在陸賈董仲舒之上；因爲陸賈和董仲舒的著作，「淺露易見」，而樂經太玄經是「極官冥之深」。總之，這些人都在「諸子」之列。他於是下評斷說：

「孔子作春秋以示王意，然則孔子之春秋，素王之業也。諸子之傳書，素相之事也。觀春秋以見王意，讀諸子以睹相指」。

他在書解篇，仲張諸子之意，更爲明顯：

「或曰，古今作書者非一，各穿鑿失經之實，違聖之質；故謂之蕞殘，比之玉屑。故曰蕞殘滿車，不成爲道；玉屑滿車，不成爲寶。……答曰……俱賢所爲，何以獨爲經傳是，他書記非，……他書與書（傳）相違，更造端緒，故謂之非。……若此者韙是於五經；使言非五經，雖是不見聽。……今五經遭亡秦之奢侈，觸李斯之橫議，燔燒禁防。伏生之休（徒），抱經深藏。漢興，收五經，經書缺滅而不明，篇章棄散而不具；鼂錯之輩，各以私意分析文字，師徒相因相授，不知何者爲是……秦雖無道，不燔諸子。諸子尺書，文篇具在，可觀讀以正說，可采掇以示後人。後人復作，猶前人之造也。夫俱鴻而知，皆傳記所稱，文義與經相薄（近也），何以獨謂文書失經之實。由此言之，經缺而不完，書（諸子之書）無佚本；折累二者，孰與蕞殘？易據事象，詩采民以爲篇，樂須不（民）歡，禮待民平；四經有據，篇章乃成。尚書春秋，采掇史記。史記與書無異。以民事一意，六經之作皆有據。由此言之，書（諸子之書）亦爲本因出自民間，經亦爲末。末失事實，本得道質。折累二者，孰爲玉屑。知屋漏者在宇下，知政失者在草野。知經誤者在諸子。諸子尺書，文明實是。說章句者終不求解　明，師師相傳。初爲章句者，非通覽之人也」。

上面的話，實在把諸子推而置於六經之上；而以六經皆出於「民事」的要求，故「以民事一意」；在當時不僅是石破天驚的說法；並且在這種說法中，也表現出他的特識。在這種特識，只能代表他對學問的態度。

五、王充在學問上的目的

既已了解王充的學術動機與目的，在由博由通以追求知識，則爲學精神態度的崇疑、重證，以知性的判斷，代替偶像權威，並由此以立眞破妄，此皆順理成章之事。問孔篇：

「世儒學者，好信師而是古，以爲賢聖所言皆無非；精書講習，不知難問。夫賢聖下筆造文，用意詳審，尚未可謂盡得實。況倉卒吐言，安能皆是？不能皆是，時人不知難；或是，而意沉難見，時人不知問。案聖賢之言，上下多相違；其文，前後多相伐者；世之學者不能知也」。

這段話，很明顯地表明他不爲聖賢的偶像所蒙混，而必須憑知性的要求以追問到底，這是很難得的。佚文篇：

「詩三百，一言以蔽之曰思邪。論衡篇以十數，亦一言也，曰疾虛妄」。

對作篇：

「是故論衡之作也，起衆書並失實，虛妄之言勝眞美也。虛妄之語不黜，則華文不見息。華文放流，則實事不見用。故論衡者所以銓輕重之言，立眞僞之平，其本皆起人間有非，故盡思極心，以譏世俗……若夫九虛三增，論死訂鬼，世俗所久惑，人所不能覺也。……冀悟迷惑之心，使知虛妄之分。實虛之分定，而華僞之文滅。華僞之文滅，則純誠之化，日以孳矣」。

「今論衡就世俗之書，訂其眞僞，辯其實虛」。

「況論衡細說微論，解釋世俗之疑，辯照是非之理……俗傳蔽惑，僞書放流……浮妄虛僞，沒奪正是。心濆涌，筆手擾，安能不論」。

上面的話，已可說明王充學術活動的積極目的，是在疾虛妄，求眞實，因而寫下了九虛三增之類的文章。這類的文章，應當代表他在學術上的正面的成就。但我首先應指出的是，疾虛妄，求眞實，是正常學術活動中的共同目的。歷史上許多殉教的人，今日認爲他所信的是迷信，但在他本人則認爲是絕對的眞實。眭孟京房等所言的術數，今人皆可謂其爲虛僞，但他們以生命殉其所信，在他們自己皆認爲是絕對的眞實。豈能如胡適等浮薄之徒，一口罵盡他們是騙子。並且知識上的眞實，道德上的眞實，文學藝術上的眞實，其對象、界域，各有不同；不可以知識上的眞實，否定道德文學藝術上的眞實。王充和一般人不同之點，在於他人的疾虛妄，求眞實，不一定像王充樣的，强烈標舉出來，而只在表出自己所信的一面。尤其是，有疾虛妄求眞實的目的，不一定便能得到疾虛妄求眞實的結果。結果如何，關係於所用的方法；而方法的效率，又關係於學問造詣的程度。亦即是對問題的理解能力。方法可以限定理解能力，理解能力又可以限定方法運用的效能。後面是先對王充在學問上的理解能力作例證性的考查。

六、王充的理解能力問題

要查考王充的理解能力，首先我們注意到的，在王充的生命中，完全缺乏藝術感、幽默感；不僅文獻中凡稍帶有藝術氣雰的陳述，他都不能感受，有如語增、儒增、藝增諸篇中所爭辯的問題，皆屬於這一類。並且稍帶偶然性的，幽默性的紀錄，他也全不理解。例如問孔篇對論語「子之武城，聞絃歌之聲」的故事，提出了問難；但他全沒有注意到孔子「殺雞焉用牛刀」的話，是在「莞爾而笑曰」的情形下所說出的，是在歡欣中帶點幽默的話。論衡中此例不少。

對一般的理解能力，他也不算高明，試以問孔篇爲例。他問難孔子以「無違」答孟懿子問孝爲不明確，這是他不理解孔子教誨弟子，特重啓發；貴介子弟，常輕問而輕忘，孔子希望以一聽不甚了解的「無違」兩字，激起他的發問，以加深他的印象。但他終於不問，所以孔子只好轉而告訴樊遲。我的推測，樊遲與孟懿子爲同門，是可以將孔子的話轉告的。

王充更以孔子「父母唯其疾之憂」答孟武伯問孝，答得比較明白，反以此來論難答孟懿子之是非，並推測是因爲「懿子權尊，不敢直言」；他全不了解孔子因材施教之意。這種問難，可以說近於胡鬧了。

王充對論語「貧與賤，是人之所惡也，不以其道得之，不去也」。而大發議論說，「夫言不以其道得富貴，不居可也。不以其道得貧賤，如何？……去貧賤何之。……」他完全不理解：若是一個人不勤不儉，無學無才，因此而既貧且賤；這是理當貧賤，這是自己招致的貧賤，便應由勤儉及努力學問等以去掉得到貧賤的原因。若在自身無致貧賤之理，即是「不以其道得之」；「不去也」，是不作非分之想，而安於貧賤，王充費了很大氣力與文字來問難，這一點說明了什麽呢？

對「公冶長、可妻也。雖在縲紲之中，非其罪也」的事，以爲「孔子不妻賢，妻冤」；因爲孔子之稱公冶長「有非辜之言，無行能之文；實不賢；孔子妻子，非也」，而加以非難。按「可妻也」三字，當然已把可妻的條件包括在裏面。「雖在縲紲之中」二句，乃解除社會的誤解。有普通理解力的人，對此不應引起非難。

對「子謂子貢曰，汝與回也孰愈」的故事，而非難「孔子出言，欲何趣哉」；又謂孔子曾直言顏淵之賢，此處不當以子貢激之。殊不知論語稱子貢方人，「子曰，賜也賢乎哉，夫我則不暇」，孔子蓋以方人者常忽於自知；此處特在閒談中與子貢以激勵，而又嘉子貢之能自知；於此亦可見孔門師弟平日相與之樂，值得非難嗎？

對「宰我晝寢」，孔子責以「朽木不可彫也；糞土之牆不可汚也」的故事，而引「人之不仁，疾之已甚，亂也」的話，及「春秋之義，采毫毛之善，貶纖介之惡」的話，加以非難。把師弟間的關係，把師對弟子的要求，當作一般人的關係，當作對一般人的要求；更謂「人之晝寢，要足以毀行？毀行之人，晝夜不臥」，來作爲對孔子的反駁；却對孔子「發憤忘食」，「學如不及，猶恐失之」的爲學精神，及以此精神期望於門弟子的教育意義，全無理解。又謂「且論人之法，取其行，則棄其言，取其言，則棄其行」，以爲宰予作辯；對孔子要求言行一致的教義，也全無理解。胡適在這一條上面批道，「此章責孔子最有理」，這眞有令我惘然了。

對孔子許令尹子文以忠而不許以仁，而謂「孔子謂忠非仁，是謂父母非二親，配疋非夫婦也」，王充不能了解孔子之所謂仁，並不足責；但他應當想到孔子除許顏淵「三月不違仁」以外，不許其他高弟以仁；自己也說「若聖與仁，則吾豈敢」，由這些地方稍知有所啓發，稍知有所用心，何至冒然出此無知之語。

對孔子嘆息顏回的「不幸短命死矣」，而認爲「言顏淵短命，則宜言伯牛惡命。言伯牛無命，則宜言顏淵無命」，像這類胡鬧的話，觸目皆是。茲再引胡適批爲「此問甚有理」的一條稍加考查，以作結果。

「子貢問政，子曰足食足兵，民信之矣。曰，必不得已而去，於斯三者何先？曰，去兵。曰，必不得已而去，於斯二者何先？曰，去食。自古皆有死，民無信不立」這一段話，古來本多誤解；我曾寫一專文解釋。王充說「夫去信，存食，雖不欲信，信自生矣。去食存信，雖欲爲信，信不立矣」；在他上面的話中，除「信自生矣」一句；於事爲不通外，的確在他所有問孔諸條中，是比較合裏的一條。但他已引有「子適衞，冉有僕」的故事，知道孔子本是主張先富後教的；但他不能由此作文義的反省，由反省以導出正確的解釋。首先孔子所說的「足兵」，是就政府而言，因爲人民沒有兵；更說「民信之矣」的「之」字，必就政府身上說，即是「人民信任政府」，才可講得通順；是這兩句，都是就政府身上說；即可推定「足食」也是就政府身上說。去兵是去政府之兵，去食乃去政府之食，即是停止徵收賦稅；則「民無信不立」，乃說的是人民不信任他的政府，則政府站不起來；豈不是文字與義理皆很條暢了嗎？

由上面王充對孔子所提出的問難，可以斷定他的理解能力是非常的低，而且持論則甚悍；並且他始終沒有把握到學術上的重要問題。他的刺孟篇所表現的內容，還不及問孔篇；因爲他未嘗不承認孔子的地位，所以對孔子所用的心，應較孟子爲多。

七、王充所運用的方法問題

現在要考查他疾虛妄所運用的方法問題，茲畧條分如下：

1. 對作篇「論則考之以心，效之以事」。

按這兩句話，應當是他所運用的方法的總綱。考之以心，是心知的合理思考、判斷。若傅會一點地說，這是合理主義的萌芽。效之以事，是客觀事物的證驗；若傅會一點地說，這是經驗主義的萌芽。把二者合在一起來運用，這可以說是基礎相當鞏固的方法論。

2. 薄葬論篇：「事莫明如有效，論莫定於有證」。

實知篇：「道家論自然，不知引物事以驗其言行」。

這是發揮「效之以事」的論點，是絕對正確的。但王充應用起來，常把直接耳目所及的現象，拿來解釋本非耳目所能及的問題，有如說日篇的採證方法，這便反而阻塞了進一步去追求眞實之路。古希臘的自然學，出於冥想，因而啓發了科學的發展；他們是用冥想，以由耳目所及，追問耳目所不及的。其次，耳目所及的現成現象，不一定是眞確的現象；必須由設定的條件進行實驗，才能通向科學之路。經驗哲學之父的倍根，因自己把火雞裝進冰雪，以試驗氣温與物體腐爛的關係，因而感冒致死，他才是開近代科學之門。這本來不應以此責之於近兩千年前的王充，但近人却要把王充捧成科學家，所以不能不稍加分析。

3.薄葬篇：「夫論不留精澄意，苟以外效立事是非，信聞見於外，不詮訂於內，是用耳目論，不以心意議也。夫以耳目論，則以虛象爲言。虛象效，則以實事爲非。是故論是非者，不徒耳目，必開心意。墨議不以心而原物，苟信聞見，則雖效驗章明，猶爲失實，失實之議難以教……此墨術之所以不傳也」。

按上面這段話，是發揮「考之以心」的。在這段話中，便發了王充在方法上的便宜主義，而使他所運用的方法發生破綻。當心知的主觀判斷與經驗事實發生矛盾時， 若無法前進一步去求解決， 則還是依據主觀判斷以否定客觀事實呢？還是依據客觀事實以改變主觀判斷呢？這是科學精神與非科學精神的大分水嶺。站在王充的立場，應當屬於後者。但王充處理的問題，是反駁墨家明鬼；墨家明鬼的根據，是舉出杜伯這類的鬼故事。杜伯這類的鬼故事，正是由耳聞目見而來，換言之，是由耳目而來的經驗事實。王充對這種耳聞目見的鬼故事，不從究是偶然地，不確定地，其本身即不能再訴之於經驗證明去着想；而遽謂「雖效驗章明，猶爲失實」，這是他不能堅持經驗法則，在方法的運用上，表示了一個不應有的歪曲。

4.語增篇：「凡天下之事，不可增損。考察前後，效驗自列。自列則是非之實，有所定矣」。

按由呈現在面前的客觀經驗，以作考察判斷，可適用於自然現象。用在政治社會問題方面，便感到不完全。應用到歷史問題上面去，更感到無能爲力。王充所提出的「考察前後」，即是在行爲與結果的因果系列中，加以推演，以推定某歷史問題之眞僞。這是「效之以事」的方法，向歷史方面的轉用。但歷史的因果系列，不同於自然的因果系列。自然的因果單純，容易認定何者是因，何者是果。歷史則有遠因、近因、直接之因、間接之因、附加之因、疑似之因、橫入而偶然之因；所以確定某果是出於某因，乃極困難之事。但是王充把歷史問題都單純化了，所以對此一方法，運用得並不高明。例如語增篇駁世稱紂力能縮鐵伸鈎，及武王伐紂，兵不血刃兩事的自相矛盾，而謂「今稱紂力，則武德貶；譽武王，則紂力少；索鐵不血刃，不得兩立」，這是很合於邏輯中的矛盾律的論法。但他忘記了，紂與武王之戰，不是個人對個人的對打。又如實知篇斥「孔子將死，遺讖書曰，不知何一男子，自謂秦始皇；上我之堂，踞我之床，顚倒我衣裳，至沙丘而亡」，爲不可信，這判斷是絕對正確的；但他論證的方法是「案始皇本事，始皇不至魯，安得上孔子之堂……乎」；但始皇曾封泰山、禪梁父，何以能斷定他「不至魯」。我所以提出來，用意不在挑揚王充，而只想提醒處理與歷史有關的問題時，方法雖然對了，但運用起來却非易事。

5.實知篇：「凡聖人之見禍福也，亦揆端推類，原始見終」。「放象事以見禍，推原往事以處來事」。按直接「效之以」由耳聞目見的「事」，這不僅在當時沒有特別聞見工具的發現，而受到很大地限制；且在王充所討論批評的許多對象中，不是可以訴之於直接經驗的。於是只好採用間接採證的類推方法，即是「效之以」間接之「事」。上面引的幾句話中，除「原始見終」，用的是由始以推演其終的演繹方法以外，都可用「推類」兩字加以概括。這是漢代講災異的人所通常運用的方法，也是論衡中用得最多的方法。於是這裏便發現一個奇妙的現象，對同一災異問題，正反兩面，都用的是同一的方法；這並不是由於那一方面用得高明或不高明，而是由於此一方法的自身，因不能建立確定的大前提，因而也不能建立確實的推理關係；換言之，方法的本身即是混亂的。論衡中許多牽强傅會的論證，多由此而來。

6.雷虛篇：「人以雷爲天之怒，推人道以論之，虛妄之言也」。

按推人道以論天道，這是類推法的具體應用；也是漢人所普通使用的方法。但一般由人道以論天道，多由兩點立論；（一）人之性乃由天所命，故人之性與天爲同類，因而由性德以推天道。（二）天與人同爲陰陽五行之氣，故人之氣與天爲同類，因而可由人之氣的活動以推論同爲一氣的關連感應。但王充的性格，總是要把較爲抽象的東西，換爲更具體的東西，於是由人道以推論天道，乃是從人的形體以推論天道；僅就人的形體說，何以能看出是與天同類呢？不能說明人的形體與天是同類，於是結果變爲異類間的推論，即是在不同的大前提下的推論。所以王充應用起來，便覺得幼稚可笑了。例如雷虛篇「審隆隆者天怒乎？怒用口……口之怒氣安能殺人？人爲雷所殺，詢其身體，若燔灼之狀也。如天用口怒，口怒生火乎？……天之怒與人無異，人怒聲，近人則聲疾，遠之則聲微。今天聲近，其體遠，非怒之實也」。他在自然篇中分明說「何以知天之自然也，以天之無口目也」。天的形體無口目，而人則有，如何能用人的怒用口，以推論天用口怒的情形，又說：「且夫天地相與，夫婦也，其即民父母也。子有過，父答之致死，而母不哭乎？今天怒殺人，地宜哭之。能聞天之怒，不聞地之哭。如地不能哭，則天亦不能怒」。又如自然篇「春觀物之生，秋觀其成，天地爲之乎，物自然也。如謂天地爲之，爲之宜用手，天地安得萬萬千千手乎」，我們可以承認王充的結論是正確的；但這是沒有方法作基礎的結論，是由事實直感而來的結論。他所運用的方法，反而沒有他的論敵的健全。論敵的感應說的不可信，乃是大前提中的實質問題，而不是大前提下的推演問題。凡不由正確方法所得的結論，結論雖對，只是偶然性的對，不能稱之爲出於科學。胡適在這種地方大大恭維王充的科學，我不能了解。

因爲王充在方法的運用上，有時是混亂拙劣；再加上他的理解能力，並不高明，所以他不能貫徹知性的要求，反而經常籠罩在各種偶像之下，不能自拔。政治對他是最大偶像，是了此一偶像，積極方面，因「頌漢」而不惜承認當代所出現的祥瑞的眞實性；又寫順鼓明雩兩篇，「爲漢應變」註十三公開違反他全盤的論點。消極方面，爲了解釋自己的何以不遇，而建立一套命相哲學的觀念上的大偶像。他並不能了解揚雄的太玄，但揚雄在他心目中是一個偶像，便給太玄以很高的地位。尤其是董仲舒在他的心目中，更是居於偶像的地位，他在超奇篇說「文王之文在孔子，孔子之文在仲舒」。所以特寫亂龍篇，爲仲舒「設土龍以招雨」的迷信作辯護。董氏的思想，有極合理的；有半合理的；有全不合理的；他所辯護的，恰是全不合理的。章太炎斥董仲舒爲「神人大巫」；而謂王充是「漢得一人焉，足以振恥」註十四而不知此「一人」正是屈伏於大巫之下的一人。對古人典籍，不深究其實，而自足於依稀想像之辭，瞽說橫流，誠非無故。王充自謂「論衡者論之平也」；各人皆有其是，有其非，是還他一個是，非還他一個非；而不爲任何偶像所屈，此之謂「論之平」；這是理性主義的態度。王充站在理性主義的面前，實在有點「色厲而內荏」了。

八、王充疾虛妄的效率問題

現在再進一步考查王充疾虛妄的效率。首先引起我注意的是，疾虛妄即是破除迷信。越地本爲迷信特濃之地；而當時以行動破除迷信者爲第五倫。據後漢書四十一本傳，第五倫以建武二十九年爲會稽太守，王充時二十七歲。至永平五年「坐法徵」，時王充三十六歲；應當是王充在縣任吏職之年。論衡書中反復對郡將 註十五 的責難，第五倫當然也包括在內。第五倫不僅是東漢有數的賢太守，而且他破除迷信的情形是：

「會稽俗多淫祀，好卜筮，人嘗以牛祭神，百姓財產以之困匱。置其自食牛肉而不以薦祠者，發病且死，先爲牛鳴；前後郡將莫敢禁。倫到官，移書屬縣，曉告百姓。其巫祝有依托鬼神，詐怖愚民，皆案論之。有妄屠牛者吏輒行罰。民初頗恐懼，或祝詛妄言。倫案之愈急，後此遂絕，百姓以安」。

第五倫的作風，應與王充爲同調；但論衡書中，未嘗片字提及，可知他是一個澈底地「自我中心」論者，如此而欲論之平，是不容易的。

綜計王充的疾虛妄，有的是疾其可不必疾，這在前面已約畧提到。茲再畧作考查如下：

書虛篇辨延陵季子呼披裘而薪者拾路上遺金等故事之虛。變虛篇主要辯宋景公熒惑守心的故事之虛。感虛篇辯堯時十日併出，堯射去其九等故事之虛。福虛篇是辯楚惠王食寒菹而得蛭，因遂吞之等故事之虛。禍虛篇是辯曾子責子夏因喪子而喪明等故事之虛。以上皆係辯典籍中之虛。上面的這些故事，有的是出於傳說附會，有的則完全是神話。傳說故事中的性質，不可一概而論。本是歷史的眞實，如齊桓公有姑姊妹七人不嫁的故事，王充以桓公功業之盛而遽斷其虛，實際是以他當時的家族及社會觀念去看齊桓公時的家族及社會的觀念。桓公雖也同姓不婚，但沒有東漢時的嚴格，所以他對於齊桓公的故事的否定是輕率的。其次，本是事實，但在解說中把偶然的因素，强調爲必然的因素。其次是本有一部分事實，在流傳中逐漸附會上些虛構的東西。還有是毫無事實，只是適應人們好奇的要求，尤其是適應感情上的要求，由想像而造作出來的。這便是神話。這類東西，流傳於典籍之中，尤其是流傳於先秦諸子及韓詩外傳、淮南子、新序、說苑之中，並不是大家辯僞的能力不及王充，也不是他們存心好僞。而都是把某一故事作某種意義的象徵，作某種感情的象徵，而加以使用，以爲加强某種意義，感情之用。莊子並且隨手創造神話，他們對這類故事，不是在歷史事實上去認取眞實的，實際都是在某種意義感情上認取眞實。所以各民族的神話，不因科學的興起而歸於消滅。王充是道德感情，藝術感情，很稀少的一個人；他便只在象徵物的本身去著眼，而完全不從被象徵的東西上去着眼；並由象徵物的破壞，以破壞被象徵的東西；這不僅在學術史上並不代表什麽特別意義。並且王充的這種態度，只能使歷史中的「人的世界」，趨於乾枯寂寞。

道虛一篇，係辯斥神仙家的神話。龍虛雷虛等篇，是辯斥民間的迷信。在歷史中，對這類迷信的辯難，是表示合理主義的伸張，當然有其意義。但我國文化，自周初以來，一直是走着以合理主義消解原始宗教；以道德理性主義彌補宗教所留下之空缺的道路。兩漢雖陰陽五行之說大行，對這一套虛僞的宇宙架構，王充並不曾突破。而王充所突破的，只要順着中國文化中合理主義之流以着問題的，都很容易突破。最重要的是要看王充在消極的「破」，以後，如何作積極的「立」，這才是衡量他的成就的尺度，這即是他對問題所提出的解答。

下面對這點畧加考查：

①書虛篇辯「舜葬於蒼梧，象爲之耕；禹葬於會稽，鳥爲之田」爲虛。他所作的解答是「蒼梧多象之地，會稽衆鳥所居……象自蹈土，鳥自食草；土蹶草盡，若耕田狀。壞靡泥易，人隨種之；世俗則謂爲舜禹田」。

②又辯「孔子當泗水之（而）葬，泗水爲之却流」之爲虛。他的解釋爲「是蓋水偶自却流。江河之流，有回復之處……則泗水却流，不爲神怪也」。

③變虛篇他對宋景公時熒惑守心，景公不從子韋之言，而徙三舍，景公增年二十一的解說是「或時星當自去，子韋以爲驗，實動離舍，世增言之。既空增三舍之數，又虛生二十一年之壽也」。

④感虛篇對「倉頡作書，天雨粟」的解釋是「夫雲出於丘山，降散則爲雨矣。人見其從上而墮，則謂之天雨水也……夫穀之雨，猶彼雲布之，亦從地起，因與疾風俱飄集於地。人見其從天落也，則謂之天雨穀」。

⑤福虛篇對楚惠王食寒葅而得蛭，因遂呑之，是夕蛭自後出，心疾亦愈的解釋是「或時惠王呑蛭；蛭偶自出……腹中熱也，初呑，蛭猶未死……蛭動作，故腹中痛。須臾蛭死腹中，痛亦止。蛭之性食血，惠王心腹之積殆積血也，故食血之蟲死，而積血之病愈」。

⑥雷虛篇對雷的解釋是「實說，雷者太陽之激氣也。何以明之。正月陽動，故正月始雷……盛夏之時，太陽用事，陰氣乘之。陰陽分事（爭），則相校軫；校軫則激射，激射爲毒，中人輒死……何以驗之。試以一汁水灌冶鑄之火，氣激襞裂，若雷之音矣。或近之，必灼人體。天地爲爐火矣，陽氣爲火猛矣，雲而爲水多矣。分爭激射，安得不迅？中傷人身，安得不死」？何以驗之，雷者火也。以人中雷而死……中頭則鬚髮燒燋……臨其尸，上聞火氣，一驗也。道術之家，以爲（衍文）雷燒石色赤；投於井中，石燋井寒，激聲大鳴，若雷之狀，二驗也。人傷於寒……腹中素温。温寒分爭，激氣雷鳴，三驗也。當雷之時，雷光時見大（火）……四驗也。當雷之擊時，或燔人室屋，及

地草木，五驗也。

⑦論死篇對枯骨在野，時嗚呼有聲的解釋是「人死口喉腐敗，舌不復動，何能成言。然而枯骨時呻鳴者，人骨自有能呻鳴者焉，或以爲秋（妖）也」。

⑧紀妖篇對各帶神話性之故事，皆以妖作解說。

⑨訂鬼篇對鬼的解釋是（一）「凡天地之間有鬼，非人死精神爲之也，皆人思念存想之所致也。致之何由，由於疾病；人病則憂懼，憂懼則鬼出」。

（二）「一曰，人之見鬼，目光臥亂也……」

（三）「一曰鬼者人所得病之氣也……」

（四）「一曰鬼者老物精也」。

（五）「一曰鬼者本生於人。時不成人，變化而去。天地之性，本有此化，非道術之家所能論辯」。

（六）「一曰鬼者甲乙之神也。甲乙者天地之別氣也，其形象人。人病且死，甲乙之神至矣」。

（七）「一曰鬼者物也，與人無異。天地之間有鬼之物，常在四邊之外，時往來中國，與人雜則（厠），凶惡之類也。故人病且死者乃見之」。

（八）「一曰人且吉凶，妖祥先見。人之且死見百怪；鬼在百怪之中」。

10王充又以「鬼之見也，人之怪也」；王充很相信妖。他在訂鬼篇中對妖的解釋是「天地之氣爲妖者，太陽之氣也」。

妖的情形是「妖或施其毒，不見其體。或見其形，不施其毒，或由其聲，不成其言。或明其言，不知其音」。然則妖何以是太陽氣爲之。王充的解釋是「太陽之氣，天氣也。天能生人之體，故能象人之容。夫人所以生者，陰陽氣也。陰氣生爲骨肉，陽氣生爲精神。………太陽之氣，盛而無陰，故徒能爲象，不能爲形。無骨肉，有精氣。故一見恍惚，輒復滅亡也」。

將上面所引諸例，畧加分析，以得出下列各結論。

一、由（一）至（五），王充雖以書傳所記者爲虛；但亦承認虛必由某種「實」而來；他的解釋都是由文字記載之虛，而求其所以致此虛之實。此一意義，用另一語言表示，即是承認僞中有眞。而他便是要在僞中求眞。此一態度，不僅非常合理，而且在研究傳說性的歷史時，是非常必要的。胡適，及由胡適演出的古史辨派，生於王充將近兩千年之後，尙不能了解到此。

二、但王充所用以虛中求實的方法，則多出於想像。想像可以作虛中求實的啓發，而並不能作爲實的判斷的根據。所以在他的想像中，有的近於情理，如（二）（三）（四）；有的則不近於情理，如（一）（五）等。憑想像作判斷，多是出於方法運用上的放恣，王充尙不能反省到此種程度。

三、（六）對雷的解釋，是把當時流行的陰陽運行於十二月之中的思想，和他耳目所直接得到的現象，結合起來所作的解釋。這也是他所說的「考之以心，效之以事」互相結合的範例。因此，這應當算在他所作的各種解釋中是最好的解釋。但他由耳目所直接得到的現象，並不是從被解釋的事物的自身得來，而是由他所認爲類似於被解釋的事物，再轉用到被解釋的事物上去。這是用得最多的方法。但類似終是類似；科學絕不能從類似的轉用中得出結果。何況王充在此處以外，常常把並非類似的東西看作類似的東西，問題便更嚴重了。但在他這類的解說中，可以看出他對於耳目所能直接得到的現象，很肯留心加以觀察，這應當是很有意義的。

四、在（九）對鬼的解釋中，（一）（二）兩項皆相當地合理；但由（七）（八）（九）看來，他不信鬼而信妖，遂至連他的無鬼論也不能堅持下去，這便從此一迷信圈，跳入彼迷信圈，構成王充人格與思想的矛盾與混亂。至於（10），妖出於太陽之氣所作的進一步地解釋，乃是以虛幻事物（妖）爲基礎所作的想像，更難有學術上的意義。

九、王充的天道觀天人性命說的概畧

漢代學術上所要解決的問題，就其統宗而言，在現實上是要解決大一統地專制下的各種政治問題。在其理念上，則係要解決天人性命的問題。這是遙承子貢所不得而聞的性與天道，漢儒却要求能夠得而聞。並且此一問題，自鄒衍陰陽五行之說擴展以後，一直是順着陰陽五行這條線索以求得各自的解答；所以我可以用「唯氣論」這個名詞來概括他們這一方面的學術方向，此當另以專文論述。王充的理念，或者稱爲王充的哲學，更明確表現出唯氣論的特性。但他不同漢代一般唯氣論者，乃在於：（一）一般唯氣論者是以氣來貫通天人，由此而以人知天。王充則以氣隔斷天人關係，而認爲天人不能互知。（二）漢人言氣，一定將陰陽五行組成一個系統，以陰陽五行爲氣。但王充間或繼承了陰陽的觀念；但他對陽的看法並不太友好，他以爲妖，毒物的「毒」，小人之口，都由受太陽之氣而來，所以他實際想用「元氣」代替陰陽之氣；並且在天地生物的歷程中，排除五行的觀念。（三）一般唯氣論者雖然認爲氣凝結而爲形體；但凝結爲形體以後，氣仍貫注於形體之中，發生獨立性的作用。但王充則以氣既凝結而成形體，氣的作用，即由形體而見。因此，他實際由唯氣論落實而爲「唯形論」；在這一點上，他與荀子的「非相」，恰恰站在相反的立場。（四）一般的唯氣論，雖早有運命的觀念，並且可以早推到論語孟子中之所謂命註十六，但談到性與命時，依然是守住中庸「天命之謂性」的構造，命乃「命令」之意。所以由天所命令於人的成爲人之性，在順序上，應當是命先而性後。但王充之所謂命，完全說的是命運之命；命與性，是屬於兩種不同的性格，而是在男女性交受胎時，同時決定的。因此，他援引古典上的命字時，多有語意上的轉換。由王充著作的心理動機言，應先由他的遭遇而命而性而天道。所以論衡開始幾篇都是談命運。但把他這一方面的思想排成一個系統，依然按着天人性命的順序，畧加敘述。

一　天是氣抑是體？

因爲王充的性格，喜歡把一切問題，從具體方面去把握，而不喜歡從抽象方面去把握，所以他對天的自身，提出了到底是氣還是體的問題，而偏向於天是體。他之所謂體，乃有形體，有堅度的體質之體。他在談天篇說「且夫天者氣邪？體邪？如氣乎，雲烟無異」。變虛篇說「使天體乎，耳高不能聞人言。使天氣乎，氣若雲烟，安能聽人辭」。這好像他對於天到底是體是氣，尚未決定。但在談天篇中又肯定的說「儒者曰天氣也。……如實論之，天體，非氣也」。變虛篇中也肯定的說「夫天，體也，與地無異」。在道虛篇更肯定的說「天之與地，皆體也。地無下，則天無上矣」。祀義篇說「夫天者體也，與地同」。

他這種說法，本身有許多困難，使他不容易堅持下去，所以有時游移其詞，有時又引一般流行的「淸輕者上浮而爲天，重濁者下沉而爲地」的說法。但他何以要偏向於天是體的看法？因爲第一，當時流行的唯氣論，主張「同類通氣，性相感動」（偶會篇）。他反對這種感動說，所以他對於上說的答復是「若夫事物相遭，吉凶同時，偶適相値，非氣感也」。他不否定災異及妖祥等等的眞實性，而只反對這是由氣感而來。天是體而不是氣，他覺得便把「氣感」說的根子拔掉了。第二、是爲了人是體，天也是體；但天的體顯然與人的體不同，由此以說明人有欲而天無欲，所以人有爲而天無爲，自然，且由此以說明天與人不能相知。（見下）

2 天道自然

對天自身的性格，亦即是所謂「天之道」，可用「自然無爲」四字加以概括。

初稟篇「自然無爲，天之道也」。

寒溫篇「夫天道自然，自然無爲。……使應政事，是有爲，非自然也」。

譴告篇「夫天道，自然也，無爲。如譴告人，是有爲，非自然也。黃老之家，論說天道，得其實矣」。

在自然篇，更集中這一論點，並列明其根據。

何以知天之自然也？以天無口目也。案有爲者口目之類也。口欲食而目欲視，有嗜欲於內，發出於外，口目求之，得以爲利欲之爲也。今無口目之欲，於物無所求索，夫何爲乎？何以知天無口目也？以地知之。地以土爲體，土本無口目。天地、夫婦也；地本無口目，亦知天無口目也。使天體乎？宜與地同。使天氣乎？氣若雲烟；雲烟之屬，安得口目。

「此皆自然也 按指河出圖，洛出書，張良遇黃石公授太公書等。夫天安得以筆墨而與圖書乎？天道自然，故圖書自成。晉唐叔虞魯成季友生，文在其手……宋仲子生，有文在其手……三者在母之時，文字成矣；而謂天爲文字，在母之時，天使神持錐墨筆刻其上乎？自然之化，固難疑知；外若有爲，內實自然……黃石授書，亦漢且興之象也。妖氣爲鬼，鬼象人形，自然之道，非或爲之也」。

「春觀萬物之生，秋觀其成，天地爲之乎？物自然也。如謂天地爲之，爲之宜用乎；天地安得萬萬千千手，並爲萬萬千千物乎？諸物在天地之間也，猶子在母腹中也；母懷子氣，十月而生……自然成腹中乎？母爲之也？偶人千萬，不名爲人者，何也？鼻口耳目，非性自然也」。

「夫寒溫、譴告、變動、招致，四疑皆已論矣。 指論衡有此四篇，皆已辨其爲虛 譴告於天道尤詭，故重論之 按自然篇上文重論譴告之事。 論之所以論別也（者）。說合於人事，不入於道意。從道不隨事，雖違儒家之說，合黃老之義也」。

3 天生物的情形

天是形體；天之道（性格）是自然無爲；但王充並不否定天生萬物；天生萬物，依然是由天之施氣。但一般以陰陽二氣爲生物之氣。王充亦偶然說到陰陽二氣，如前所引訂鬼篇。說日篇「天地并氣，故能生物」。這是他所說的當時一般的觀念。但他則以爲生物僅由天施氣於地，地只是以土承受天的氣，並不是以陰氣承受天的陽氣，所以他認爲天生一般之物的氣是「元氣」；而生聖人的氣是「和氣」。他之所謂元氣，他在物勢篇中，亦稱爲「一行之氣」；換言之，只是「一樣氣」，而沒有兩樣以上的。不能作陰陽來分以前之氣去理會，他有時說「天地合氣」，只是說天合氣於地，而不是說天地陰陽之氣相合。

幸偶篇：「俱稟元氣，或獨爲人，或爲禽獸」。

無形篇：「人稟元氣於天，各受壽夭之命，以立長短之形」。

論死篇：「人未生，在元氣之中，既死復歸元氣」。

四諱篇：「夫婦之乳按猶生子也，子含元氣而出。元氣，天地之精微也」。人含氣，在腹腸之內；其生十月而產。其一元氣也，正月與二月何殊？五月與六月何異？而謂之凶也」？

齊世篇：「夫天地氣和，即生聖人」。

他既不喜歡用陰陽二氣以言生物，當然更反對把五行之氣摻雜到生物的功能裏面。但他並不是否定五行之氣，而只是把五行之氣，限定在人的身體裏面。

物勢篇：「或曰，五行之氣，天生萬物。以萬物含五行之氣，更相賊害。曰，天自當以一行之氣生萬物，令之相親愛；不當令五行之氣，反使相賊害也。或曰，欲爲之用，故令相賊害。賊害相成也。故天用五行之氣生萬物。……曰，天生萬物，欲令相爲用，不得不相賊害也？則生虎狼蝮蛇及蜂蠆之蟲，皆賊害人，天又欲使人爲之用邪？且一人之身，含五行之氣，故一人之行，有五常之操。五常，五行之道也。五藏在內，五行其俱。……一人之身，胸懷五藏，自相賊也」？

天生物的情形，完全是自然無爲。他承認人稟天之元氣以生，這只是最早的人。以後的人，不復直稟天之氣，這是一個很新的說法。雖然，他有時不曾堅持此種說法。

奇怪篇：「天地、夫婦也。天施氣於地以生物。人轉相生；精微爲聖，皆因父氣，不更稟取」。
感虛篇：「天主施氣，地主生物。有葉實可啄食者，皆地所生，非天所爲也」。
物勢篇：「儒者論曰，天地故生人，此言妄也。夫天地合氣，人偶自生也。猶夫婦合氣，子則自生也。……且夫婦不故生子，以知天地不故生人也。然則人生於天地也，猶魚之於淵，蟣虱之於人也。因氣而生，種類相產。萬物生天地，天地合氣，物偶自生矣」。
自然篇：「天地合氣，萬物自生。猶夫婦合氣，子自生矣。………或說以爲天生五穀以食人，生絲麻以衣人，此謂天爲人作農夫桑女之徒也，不合自然」。
「天者普施氣。萬物之中，穀愈飢而絲麻救寒，故人食穀衣絲麻也。夫天之不故生五穀絲麻以衣食人，由（猶）其有災變不欲以譴告人也」。
「天之動行也，施氣也。體動，氣以出，物乃生矣。由（猶）人動氣按當作「體」也；體動氣乃出，子亦生也。夫人之施氣也，非欲以生子，氣施而子自生矣。天動不欲以生物，而物自生；此則自然也。施氣不欲爲物，而物自爲；此則無爲也。儒家說夫婦之道，取法於天地。知夫婦法天地，不知推夫婦之道，以論天地之性，可謂惑矣。夫天覆於上，地偃於下，下氣蒸上，上氣降下，萬物自生其中間矣。當其生也，天不須復與也。由（猶）子在母懷中，父不能知也。物自生，子自成，天地父母，何與知哉」。

4 天人不相知

王充以天之生物，乃出於自然無爲，其目的在於說明天之自身，只由形體的運動而施氣，施氣並不是以生物爲目的，物乃在施氣之下偶然自生，天並不知道，更不要求它所生的物；所以天所生之物，與天毫不相干；而物既生之後，人與天的地位既懸隔，人之體又與天之體全不相同，由此而導出天人不相知，天人不相惑，以澈底否定漢代所流行的災異說。

感虛篇：「夫天去人，非徒層台之高也。陽雖自責，（天）安能自知而與之雨乎」。

雷虛篇：「人在天地之間，物也。物亦物也。物之飲食，天不能知；人之飲食，天獨知之」？

「天神之處，猶王者之居也……王者與人相遠，不知人之陰惡。天神在四宮之內，何能見人闇過？王者聞人過，以人知。天知人惡，亦宜因鬼。使天聞過於鬼神，則其誅之宜使鬼神。如使鬼神，則天怒，鬼神也；非天也」。

明雲篇：「人不能以行感天，天亦不隨行而應人」。

商（適）蟲篇：「天道自然，吉凶俱會」。

指瑞篇：「或言天使之指騏驎鳳凰所爲也。夫巨大之天，使細小之物，音語不通，情指不達，何能使物？物亦不爲天使。

5 王充之天道觀與老子之天道觀

按王充的自然無爲的天道觀，他在自然篇一開始便說是「依道家論之」。在王充的思想裏面，是把道家安放在儒家之上，把老子文子，安放在孔子顏淵之上註十七。但若以老子所說的天道，即是王充所說的天道，便是莫大的誤解。第一，在春秋以前所說的「天生蒸民」的天，是宗教性格的天。此種起源甚早的宗教性格的天，至春秋時代，已演變而成爲道德法則性格的天。道德法則性格的天，可以滿足人間道德根據的要求，但不一定能解答天如何能創造萬物的要求。老子的道，首先是代替原始宗教來解答道或天是如何來創造萬物的。我在文學與自然一文中，曾指出老子之所謂自然，有四種意義。第一個意義是說明道的形成，是自本自根，自己如此，是宇宙萬物的第一個，以此來正定道的創造地位。第二個意義是說明道創造萬物，「但生而不有，爲而不恃，長而不宰」（五十一章），使萬物不感到是被創造的，而是自己如此的。但老子雖未明說道創造萬物的必然性，但他對道的創造作用所作的描述，如「用之不勤」「獨立而不改，周行而不殆」，「逝曰反」等的描述，既保證了道的永恒創造的性格，因而也保證了道的永恒創造的作用。孔子是從「四時行焉，百物生焉」來體會天道；老子實際是以「用之不勤」等的永恒創造來體認道。換言之，道與創造是不可分的，創造對道而言，是必然的。他所說的自然無爲，實際是爲了成就萬物而自然無爲。到了莊子，便常常以「天」的地位代替老子裏面「道」的地位；而他的重點，已由天轉到人；但天的基本性能，與老子並無所異。但王充所說的天的生物，只是一種偶然。他所說的自然無爲，乃是天自己照顧自己，有如夫婦交媾時只是爲了自己滿足自己的情欲一樣，這是擲棄萬物的自然、偶然。他常以夫婦交媾比天地合氣；但也從來不繼續推比下去，夫婦的交媾只爲了滿足一時的情欲；但由交媾而懷了孩子以至生下孩子，此時夫婦對懷姙及生下的孩子，在正常情形之下，都是百般愛護的；則天對它所生的萬物又將如何呢？

第二，老子的道乃至天，雖然沒有人格神的意志，但它的性格却是最高理性的存在，是至善純美的存在；因而也是人世的善與美的最後根據，最高準繩。老子對它的形容，「惚兮恍兮，其中有象。恍兮惚兮，其中有物。窈兮冥兮，其中有精，其精甚眞，其中有信」。（二十一章）「信」指的是可信賴的秩序，與中庸「試看天之道也」同義。莊子中對天的純美至善的形容，更爲突出。在此種描述的後面，當然是以人能體認，把握到天道爲其根據。但王充所描述的天道，及天道的自然無爲，却完全是混沌幽暗的東西。他絕對不感到道家之所謂道或天，與普通一般的人，是屬於兩個層次不同的存在。人只有通過一種工夫的努力而始能「體道」，始能「與天爲徒」。他經常把天扯下來與人相比，但實際天並趕不上人；因爲人還有心思，還可以憑學求博通，而天則只是既無耳目口鼻，又無心思才智的混沌物。我始終認爲人對形上的把握，實際是由人的精神所投射出去的價值判斷。站在這一觀點來說，王充的精神狀態和老子等道家人物的精神狀態，眞是天壤懸隔。

第三，老子的道或天的創生萬物，創生人，雖不是出之以意志，但它創生人乃至萬物時，即把自己的至善純美的性格，分化於各人各物的生命之中，而成爲人及物之德之性註十八，這便成爲人與物的共同依據、保證；規定了人類前進的大方向。並且道或天雖對自己所創生的東西「生而不宰」，一任其自然。但道或天的性格，既已成爲創生物的德、的性，亦即成爲人與物的本質，則人與物的本質，也自然要求向道或天的廻歸。所以老子說「夫物芸芸，各復歸其根。歸根曰靜，是曰復命」（十六章）。又說「道之尊，德之貴，夫莫之命，而常自然」（五十一章）。更由此而推進一步，則人的吉凶禍福，雖不是出於道或天的監視、執行；但合於道或天之道的則吉則得福，背反於道或天之道的則凶則得禍，因爲這是在最高理法之內的適應不適應的問題，這也是很自然的；所以在老子一書，在許多地方都就人的吉凶禍福以言天道，以言天道對於人世的要求。例如「不窺牖，見天道」（四十七章），是以天道爲可見。「天將救之，以慈衞之」（六十七章）。「勇於敢則殺，勇於不敢則活。此兩者或利或害。天之所惡，孰知其故」？（七十三章）「天之道，不爭而善勝……」「天網恢恢，疏而不漏」同上。「天之道，其猶張弓與，高者抑之，下者舉之，不足者補之。天之道，損有餘而補不足」（七十七章）「天道無親，常與善人」（七十九章）「天之道，利而不害」（八十一章）。雖然不是人格神的意志，却是最高法理的自然要求。因此道家的天人性命關係，是天人一貫的關係。從這一點說，也可以推演出天人的感應。若不考慮到具體內容而僅考慮到這種天人關係的格架，則儒道兩家，可以說是相同的。但在王充，雖偶然也說「形、氣、性、天也」（無形篇）；但他心目中的天，只是一種混沌而不可為人生依據之天，所以他所說的命，只是一種不可知的運命之命。並且只有「原人」才眞接稟天之氣以生；此後的人，並不眞接稟天之氣，而只是在父母合氣時稟父母之氣以生，於是人的性與命，乃稟受於父母合氣之時（見後）；所以天人性命的關係，是分成兩截，缺乏貫通統一的分割性的關係。他以此為依據而澈底的否定天人感應的觀念。

綜上所述，王充雖依附於道家，但他的不了解道家，對老子的庸俗化，和他的不了解儒家，對孔子的庸俗化，完全是一樣。

6 王充天道觀的目的

王充假托於道家的自然無為所建立的天道觀，主要是為了否定當時流行的感應說。漢代的天人感應說，亦即是災異說，主要不是對一般人而言，而是在政治上對皇帝而言。自元帝起，災異增强了對皇帝的壓力。以中國幅員之大，可以隨時都有災異。災異一出現，做皇帝的人，最低限度，在表面上便要誠惶誠恐一番，人臣便借此大講皇帝一頓，有如劉向谷永之徒。可以看出災異說把皇帝的精神壓得透不過氣來。儘管成帝想辦法轉嫁向三公身上；而他的荒謬行爲，並不因此而眞有所改變；但在氣雰上，災異說的壓力並無所改變。光武以圖讖代災異，所以災異說的影響，在東漢的分量，不及西漢元帝及其以後的嚴重；但其對皇帝行爲的約束性，依然相當存在的。皇帝、朝廷，是王充精神中的理想國，是他千方百計所追求的。一旦由他的自然的天道觀，把感應災異之說打倒了，而一切歸於不可知，亦無可奈何的命運，這對於皇帝，對於朝廷，的確是精神上的一大解放，同時也是在政治上他的一大貢獻。自然篇以「譴告於天道尤詭」數語作結，正說明他建立此種天道觀的目的之所在。當然如前所說，裏面也含有對他自己懷才不遇的解釋因素在裏面。

但他並不是根本否定災異，也不是否定災異說者所舉出的不德之行的事實，而只是，認爲災異與行爲之間，沒有感應的關係，他把這種關係說成是「適偶」，即是適逢其會的偶然巧合。他以爲這種爲皇帝解除精神威脅，或可成爲他進身朝列的憑藉。

十、牽涉到的科學與迷信的問題

胡適在王充的論衡一文中，把漢代學術分爲「災異符瑞的迷信」，亦即是儒教的迷信的系統；及以實測效驗爲主的天文學的科學系統；而認爲王充「著書的時候，正當四分曆與太初曆爭論最烈的時期。他(王充)又是很佩服賈逵的人，又是很留心天文學上的問題，故不能不受當時天文學方法的影響。(原註：如說日篇可爲證)，依我看來，王充的哲學，只是當時的科學精神應用到人生問題上去」。這眞是一種奇特的看法。

首先，我國天文學的成立，出於測候。測候是對天象所作的直接地觀察與推算。直接觀察，是一切科學的起點。王充的說日篇中，完全不是以測候爲出發點，而係以「夜舉火者，光不滅焉」，「北方之陰，不蔽星光」等說法，類推到日象上面去，以辨正當時用陰陽觀念對日象所作的解釋。而他所建立的類推，實際是在不同類的基礎上相推，這是最不科學的方法。所以凡是提到王充的天文學知識的人，可以說沒有人不承認他在當時已經已非常落伍的浮說 註二十。王充在天文問題上，已不能表現一點科學精神，從何轉用到人生問題上面去。

其次，賈逵是比較過太初、四分二曆的；而論衡中曾將賈逵與班固等並稱過兩次。說得比較詳細的是別通篇。別通篇中曾說過「是以蘭台之史，班固賈逵楊終傅毅之徒，名香文美，委積不紲」的話。這是由於對蘭台令史的欣羨，因而把當過蘭台令史一職的人說出，所以賈逵也被提到。但我曾把論衡中被王充所推重的兩漢人物，作過概畧的統計。提到賈逵的約十三次。提到賈誼的一次。提到淮南王安約五次。晁錯約一次。董仲舒約二十二次。嚴夫子約一次。司馬相如約四次。司馬遷約二十三次。谷永約八次。劉向約十次。劉歆約兩次。揚雄約十八次。桓譚約十一次。班氏父子共約十次。唐子高約七次。丁伯玉約一次。周長生約三次。成陽子長約一次。楊終約四次。傅毅約兩次。吳君高約兩次 註二十一。其中每一個人在王充心目中的分量，皆較賈逵爲重。而他推崇備至的董仲舒谷永劉向，皆可謂爲災異說的建立、發揚者。其他諸人，把賈逵也包括在裏面，亦無一人認爲國家的安危，個人的禍福，與政治及行爲沒有關係；這都是胡適所謂「迷信的儒教」。王充對這些迷信的儒教的人物，推重之如彼；而胡適却擯斥之如此，並把王充與這些人之間，代王充造成一道鴻溝。在論衡中，把賈逵夾在班固楊終傅毅中間提過兩次，胡適認王充「是很佩服賈逵的人」，由此而王充便從賈逵身上得到了當時天文學的科學精神，以轉用到人生問題上。這完全是胡氏顚倒王充本人的所輕所重，在自己主觀中所虛構的事實。

凡是屬於事實判斷的，皆屬於科學知識範圍之事。凡屬於價值判斷的，皆屬於道德、藝術範圍之事。價值判斷，當然亦以事實現象爲基礎。但對事實作如何認定而賦與以何等價值，實皆出於判斷者自身道德、藝術精神的要求。從正面肯定道德藝術，固然是價值判斷；從正面反對道德藝術，不管他以何爲藉口，依然是價值判斷。因爲站在純科學的立場，對價值問題，是無從肯定，也無從否定的。對於天的問題，只由注意「天象」所得的結論，這都是事實判斷，這即是中國很早所開始的天文日曆之學；雖然有時裏面夾雜有價值判斷在裏面，尤以漢代的太初曆三統曆爲甚；但這只是混入的性質，其本身依然是屬於事實判斷。由「天象」而轉到「天道」，即轉入到天之所以爲天之道，由此所得的結論，雖千差萬殊，都是價值判斷，都是出於判斷者由自己的精神狀態對天所作的要請。古代對天帝的信賴，是價值判斷。西周幽厲時代詩人對天的詛咒，是由失望而來的價值判斷。春秋時代以禮爲天之經、地之義，是價值判斷。孔子以「四時行焉，百物生焉」證明「天何言哉」；以「天何言哉」說明「余欲無言」的意義，是價值判斷。老子的自然無爲，是加上形上學的解釋所作的價值判斷。荀子「惟聖人不求知天」，這到可以說是科學的態度。他把價值判斷安放在「聖人由積僞而生禮義」的上面。漢儒以董仲舒爲中心的「天道之大者在陰陽」，由陰陽以貫通天人性命，由此以言天人相與的感應，及作爲感應表現的災異，是價值判斷。論衡中的談天、說日兩篇，是事實判斷。但他以自然無爲爲中心的天道觀，表面上看，是反當日的道德價值判斷；但在反道德價值判斷企圖下所作的判斷，依然是價值判斷而不是事實判斷。等於現代否定一切的虛無主義所作的純否定的判斷，依然是一種價值判斷而不是事實判斷，是同樣的道理。天人感應的價值判斷，是出於對大一統的專制政治的皇帝所提出的要請。換言之，這是出於政治倫理道德所提出的要請。他們這種天道觀，雖發生許多流弊；當時救這種流弊，乃在反而求之於經義；王充也有這一點意思（註二十二）。但大體上，若將感應說與王充反感應說兩者加以比較，則一爲有根蒂之人生，一爲漂浮之人生。一爲有方向之政治社會，一爲混沌之政治社會。一爲有機體之統一世界，一爲無機體之分割世界。一爲對人倫道德的嚴重地責任感，一爲對人倫道德的幽暗地虛無感。一爲要求對專制政治之控御，一爲要求對專制政治之放恣。漢書藝文志數術略歷譜下有謂「患出於小人而强欲知天道者，壞大以爲小，削遠以爲近，是以道術破碎而難知也」。這幾句話，好像恰恰是批評王充天道觀所用的「非類相推」的情形一樣，這到是一件奇怪的事情。在這種地方，不可輕易安上科學與迷信的帽子。

十一、王充的命運觀

1 天使與命運的發展與演變

因王充的幽暗混沌的天道觀，形成漂浮混沌的人生、政治、社會觀，於是他勢必將人生、政治、社會，一舉而投入於機械而又偶然地不可測度的運命裏去，剝奪了人一切的主體性，一聽此機械而又偶然地命運的宰割。此即論衡一開始所最强調的「命」。

西周及其以前之所謂命，都是與統治權有關的天命。到了春秋時代，擴大而爲「民受天地之衷以生，所謂命也」註二十三的一般人的命；即是天所命於人的不僅是王者的政權，更進而成爲一般人民道德根據的命；這是天命觀念劃時代的大發展。「天地之衷」所命於人的，在孔子在子思的中庸，便稱之爲「性」，在老子在莊子內篇便稱之爲德。這是在一般人生的道德要求上所新建立起來的天人關係，這可以說是道德自主性的覺醒。

在上述的道德自主性的覺醒中，人也發現道德的自主性對人的現實生活而言，並沒有全般的主宰能力；如貧賤富貴壽夭等，既不是人力所能控制，也不是當時的人智所能解釋，冥冥中彷彿有一股不可抗的力量在發生支配作用，這便在春秋時代出現了運命之命的觀念，作爲人力所能自主與不能自主之間的一條分界線。這兩種性格完全不同的命，在論語中將前者稱爲「天命」，將後者僅稱爲「命」。中庸則只言天命，不言運命。在孟子，則將前者稱爲「天」，將後者稱爲「命」，也間或有將兩者混淆的。老子書中，無命運的觀念。莊子一書，則極少數地方，將天與命混淆了；但就全書看，他和孟子相同，將前者稱爲天，將後者稱爲命。只有在外篇雜篇中出現的「性命」一辭，與易傳中「盡性以至於命」的「性命」觀念符合，即是此處的性與命的關係，乃「天命之謂性」的關係。墨子一書，將前者稱爲「天志」，將後者稱爲「命」。此後命運的命，更普及於社會大衆之間；而性命之命，乃成爲漢代學術所追求的大標誌。

2 王充命運論的特色

王充之所謂命，乃完全繼承、接受運命之命的觀念，亦即是與作爲人生本質之「性」全不相干的觀念。但因爲他把人生的主體性，政治的主動性，完全取消了，而一憑命運的命來加以解決、解釋，這便形成他的命運論特色。

他首先把命與性劃定界域。命祿篇「故夫臨事智愚，操行淸濁，性與才也。仕宦貴賤，治產貧富，命與時也」。「夫性與命異。或性善而命凶。或性惡而命吉」。命義篇「操行善惡者性也。禍福吉凶者命也」。其次，他對命的內容作了詳細的規定。命祿篇「凡人遇偶及遭累害，皆由命也。有生死祿夭之命，亦有貧賤富貴之命」。命與天的關係，他有時混而爲一，有時又分而爲二。命祿篇「孔子曰 按此誤以子夏之言爲孔子之言，死生有命，富貴在天……孔子聖人……稱言命者，有命、審也」。此處分明是命與天是一，所以他又說「命則不可勉，時則不可力，知者歸之於天」。命義篇「死生者無象在天，以性爲主。禀得堅强之性，則氣渥厚而體堅强，堅强則壽命長……故言有命，命則性也。至於富貴所禀，猶性所禀之氣，得衆星之精。衆星在天，天有其象。得富貴象則富貴，得貧賤象則貧賤。故曰在天。……天施氣而衆星佈精，天所施氣，衆星之氣在其中矣。這段話裏面，把性與命混而爲一，把命與天又分而爲二。論衡中經常出現這種混亂的情形。但如後所說，他此處所說的性，是指初生時的生的狀態而言。他所說天的性格，實同於命的性格。而命與性，同樣決定於父母合氣時的氣，所以「天」與「命」的關係，在王充，則天是虛擬而沒有實質意義的東西。所以在了解上，可把王充在這種地方（與命性相對稱時）的天，根本劃入括弧中去。他在這裏所以特地把天凸顯出來，實際是要把星相學中的「星」包含在命中去；這是他理論上一時的歧出，可以置之不論。我們只順着他根本的意義去疏導。

命義篇謂「故國命勝人命，壽命勝祿命」。他提出國命的觀念，壓蓋在人命之上，把政治行爲的意義與主動性，完全被他取消了，傳統的「君相造命」的話，完全被他否定了，於是命對人的決定性也就是更完全了。

爲了使命的觀念能對現實人生，能發揮更大的解釋能力，便須把命的觀念更細分下來，以適應現實的各種情況。命義篇說「人有命、有祿，有遭遇、有幸偶。命者，貧富貴賤也。祿者盛衰興廢也。………「遭者，遭非常之變」，「遇者，遇其主而用也」。「偶也（者）謂事君有偶也」。「故夫遭遇幸偶，或與命祿幷，或與命祿離」。按此處之所謂「祿」，亦即逢遇篇之所謂「時」。人的命應當是統一的；但人的一生，却有各種盛衰的變化，特賴時或祿的觀念加以彌縫。遭遇幸偶四個觀念，雖內涵的吉凶禍福，各不相同，但在「偶然」「突然」的意義上，則完全一致。但這又是「後驗」的（事後應驗）；既是後驗的，所以預定的命，又不易爲人所預知，而時常感到是突然偶然的變化。所以王充又提出這四個觀念來加以補救。在「與命祿幷」或「離」之間，便可以產生許多便宜的說法。

王充爲了貫徹命運對人生的支配力量，便反對當時流行的三命之說，特別反對三命中的「隨命」之說。命義篇：

「傳曰，說命有三。一曰正命，二曰隨命，三曰遭命。正命謂本禀之自得吉也。………隨命者，戮力操行而吉福至，縱情施欲而凶禍到，故曰隨命。遭命者，行善得惡，非所冀望。逢遭於外，而得凶禍，故曰遭命」。

按隨命之說，乃在命運的觀念中保持人的若干自主性，也是對人生前途所提供的保證。但這一說法，不能爲王充所允許。他說：

「使命吉之人，雖不行善，未必無福。凶命之人，雖勉操行，未必無禍。孟子曰『求之有道，得之有命』。

性善乃能求之，命善乃能得之。性善命凶，求之不能得也………言隨命，則無遭命。言遭命則無隨命。儒者三命之說，意何所定」？

於是他另規定三命的內容，是「正命者至百而死。隨命者五十而死。遭命者初稟氣時遭凶惡也」。這可以說是完全沒有意義的說法。

3　命之由氣而形而骨的實現

然則命由何而形成？由何而見？王充所提出的答復，便可以看出他的唯氣論的特色。

命義篇「人稟氣而生，含氣而長，得貴則貴，得賤則賤」。

初稟篇「人之性命，本富貴者，初稟自然之氣，養育長大，富貴之命效矣」。

幸偶篇「俱稟元氣，或獨爲人，或爲禽獸。並爲人，或貴或賤，或貧或富…………非天稟施（黃暉以爲當作「施氣」者是也有左右也，人物受性有厚薄也」。

這說得很清楚，命是由稟氣而成。而所謂稟氣，乃決定於生時所稟的氣。

初稟篇「命謂初生稟得而生也」。

按王充以生爲性，故所謂「受性」，實即是「受生」。初稟篇說「命謂初所稟得而生也。人生受性，則受命矣。性命俱稟，同時並得；非先稟性，後乃受命也」。所謂生時所稟之氣，乃指父母交媾時而言。所以命義篇說「凡人受命，在父母施氣之時，已得吉凶矣」。換言之，受胎之時，即受命之時。胎乃人的形體；氣成爲人之形體，故命即表現爲的形體，特別表現在形體中的骨相。

命運決定論，一變而爲人之骨相決定論。

命祿篇「夫命富之人筋力自强。命貴之人，才智自高。

氣壽篇「彊壽弱夭，謂稟氣渥薄也」。「人之稟氣，或充實而堅彊，或虛劣而軟弱。充實堅强其年壽。虛劣軟弱，失棄其身」。「稟壽夭之命，以氣多少爲主性也」。

命義篇「且命在初生，骨表著見……富貴貧賤，皆初稟之時，不在長大之後」。

無形篇「人稟氣於天，各受壽夭之命，以立長短之形……器形已定，不可小大。人體已定，不可減增。用氣爲性，性成命定。體氣與形骸相抱，生死與期節相須。形不可變化，命不可減加」。「人稟氣於天，氣成而形立；則（形）命相須，以至終死」。

骨相篇「人曰命難知，命甚易知。知之何用（由），用之骨體。人命稟於天，則有表候（見）於體，……骨法之謂也」。「非徒富貴貧賤有骨體也，而操行淸濁亦有法理。貴賤貧富，命也。操行淸濁，性也。非徒命有骨法，性亦有骨法」。「相或在內或在外。或在形體，或在聲氣」。

初稟篇「文王在母身之中已受命也。王者一受命，內以爲性，外以爲體」。

按由荀子的非相篇，可知骨相之術，在先秦已甚發達。西漢亦甚爲流行。由命而落實於人的骨相，這在命理的子平術未出現以前，乃談命運之術的必然歸趨。王充的思想，正代表了此一歸趨。玆將王充的這些繁複地說法試表列於下：

表一

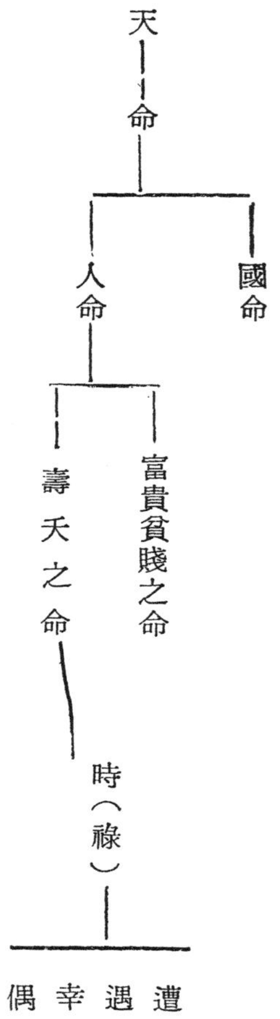

表二

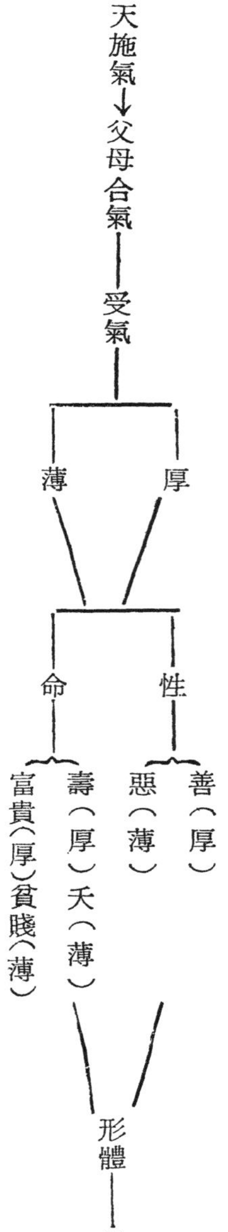

3 王充命運論的缺口

在王充的唯氣論的運命論中，還有兩個特異的觀念。一是求的觀念。命祿篇「天命難知，人不耐（能）審。雖有厚命，猶不自信，故必求之也。………有求而不得者矣，未必不求而得之者也。精學不求貴，貴自至矣。力作不求富，富自至矣」。

按順著王充的運命論，則異虛篇所謂「故人之死生，在於命之夭壽，不在行之善惡。國之存亡，在期之長短，不在於政之得失」；這是他自然的結論。而且就骨相篇說，要能知命，在於審視各人的骨法，骨法是不能改變的。由他上述的結論，可以引出一個結論來，即是人應當完全過着安命的生活。但他在命祿篇又提出一「求」字來；求必有求的線索，於是他把與命運完全切斷了的行爲，又重新搭上一條線，以爲求命的線索；這固然是他思想的矛盾，也可以說是他的思想的缺口。因爲有了這一點缺口，才不至把人生完全悶死在命運的乾坤袋裏裏，而王充本人，依然表現出十分積極性的人生。

但是上面由「求」的觀念，將行爲與命運搭上一條線，在王充全部思想中，是點綴性的，是非常薄弱的一條線。就一般人生而言，生活總希望能避禍而得福。避禍得福的途徑，當然是憑藉自己的行爲。人的行爲是自己可以把握住的。在自己的行爲上立基，而將不可知之命，置之於無足輕重之列，這才是論語上所謂「不知命，無以爲君子也」的知命，由此而「居易以俟命」，「修身以俟之」，把命置於不足重輕，對人生不能發生干擾的作用。所以人生的主體性，依然是把握在自己手上，而形成堅定不移的人生態度。王充既非常動心於禍福利害，而又對行爲失去信心，乃完全委任之於命運；命運並不能眞正確定於骨相，而只能驗之於事後。在未驗之前，人生是茫然的。即在既驗之後，人生也只是感到突然的。於是在王充的運命論中，第二個特異之點是逢遇倖偶的觀念。所以論命第一篇是逢遇，第二篇是累害。第五篇是幸偶，第十篇是偶會。他實際所感受到的人生，都是偶然性的人生。他所强調的自然，也是偶然的性格。「偶然」的觀念，貫通於他整個思想之中。例如：

逢遇篇「處尊居顯，未必賢，遇也。位卑在下未必愚，不遇也」。「不求自至，不作自成，是名爲遇」。

幸偶篇「凡人操行有賢有愚。及遭禍福，有幸有不幸。舉事有是非。及觸賞罰，有偶有不偶」。

命義篇「故人之在世，有吉凶之命，有盛衰之祿，重以遭遇幸偶之逢……」。

指瑞篇「物生爲瑞，人生爲聖。同時俱然，時其長大，相逢遇矣……其實相遇，非相爲出也」。

王充雖然在命祿篇說「凡人遇偶及遭累害，皆由命也」。但究不如命義篇所說的「故夫遭遇幸偶，或與命祿幷，或與命祿離」二語之爲確當。把生命完全安放在命運裏面的人生，實即把生命安放在偶然裏面的人生，也即是一種漂泊無根的人生，這是命運論自身的否定。

十二、王充的人性論

一 唯氣的人性論

王充人性論的構成格架，由前面的表二可以約略了解，與命的構成格架，完全相同，即是將唯氣論貫徹到人的形體骨法之上。在運命論上，以稟氣的多少說明命的有吉有凶；在人性論上以稟氣的厚薄，說明性的有善有惡；並且都可以從形體骨法上看出來的。命祿篇說「夫物不求而自生，則人亦有不求貴而貴者矣。人情有不教而自善者，有教而終不善者矣。夫性猶命也」。此處之所謂「性猶命也」，是就性對善惡的決定性，等於命對貴賤貧富的決定性一樣而言。其所以有同樣的決定性，正因爲性的形成同爲唯氣論的格架。

命義篇「性命在本。故禮有胎教之法……賢不肖在此時矣。受氣時，毋不謹愼，心妄慮邪，則子長大狂悖不善，形體醜惡」。

無形篇「用氣爲性，性成命定」。

率性篇「稟氣有厚泊，故性有善惡也……人受五常，含五臟，皆具於身。稟之泊少，故其操行不及善人，猶（酒）或厚或泊也……人之善惡，共一元氣。氣有少多，故性有賢愚」。

骨相篇「非徒富貴貧賤有骨體也；而操行淸濁亦有法理……非徒命有骨法，性亦有骨法」。

自然篇「至德純渥之人，稟天氣多，故能則天自然無爲。稟氣薄少，不遵道德 按此指道家之道德 ，不似天地，故曰不肖」。

按王充的基本意思只是性命之氣，受自父母合氣之時。受氣多者性善而命吉，受氣少者性惡而命凶。故就一般的情形而言，天並非直接施氣於人，人亦非直接受氣於天。但特出之人，則直接受氣於天。命義篇，在建立了他自己的三命說以後，更謂「亦有三性。有正有隨有遭。正者稟五常之性也。隨者隨父母之性（也）。遭者遭得惡物，象之故也」。他這裏所謂隨父母之性，蓋因受父母之氣。由此可知「稟五常之性」，即上引自然篇之所謂「稟天氣多」。這對於稟氣厚薄，決定性之善惡的說法，在他的理論中，是一種歧出。又前引他提到古人重胎教的地方，以母的念慮，影響於子女的善惡，這在他的理論中，也是一種歧出。所有有這種歧出，一方面原於王充思想本來很駁雜；同時也是因爲唯氣論對人性的解釋太單純化了，難於順着一條直線作解釋的原故。宋儒周敦頤、二程、朱元晦，皆受有漢儒唯氣論的影響；而朱元晦特顯出理氣二元論，從某一角度看，這是漢儒唯氣論的合理的發展，也解除了王充不自覺地所遭遇到的難題。

2 人性論上的折衷態度，及宿定論的突破

本性篇是王充對前人的性論，作有系統的批評；並把自己的性論，作有系統的陳述的一篇文字，也是論衡

中較平實，較有意義的一篇文字。他對各家性論，在批評中並不一概加以抹煞，而認爲「亦有所緣」；即係承認各人所根據的事實，而認定其局部的妥當性，這是很合於批評原則的。他最後的結論是：

「實者人性有善有惡，猶人才有高有下也。……謂性無善惡，是謂人才無高下也。稟性受命，同一實也。命有貴賤，性有善惡。謂性無善惡，是謂人命無貴賤也。凡州田土之性，善惡不均，故有黃赤黑之分，上中下之差……人稟天地之性，懷五常之氣，或仁或義，性術乖也。動作趨翔，或重或輕，性識詭也。面色或白或黑，身形或長或短，至老極死，不可變易，天性然也……余固以孟軻言人性善者，中人以上者也。孫卿言人性惡者，中人以下者也。揚雄言人性善惡混者，中人也。若反經合道，則可以爲教。盡性之理則未也」。

王充將人性分爲上中下，乃韓愈原性將性分爲三品之所本。這在當時，應當算是一種折衷的說法。在本性篇中雖反駁了董仲舒性生於陽，情生於陰，故性善而情惡的說法。但在王充的人性論中，實受了董氏重大的影響。本性篇一開始「情性者人治之本，禮樂所由生也」的一段話，雖似儒家通說，然在董氏天人三策中，闡發得最爲深切。又論衡中的率性篇一開始說：

「論人之性，定有善有惡。其善者固自善矣；其惡者固可教告率勉，使之爲善。凡人君父審觀臣子之性，善則養育勸率，無令近惡。惡則輔保禁防，令漸於善。善漸於惡，惡化於善，成爲性行」。

由此而反復闡述教化之功，並結之以「由此言之，（善惡）亦在於教，不獨在性也」。我以爲這也是受了董氏的重大影響。王充的性論，按照其形成的格架看，善惡也和命的吉凶一樣，是宿定而不可移易的。但在正面論到人性時，除中人之性可善可惡，固須教化而成以外，並在率性篇中爲性惡也開出一條自立之路，這在他全盤的思想中，固顯得突出而不調和。但正賴有此一突出，使我們可以承認他的思想家的地位。

註釋：

註一：後漢書四十上班彪列傳贊語。

註二：後漢書班固列傳引謝承書；北堂書抄引司馬彪書，並同。又意林引抱朴子，意亦相近。

註三：見後漢書三十一第五篇列傳。

註四：兩漢時，大守與其僚屬，亦以君臣相稱。此處之所謂人君，及論衡中涉及時事而稱君者，皆指太守而言。又論衡書中對「將」之責望特重，此「將」不僅指都尉，亦指國相及太守，程材篇稱東海相宗叔犀，陳留太守陳子瑀爲「兩將」，此其明證。又與第五倫傳互證，更可明瞭。自記篇不爲「利害息將」，正指都尉及太守言之。乃黃暉釋爲將猶從也。言不爲利害動」，大謬。光武已廢都尉，惟邊郡尚加保存，故會稽尚有都尉府。

註五：論衡各篇成書年代，可參考黃暉論衡校釋附編二王充年譜章帝元和二年項下，黃氏所考定。

註六：漢官儀「蘭台令史六人，秩百石，掌書核奏」，按書者乃鈔寫。職掌鈔寫核奏之文。

註七：按太史太祝，秩六百石，蘭台令史何能與之相比。蓋王充僻居下郡，不明當時政制，故爾妄言。

註八：從王充對天的成因是氣或體的爭論，他有時把氣與形體分爲二，而與戰國末期以來，以氣生形，氣貫澈於形之中的觀念不同。

註九：後漢書三，建初四年，章帝詔諸儒「會白虎觀，講議五經同異」。

註　十：佚文篇「論衡篇以十數，亦一言也，曰疾虛妄」。

註十一：見後漢書四十一第五篇列傳。

註十二：博士系統的流弊，以劉歆讓太常博士書，最爲深切。

註十三：見講瑞篇。

註十四：見章氏檢論卷一。

註十五：請參閱註四，實將太守包括在內。

註十六：我在中國人性論史先秦篇中，對論語之所謂命與天命的不同性格，用歸納的方法，已解釋得淸淸楚楚。

註十七：此在自然篇中，已表白得很淸楚。

註十八：老子及莊子內篇之所謂德，卽莊子外篇雜篇之所謂性。

註十九：參閱老子一書所謂「天之道」

註二十：黃暉論衡校釋附編三引晉書天文志對王充之論，駁之甚詳。又引有賀道養渾天記盧肇海湖賦前序、後序等，皆加以駁斥。又王充最佩服桓君山，後序謂「桓君山攻之已破，此不復云」。由其方法之幼稚，其結論固不足言也。

註二十一：上面統計數字，恐有遺漏。故實際數字，或當較此處所列者爲多，但決不會較此爲少。

註二十二：譴告篇「六經之文，聖人之語，動言天者，欲化無道，懼愚者，言非獨吾心，亦天意也。及其言天，猶以人心，非謂上天蒼蒼之體也。」按自成帝時，以經義正術數之失，乃大儒中之通義。當另有專文加以闡明。

論甲午援韓

王德昭

（一）

甲午（淸光緒二十年，公元一八九四年）中日戰爭，由援韓而起。梁啓超於其所著「論李鴻章」一文中論其事，曰：

是役也，在中國之意，以爲藩屬有亂，卑詞乞援，上國有應代靖亂之責任，故中國之派兵是也。……但其中有可疑者。當未發兵之先也，袁世凱屢電稱亂黨猖獗，韓廷決不能自平；其後韓王乞救之咨文，亦袁所指使。乃何以五月初一日（六月四日）始發兵，而初十日已有亂黨悉平之報？其時我軍尚在途中，與亂黨風馬牛不相及，然則韓亂之無待於代剿明矣。……論者謂袁世凱欲借端以邀戰功，故張大其詞，生此波瀾，而不料日本之躡其後也。果爾，則是以一念之私，遂至毒十餘萬之生靈，隳數千年之國體，袁固不能辭其責。而用袁聽袁者，不謂失知人之明哉？（註一）

梁氏的此段議論，要點凡四：（一）甲午朝鮮的東學黨之亂，並不「猖獗」，無需中國代剿；關於韓亂嚴重的報道，乃中國駐韓總理交涉通商大臣袁世凱故意張大其詞的結果；（二）韓廷之所以向中國求援，實出於袁的指使；（三）梁氏假所謂論者之言，謂袁之所以促成援韓，乃欲借端以爲一己邀戰功，所以甲午戰爭中國戰敗及其不幸的後果，袁應該負責；和（四）當時直隸總督兼北洋大臣李鴻章負責對韓事務，聽信袁言，與日本輕啓釁端，卒肇大禍。這是對當時中國政府及當事諸人的一段極不公平的議論，而後人猶有承其說者，（註二）故不能不一論之。

（二）

東學黨爲朝鮮民間的一種半宗教性的秘密團體，初起於清咸豐九年（一八五九年），領導者爲沒落的士人，（註三）有强烈的反政府和排外的傾向。其教主崔濟愚於清同治三年（一八六四年）以異端惑衆罪，被全羅道的地方官捕斬，但濟愚的弟子崔時亨繼爲教主，黨徒益衆。東學黨的聚衆騷動，開始於清光緒十八年（一八九二年）。是年有東學黨徒數十人，在全羅道的參禮郡會合，欲爲故教主崔濟愚雪冤。他們向當地的地方官請願，未得結果。次年二月，東學黨徒數十人，在漢城向韓王請願。據當時美國駐漢城使館向其本國政府的報告所述：

自（一八九三年三月）二十九日始，東學黨徒約四十人，跪於宮門之外，歷數日之久。……彼等所具稟帖之內容不詳，唯據悉，其首一目的在爲其故教主崔濟愚昭雪，並請求准許彼等奉行其教；但一般猜測，其中必尚有反對外人與基督教之部分，要求國王採取行動。……朝鮮政府因陷於進退維谷之境，因如接受彼等請願之稟帖，（順從彼等之願）採取排外之政策，自將有危險之後果；然苟接受稟帖而於彼等請願之目的置之不顧，則又極易發生嚴重之叛亂。（註四）

當時東學黨的聲勢已盛，所以對於這次的漢城請願，韓廷不敢嚴緝。同一的報告指稱：

此組織（東學黨）之實力，或其於漢城之潛勢力，可於下舉事實見之：此即不久前，凡人民有涉及東學黨嫌疑者，必將遭受迫害與嚴刑；而今日彼等乃敢於宮門之前，公然自明彼等之身分，請求乃至要脅韓廷，予以承認。彼等長跪於宮門之前，雖爲數不過四十人，然一般猜測，則漢城當有數百乃至數千黨徒，潛伏城中；即跪於宮門外之四十人，亦時時替換，以維持體力。

上引美使館的報告，與同時期袁世凱上李鴻章的報告契合一致，可相印證。光緒十九年二月二十日（一八九三年四月二日），李鴻章有電致北京總理各國通商事務衙門（以下簡稱總署），引袁電曰：

袁世凱電，東學邪教聯名訴請韓王盡逐洋人，迭有揭帖榜文，沿西人門多端詬詈，稱將逐殺，在漢洋人均大恐。日人多携刀晝行，尤騷擾。凱迭勸韓廷嚴緝懲辦，終畏怯不敢。（註五）

就其具有強烈的排外和武力暴動的傾向言，東學黨亦與其後中國義和團的性質相似。此可於當時韓王所發佈的諭東學黨文見之。韓王文曰：

〔爾等〕引黨嘯聚，其意何在？築石爲城，建旗相應，乃敢書曰倡義！而或發文，或揭榜，煽動人心。爾等雖冥頑，豈不聞宇內大勢，朝衆訂約？而外敢託辭，遂欲媒禍，此非倡義，乃倡亂也。（註六）

即當時西方國家駐韓的外交人員，亦早見及此種危險的傾向，上引美使館的報告即有「東學黨人中據聞甚多於羅馬公教懷有敵意，」與「該黨實應視爲一有組織之團體，且可能受政治黨派之利用，以實現某種政治目的」之語。

又，李鴻章上電引袁電曰：

頃英員禧在明（Walter C. Hillier）來稱，各國洋員均商調兵船防範。已告以華有彈壓責，應靜候。請凱速調數船以防意外，而釋各國疑懼云。

此並見早在甲午前一年，當時東學黨人初有騷動，尚未舉兵，而英國等駐韓使領已皆寄望於中國的出面鎮壓。對於袁世凱的「華有彈壓責」的保證，英總領事禧在明曾立即通報美國駐韓使館。當時英、美使領對於袁世凱的保證的滿意，可於美使館上其本國政府的下一報告中見之。該報告曰：

昨晚接禧在明君送來一柬，摘錄如下：

袁氏於今日（光緒十九年二月二十日；一八九三年四月二日）午後遣其僚屬來余處，並携來一函，告以明晨將有中國兵輪二艘，開抵仁川；並謂明晨韓廷亦將再頒嚴令，告誡人民。……彼並許余轉言，謂彼必負責盡其所能，以保護外人生命財產之安全；且彼有充分自信，彼之能力足以維持和平與秩序云。

凡素知袁氏之强毅性格者，自可相信彼之所言足以爲安全之保障。（註七）

東學黨的武裝叛亂爆發於光緒二十年三月。上年二月東學黨徒的漢城請願之舉既告失敗，三月中，忠淸道報恩縣有東學黨徒數萬，聚衆煽動，又經韓王遣使解散。迨光緒二十年三月終，全羅道古阜縣的農民因抗稅發生暴動，於是東學黨徒與暴動的農民合流，揭竿而起，滙爲大規模的叛亂。這次東學黨的叛亂，揭櫫「逐除夷倭，澄淸聖道；驅兵入京，盡滅權貴」的口號；（註八）其檄文痛詆內政汚亂，吏治腐敗，（註九）公然與政府爲敵。亂衆更所至斫殺地方官吏，刼掠倉庫，搶奪槍械，立時成了燎原之勢。（註十）韓廷得亂訊，先任命前全羅兵使洪啓薰爲招討使，借中國兵輪載運韓兵，前往剿治。但官兵於四月二十日（五月二十四日）在全羅道長城軍花龍基大敗。四月二十七日（一八九四年五月三十一日），亂衆攻下全羅道首府全州城，北向抵忠淸道洪州，韓廷大震。姚錫光「東方兵事紀畧」記當時亂勢的孔熾，曰：

（東學黨之亂既起，）朝王以其臣洪啓薰爲招討使，假我平遠兵艦，（與韓）蒼龍運船自仁川渡兵八百人，至長山浦登岸，赴全州。初戰甚利，黨人逃入白山，朝兵躡之，中伏，大敗，喪其軍半。賊由全羅犯忠淸兩道，兵皆潰，遂陷全州會城。槍炮子藥皆爲所得，榜全州城，以匡君救民爲名，傳言即日進公州、洪州，直搗王京。朝鮮大震。（註十一）

五月初，亂衆進至洪州，北距漢城不足二百華里。據五月二日（一八九四年六月五日）日本報紙的記載：

官軍於全州砥山又大敗，副將以下死者二百餘人。且東學黨人已佔忠淸道洪州之石城（距漢城陸路二十六日里）（約一百八十華里），勢將進襲漢城。韓廷又發兵五百餘，扼守泰安街路(距漢城陸路約十四日里)（約一百華里）。（註十二）

從以上的記載，光緒二十年四月終至五月初朝鮮亂事的嚴重，可以概見。參以日本報紙的報道，足證袁世凱當時關於「亂黨猖獗」的報告，並未「故張大其詞。」（註十三）梁文的最有力的論證，爲「何以〔我軍於〕五月初一日始發兵，而初十日已有亂黨悉平之報？其時我軍尚在途中，與亂黨風馬牛不相及。」案袁世凱有關韓亂嚴重的報告，自係就朝鮮官軍的實力及其表現而言。其時朝鮮軍務久廢，將弱兵怯，袁世凱於光緒十九年致李鴻章的報告電文中已屢言之。（註十四）即同時在韓的東、西觀察者的所見，也莫不如是。例如，當光緒二十年韓廷尚未向中國乞援前，日本外務大臣陸奧宗光和參謀次長川上操六已預料韓廷必將求助於中國，即由於根據日本駐韓人員和新聞記者的報道，東學黨亂勢猖獗，朝鮮政府力不足以平亂。（註十五）反之，五月初五日（六月八日）後亂黨氣勢的遽餒，則無疑係由於中國軍威的震懾。李鴻章應韓廷的請援，於五月初一日派直隸提督葉志超、太原鎮總兵聶士成率領蘆、楡防兵四營，赴援朝鮮。聶士成率軍於五月初三日自大沽出海，初五日舟抵朝鮮，次日登陸，駐紮忠清道的牙山。是日，葉志超率軍自山海關出海，八日在朝鮮登陸，亦駐紮牙山。（註十六）上引姚錫光「東方兵事紀畧」記戰局的轉機，曰：

自我兵泊牙山，東學黨人聞之，已棄全州遁。朝兵收會城。（註十七）

即陸奧宗光，於其外交囘憶錄「蹇蹇錄」中，亦不得不作如下的記載，而謂：

大鳥（圭介）公使歸漢城時（五月初七日），中國軍隊已來駐朝鮮國內，列陣於忠清道之牙山。又其時朝鮮官軍亦有稍囘復其勇氣之情狀，因之東學黨之勢大挫，殆停止其進行。而漢城、仁川等處，固已平穩。（註十八）

其後的日本歷史著作大抵亦皆承認這一事實。如日本新聞資料研究所編「資料近代日本史」，於叙及朝鮮的東學黨亂時，即謂「東學黨亂雖一時熾盛萬狀，然比聞中、日兩國已出兵至韓，無待討伐，急趨平靖。」（註十九）

美國傳教士赫爾勃脫（Homer B. Hulbert）於中日戰爭發生時在韓國。赫爾勃脫對於最後階段的朝鮮王國，其關係之深，比之李提摩太（Timothy Richard）之於淸季的中國，有過之無不及。赫爾勃脫親日而反華，（註二〇）但在其傳世之作「朝鮮史」（*History of Korea*）中同樣相信東學黨勢的遽餒，可能係由於中國軍威的震慴。以下是他的記載的摘錄：

〔東學黨之亂既起，〕朝鮮政府派軍南往平亂，但兵潰敗，械被奪。朝鮮政府顯然缺乏足夠之物力與人力，以對付如此頑强之反抗。……東學黨徒旋且攻下全州城，擊敗所有遣往剿治之官軍。全羅道觀察使金文鉉棄職北逃。政府終相信其自身之力量不足以單獨平亂，乃決定採取冒險僥倖之政策，向中國求援，要求中國派兵入朝鮮半島，協助平定東學黨之叛亂。中國立即接受此項要求，中國軍隊一千五百人，於六月六日〔五月三日〕在天津登輪，運往仁川。……但中國軍隊結果未曾經仁川開向漢城，而改在漢城南約八十英里之牙山登陸。……事實如是，東學黨人一旦獲知中國出兵之消息，或由於爲中國軍隊進迫之傳說所震恐，亦可能受朝鮮官軍之壓迫，迅即銷聲匿跡，南道平靖。（註二一）

凡此記載，皆見韓亂的遽告平息，已在華軍登陸牙山後數日，且確屬華軍聲威震慴的結果。前引梁啓超文所謂當初十日有亂黨悉平之報時，「我軍尚在途中，與亂黨風馬牛不相及」云云，自非事實。

（三）

當東學黨之亂起，袁世凱在漢城，對於韓廷的決策和用兵多所贊襄。但如謂光緒二十年（一八九四年）「韓王乞救之咨文亦袁所指使，」或謂「袁世凱欲借端以邀戰功，」則亦非事實。袁世凱的始願確望朝鮮政府能以己力平亂。在光緒十九年和二十年因東學黨亂而上李鴻章的歷次報告中，袁世凱雖屢有韓廷無能爲和兵懦將怯的表示，但他仍告李「料該匪〔東學黨衆〕未敢犯漢，倘來，似不難剿殄；」告李鑫起於全羅道泰仁縣的東學黨衆「似不難解散，」謂「該匪烏合未久，（韓）兵到似可解散；」或告李「飢寇負嵎，似不能久支，」（註二二）而希望韓亂終能自平。光緒十九年韓王已曾向袁請求，「調（中國）兵船及陸兵，」堵截屯聚於忠淸道報恩縣的東學黨衆北犯。但袁不許，認爲「邪教烏合，料必自散，」「如遽調兵，駭聞遠近，必多騷謠。」（註二三）在他致李鴻章的一次電報中，他說：

昨（三月二十七日；一八九三年五月十二日）已詳告閔泳駿，未可輕調（中國）陸兵，先遣韓兵撫剿，（但可）諭以天兵（華軍）不日亦大至，恫以虛聲。倘不能了，再由政府具文，請代剿，以便照乙酉（光緒十一年；一八八五年）津約三條，先行文知會等語。（註二四）

光緒二十年韓王的向中國乞兵，亦係由韓廷主動。招討使洪啓薰的官軍旣潰敗，東學黨亂勢大熾。韓王拒絕朝端自將親征的建議，又以兵少不能加派且不可恃爲詞，不肯調漢城和平壤的駐軍往剿。（註二五）爲求挽救危局，韓廷大臣以閔泳駿爲首，提出了向中國乞兵的動議。李鴻章在四月二十八日（六月一日）致總署的電文中轉述袁電，曰：

袁道屢電：京兵敗，械被奪，韓各軍均破胆；昨今商派京及平壤兵二千人分往堵剿，王以兵少不能加派且不可恃爲詞，議求華遣兵代剿。（註二六）

光緒二十年韓王的向中國乞援乃出自韓廷的動議，便是身爲甲午戰爭之戎首的日本外務大臣陸奥宗光，亦承認之。以下是陸奥的回憶錄「蹇蹇錄」中有關此事的記載的摘錄：

回顧當時韓廷之狀況，專制朝政者雖爲閔妃之一族，即所謂閔族，然其中尙有朋黨相爭之事實，殆不能掩。閔泳駿以王室外戚而居要職，其權力雖甚熾，然當東學黨之亂起，官軍屢敗，內外攻擊集於一身，於此困苦艱難之際欲求一活路，乃結託中國使臣袁世凱，請中國派遣軍隊，以爲彌縫之策。據聞當時朝鮮政府大臣中，亦有人特向國王進言，謂中國軍隊一旦開入朝鮮，日本對之亦將出兵，故求中國之外援實危道也云云，以此非難閔泳駿之議。然他方無人進而負責以當此難局，而閔泳駿終使國王向中國稱臣，乞其出兵矣。（註二七）

而其後凡屬態度嚴正的日本歷史著作，亦莫不承認此一事實。此如信夫清三郎著「近代日本外交史」，雖據不同史料以奏請乞兵者指爲招討使洪啓薰，然其明白肯定此事的動議出自韓廷則一：

五月三十日〔四月廿六日〕，招討使（洪啓薰）密啓於李太王（韓王李熙），主張向中國請求援兵。六月一日〔四月廿八日〕決定了向中國使臣袁世凱請求援兵的咨文，於六月三日〔四月三十日〕夜送出。（註二八）

李鴻章的開始接獲袁世凱有關韓亂的報導，乃在他校閱北洋海軍的途中。他當時同意調派兵輪助朝鮮政府運兵，並撥付槍械彈藥，接濟韓軍。但他明白表示中國不能即出兵往援。在他覆總署的一次電文中，他說：

韓王未請我派兵，日亦未聞派兵，似未便輕動，應俟續信如何再酌。（註二九）

袁世凱的態度則仍如光緒十九年時，其始願如前引致李報告韓亂的電文中所見，盼韓能以己力解散亂衆；但韓亂如不能自了，必須華兵，則韓政府可以具文來請，他當代爲轉李鴻章核辦。（註三〇）袁世凱以上國使臣，駐在韓國，今韓既有內亂不能自了，袁以其地位的特殊，對於韓廷乞援的動議予以同情和支持，自不足異。他在韓廷動議後致電李鴻章，因有「韓歸華保護，其內亂不能自了，求華代勘，自爲上國體面，未便固却」之語；並謂「如不允，他國人必有樂爲之者，將置華於何地？自爲必不可却之舉。」（註三一）但此決不能意爲袁「欲借端以邀戰功，故張大其詞，」乃至「指使」韓廷乞援。

且袁世凱爲李鴻章親信，在他駐朝鮮期間與李往返的電文中，對於韓廷的反覆攜貳常有微詞。如中國出兵朝鮮果屬他所喜所欲，而韓廷的乞援乃出自他的指使，則他儘可據利害得失向李鴻章進言，不必藉詞「亂熾」、「韓兵無用」、和韓王「議求華遣兵代剿」云云，以欺李氏。事實是當時李鴻章的主張與袁初相一致，此即中國出兵赴援必須由韓廷乞請，且須遵照光緒十一年（一八八五年）中、日「天津條約」的規定行事；（註三二）但如韓亂不能自了，韓廷乞兵，則爲屬國平亂亦屬中國應盡的責任。韓廷向袁世凱動議乞兵爲四月二十八日（六月一日），乞援咨文在四月三十日晚送達。此兩、三日間，韓廷曾一度猶豫，因爲廷臣中有以爲「韓草寇不能力辦，遽請華兵代剿，貽各國笑，重百姓怨，且恐日人生事，」希望「匪自遠颺。」袁在二十九日接連有三次電報致李鴻章，文中除告以韓廷猶豫，咨文未到外，亦絕未表露有絲毫催促的意向。（註三三）赴援在當時爲不可免的措施，袁世凱在韓廷動議乞援後靜待正式的援文送到，亦適足以見其審愼。

謂甲午援韓爲不可免的措施云者，因在韓亂當時，尤其經壬午、甲申兩次事變，（註三四）中國有代韓靖亂的責任，在中、韓和國際間蓋視爲當然之事。中國對韓國爲上國，此在國際間爲事實上所公認。如多年在中國海關任總稅務司的英人赫德（Robert Hart）即曾指出，「凡有關朝鮮的一切事件，作爲其前提的一點，即朝鮮爲中國的屬國。」（註三五）甲午戰前中、韓宗屬關係爲國際所公認的事實，即日本學者亦不能不加承認。以下爲齋藤良衛「近世東洋外交史序說」一書中有關此事的敘述：

(甲午戰前，)歐、美諸國大抵皆承認朝鮮爲中國的屬邦。……有關朝鮮的外交事件的處理，由駐中國公使向(中國)總理衙門交涉，已成通例。明治九年(一八七六年)我國(日本)與朝鮮訂立修好條約(江華條約)後，歐、美諸國亦皆與朝鮮訂立相同的條約。凡此條約雖皆承認朝鮮爲一自主之國，然莫不經由李鴻章向朝鮮政府勸說，並在中國政府的直接或間接的指導下締結。……當時朝鮮政府並曾向締約各國附送照會，聲明「朝鮮素爲中國屬邦，……其分內一切應行各節，均與締約國毫無干涉。」(註三六)日本雖未接獲此項聲明，然收受該聲明之國家則從未對於其內容所稱提出異議，亦從未對之要求說明。(註三七)

光緒十九年東學黨騷動時，英、美駐韓使領曾如何切望中國代韓鎮壓，已如前述。光緒二十年韓亂的嚴重，遠過於十九年時。所以當五月初一日李鴻章接獲袁世凱電轉韓廷乞援的咨文而向朝鮮派出援軍之初，除駐韓俄使曾詢以「華兵由韓請，抑自派」者外，(註三九)他國殆皆視爲應然，未曾置問。此如日人葛生能久「日支交涉外史」一書中所述：

反視國際間對於此次出兵之動向，各國駐在朝鮮之外交官與僑民，無論其表面若何，內心殆莫不默認朝鮮爲中國之屬國，相信中國之出兵係由於朝鮮國王之請求。……是以漢城之歐、美使領人員，皆對中國表示好意，而視日本爲侵畧者。(註三九)

甚至漢城的日本使館人員，於四月二十九日至五月一日的二、三日間，亦曾接連向袁表示韓亂應由中國代剿。(註四〇)日方的表示如非意在探問中國的動向，以爲乘罅蹈隙的準備，則可見即如在韓的日本外交人員，初亦承認援韓爲中國的分所應爲。

（四）

甲午中國的出兵援韓，陸軍首批約一千五、六百人，由聶士成和葉志超率領，分別由大沽和山海關乘輪赴韓。途中避開仁川和漢城，逕趨接近亂區的牙山駐紮。海軍始終不過派三、四艦隻，更番游弋巡護。（註四一）袁世凱接獲韓廷乞援的咨文爲四月三十日（六月三日）晚，李鴻章電報北京總署爲五月初一日。在四月三十日和五月初一日，袁、李曾分別在漢城和天津，以口頭告知日本外交人員，謂「韓請兵，勢須准行；俟定議，當由汪使（鳳藻）知照（日本）外部，事竣即撤回。」（註四二）中國發兵在五月初三日（六月六日），當天，李鴻章電出使日本大臣汪鳳藻，遵照光緒十一年中日議定專條（即「天津條約」），照會日本外務省，告以中國應韓廷之請，出兵代韓平亂，「一俟事竣，仍即撤回，不再留防。」（註四三）中國當時出兵目的之單純與步驟之謹飭，灼然可見。五月初四日（六月七日），日本照會總署，謂「韓事多警，日本已派兵往保護使署、領事及商民。」五月二十日（六月二十三日），日本已派出重兵於朝鮮，提出中、日共議改革韓政的要求，並因中國拒絕與議而對中國送致第一次絕交書。當時中國在韓尚不過陸軍二千五百人，而李鴻章猶在顧慮「（若）我再多調（兵），日亦必添調，將作何收場！」在覆總理衙門電詢韓事的電文中，他說：

汪（鳳藻）、袁（世凱）皆請添撥重兵，鴻思日兵分駐漢、仁，已佔先着，我多兵偪處易生事，遠紮則兵多少等耳。葉駐牙山距漢二百餘里，陸續添撥已二千五百，足可自固，兼滅賊（東學黨衆）。我再多調，日亦必添調，將作何收場耶！今但備而未發，續看事勢再定。丁提督（汝昌）添派鎮遠鐵艦、廣丙、超勇兩

快船到仁，弁兵約六百，均未登岸。（註四四）

於韓廷動議向中國乞援的次日（四月二十九日；六月二日），日本內閣決議出兵朝鮮，即時下令海、陸軍動員。五月初三日（六月六日）中國發兵，當日照會日本政府。次日，日本照會中國出兵。日本海軍於四月二十九日閣議後，已開始向朝鮮西岸的海面集中。陸軍初步派遣數量為一混成旅團，約八千餘人，先頭部隊於五月初六日（六月九日）從日本出海赴韓，直駛仁川。以下為日本當時官方戰報所報導的日本初步出兵的部署：

大鳥〔圭介〕公使〔率海軍陸戰隊〕入京〔漢城〕後兩日，即六月十二日〔五月初九日〕，第五師團第九旅團長陸軍少將大島義昌率領混成旅團到達仁川港，十三日入京城代替陸戰隊〔四百人〕担當守衞。混成旅團由司令部、步兵兩聯隊、騎兵一中隊、山砲一大隊、工兵一中隊、輜重兵隊、衞生隊、野戰病院、兵站監部、憲兵、兵站司令部等組成，將官一人、校官十六人、尉官一百八十七人、下士五百八十四人、步兵五千八百二十二人，合從卒、輸卒、馬卒等，總計八千零七人，馬匹糧食與此相稱。

華軍在牙山登陸係六月八日（五月初五日），而我大鳥公使帶陸戰隊入京城即在其後兩天的六月十日，大島少將之入京則更在其後三天的六月十三日。被派停泊於仁川的帝國軍艦有松島、吉野、大和、武藏、高雄、千代田、筑紫、赤城、鳥海（以上常備艦隊）、八重山各艦，海軍中將伊東祐亨任常備艦隊司令官，乘坐旗艦松島號。華軍屯牙山，我兵駐京城，相持累日，戰雲將動，眞是危機一髮。（註四五）

故日本出兵之始即派遣重兵，陸上控制仁川和漢城地帶，朝鮮的政治中心和交通要道；海上監視中國和朝鮮西海岸的交通，威脅中國的海運。其意圖在求戰，而目標爲中國。如上所述，在日本閣議決定出兵朝鮮的同時，日本海、陸軍已開始動員，並已決定出兵的數量。當時韓廷尚未最後決定向中國乞兵；中國因未接獲韓廷乞兵的咨文，也尚未有出兵的動作。五月初二日（六月五日），在中國正式發兵和以出兵事照會日本的前一日，日本軍部並已有大本營的設置，在日本天皇的名義的統率下，由參謀總長熾仁親王任幕僚長，參謀次長川上操六、海軍軍令部長中牟田倉之助、陸軍大臣大山巖、與海軍大臣西鄉從道皆分任要職，如臨大戰。日本以東學黨亂爲由，而却派置重兵於朝鮮的仁川、漢城地帶，其混成旅團的大部分部隊且係在亂勢已挫之後開抵朝鮮，是其胸懷叵測，別有意圖，已屬顯見。（註四六）至於動員一混成旅團，而竟設置大本營，以全國總動員的體制臨之，尤可見其包藏禍心。日本歷史學者有以大本營的設置諉爲日本軍部單方的行動者，然如田保橋潔謂此事「實另有存心，」應視爲「極力以導引開戰爲有利之陰謀」云云，是其承認此舉爲包藏禍心則一。（註四七）

迨日本在韓的軍事優勢已成，日本政府遂接連對中國和朝鮮政府故設難局，挑起釁端，迫成戰爭。五月十三日（六月十六日），日本派遣軍混成旅團長大島義昌率軍抵朝鮮仁川。次日，日本外務大臣陸奧宗光照會中國出使日本大臣汪鳳藻，拒絕中國所提中、日共同撤兵的建議，要求中、日共議改革韓政。這是一難。中國如竟接受日本的要求，則朝鮮從此將成爲中、日共管之局，中、韓原有的宗屬體制打破，而日後中、日衝突之患無窮。因爲中國拒絕此議，五月十九日（六月二十二日），日本對中國送致陸奧所謂的「第一次絕交書」，宣稱中、日所見相違，日本斷不能撤退駐朝鮮之兵。（註四八）五月二十一日，朝鮮外署具文駐韓各國使館，籲請勸令日本撤兵。二十二日，美、俄、法、英四國使館照會在韓的中、日兩方，以爲他國兵駐韓，易生枝節，有礙通商，請轉請各本國政府，同意撤兵。（註四九）二十三日（六月二十六日），日本駐韓公使大鳥圭介單獨上奏韓王，要求朝鮮改革自主。（註五〇）當時朝鮮政府業已懾處於日本重兵的脅制之下，日本的單獨要求改革韓政，則更進而排斥中國於日、韓交涉的門外。這是二難。五月二十四日（六月二十七日），日本派遣軍後續部隊抵達仁川登陸。二十五日，大鳥照會朝鮮外署，以日、韓「江華條約」載有「朝鮮爲獨立自主之國，與日本保有平等之權」一條爲詞，詰問朝鮮是否爲自主之國，抑承認爲中國的屬邦，限於次日答覆。（註五一）這是三難。六月初一日（七月三日），大鳥根據陸奧的訓令，向朝鮮外署提出改革內政方案五條，請派員會商。時歐、美各國調停方殷，日本堅持中、日共管朝鮮和中、日官商在韓待遇平等，而中國堅持撤兵再議。六月十二日（七月十四日），日本向中國送致陸奧所謂的「第二次絕交書」，以中國堅持撤兵再議爲由，指責中國無意傾聽日本政府的意見，不顧英國駐華公使調停的善意，「有意滋事，」以後如有不測之變，日本政府不負責任。（註五二）爲求擺脫外交干涉的轇轕，陸奧於當日並以緊急訓令電大鳥，告以今外交仲裁失敗，有立即施行斷然處置之必要，「苟不招外間過甚之非難，不妨用任何口實，從速開始實際之行動。」（註五三）大鳥因於十七、十八兩日，用最後通牒，向朝鮮外署提出四項要求。其第三項要求爲「在牙山之華軍，原以不正名義（保護屬國）派來者，應速使撤去；」第四項要求爲「中韓水陸貿易章程等、及其他牴觸朝鮮獨立之中韓間諸條約，應一概廢棄。」（註五四）這是四難。日本政府自五月十四日提出中、日共議改革韓政的要求，每設一難，皆意在製造理由，挑起釁端，促成中、日關係的決裂，以爲戰爭的藉口。此如陸奧於其外交回憶錄中，述及中、日共議改革韓政的要求時所謂：

> 余假此好題目，非欲調和已破裂之中、日兩國關係，乃欲因此以促其破裂之機，一變陰天，使降暴雨，或得快晴耳。（註五五）

韓廷對於大鳥四項要求的答覆既未曾使日方滿意，六月二十一日，大鳥即率領日軍强入王城，包圍王宮，擁大院君李昰應主政，組織傀儡政府。時袁世凱已離漢城返國，代辦唐紹儀避入英國使署。韓廷一時遂入於日本的掌握之中。又二日（六月二十三日；七月二十五日），豐島海戰發生，中、日戰爭爆發。

論者自猶可設問，苟中國於甲午朝鮮東學黨亂時無援韓之舉，中、日戰爭是否不致發生？無論甲午援韓在當時爲不可免的措施，且即令中國政府當時竟不顧中、韓關係和韓廷內外的屬望，堅不出兵朝鮮，然以當時東學黨亂勢之熾，一旦亂衆更迫近京畿，日本政府仍可以保護使館和官商爲詞，出兵朝鮮，造成對朝鮮的脅制，以不利於中國，或乃至挑起釁端，迫成戰爭。日本自明治初年的「征韓論」運動以來，對朝鮮迭有陰謀，而爲求謀韓得逞，即須破壞中、韓的宗屬關係，排斥中國在朝鮮的勢力。光緒五年（一八七九年），日本併滅琉球，中國朝野始發覺日本野心之可畏，對於日本勢力在朝鮮的發展漸具戒心。光緒八年（一八八二年）中國之爲朝鮮主持與美、英、德、法等國訂約締交，其目的在防俄，亦在防日。（註五六）光緒八年朝鮮有壬午事變，十年（一八八四年）有甲申事變，兩次事變皆牽連日人；甲申事變尤不啻爲一次由日人策動和主持的宮廷政變。（註五七）壬午和甲申事變皆因中國行動的迅速果斷，爲朝鮮定亂，禍患幸免擴大。自甲申至甲午，日韓間渡過了極不友誼的十年；而同時，則朝鮮對中國的依賴日深，李鴻章和袁世凱事事爲之主持。迨甲午戰爭前夕，日本在韓之圖謀啓釁生事，以改變朝鮮的現狀，殆已急不及待。（註五八）而適在此時，日本海陸軍對華作戰的準備告成。於是朝鮮的東學黨之亂，遂予日本以一個借端一逞的機會。

日本海陸軍對華作戰準備的完成，大抵即在甲午戰爭前的一、二年間。清光緒五年（日本明治十二年；一八七九年），日本桂太郎以參謀本部之命，至中國考察華北一帶的形勢。桂太郎回國後有所謂「對清作戰策」的提出，爲日本政府「有關大陸政策、而以中國爲對象之軍備準備之開始。」（註五九）日本對朝鮮壬午事變的企圖失敗，當年（明治十五年；一八八二年），參謀部長山縣有朋提出所謂「陸海軍擴張建議」的計劃，經日本天皇核准，以「陸海軍整備御詔」的名義，頒發實行。（註六〇）按照山縣的計劃，日本陸軍將擴張爲步兵十二旅團、騎兵和砲兵各六聯隊、工兵和輜重兵各六大隊，預計於清光緒二十年（日本明治二十七年；一八九四年）完成。清光緒十四年（日本明治二十一年；一八八八年），日本陸軍更開始實行師團的編制。大抵至甲午前一年，山縣計劃中所豫期的「一朝有事，則數萬之衆或不難出動」的目標，已經達成。（註六一）至於海軍，當清光緒八年（明治十五年；一八八二年）時，日本共有艦艇二十五艘，總噸數爲二七、五四〇噸，外水雷艇一艘。按照山縣的計劃，日本海軍應增建大船五艘、中船八艘、小船七艘、和水雷艇十二艘，預計於清光緒十九年完成。（註六二）至甲午戰爭前夕，日本海軍在量上雖尚少中國一萬五千餘噸，然論船、砲的新銳，則已非中國可及。（註六三）甲午前一年，日本參謀次長川上操六攜同僚屬，至中國作軍事考察。川上的這次中國之行，是日本對華軍備準備完成後的一次戰畧性的考察。（註六四）是見日本對華海陸軍作戰準備的完成，與其挑起甲午戰爭在時間上的巧合，應非偶然。

尤有進者，光緒十九、二十年的朝鮮東學黨之亂，尚多少受到與日本軍部有關的日本浪人的鼓動，有日本浪人參加。日本政客和浪人的攙越韓事，爲不軌之圖，由來已久。甲申事變即不啻爲一次由日人策動和主持的宮廷政變，已如上述。甲申事變前，因壬午事變日本失敗的結果，日本浪人團體玄洋社已有征韓義勇軍的組織，開始對朝鮮活動。迨甲申事變，日本再敗，其後數年間，玄洋社員懷報復之念，絡續赴韓者益衆。他們在韓結成團體，爲乘罅蹈隙的準備。光緒二十年春，甲申事變後流亡日本的韓親日黨人金玉均，在中國上海遭韓王派人刺殺。日本國內大譁，征韓的叫囂再起。玄洋社員得軍部的默許，在韓組織所謂天佑俠團。光緒十九、二十年間活躍於東學黨衆中者，即此輩先後赴韓的日本浪人。日本黑龍會的出版物記其事，曰：

明治十五年（壬午）與十七年（甲申）之兩次朝鮮事變，使我（日本）民心大受刺激，其後我志士之有志於大陸者，即相繼渡海至韓。明治二十五、六年（光緒十八、十九年）間，其數日增。同志之相攜渡韓者固衆，即孤劍飄然孑身前往者，爲數亦多。其間雖無若何特殊之連繫，然懷龍吟虎嘯、風雲際會之志則一。此等志士同氣相求，終形成一集團，於明治二十六年八月，以釜山（日人大崎正吉之法律事務所山紫水明樓）爲「梁山泊」而聚合焉。此一集團，後即援助成爲中日戰爭之動機之東學黨，而爲風動朝鮮三南天地之天佑俠之基礎。（註六五）

迨金玉均被刺事件發生，玄洋社員的野本介往訪外務大臣陸奧宗光，要求對中國宣戰，「以雪中、韓加我（日本）之國恥，確立我國在韓之勢力。」經陸奧的介紹，的野再訪參謀次長川上操六，提出同樣的要求。此次的野與川上的會晤，據上引同一出版物的記載，經過如下：

川上接見的野，於聆取其激烈之中國膺懲論後，說明一己之意見，謂伊藤首相旣爲非戰論之柱石，無論理由若何，決不寓希望於戰爭；繼轉其語調曰，據聞君（的野）係玄洋社中之一分子，並聞該社濟濟多士，爲遠征黨人之淵藪。今欲求時局得以急速解決，然能得一人爲縱火者乎？火勢一舉，則熄火之責自在我輩（按指日本政府），此我輩本務中事也。……川上之語，意味深長，蓋隱隱促令志士蹶起。的野由此一語，深體默會，告別川上後，即與同志會議，謀所以達成川上所謂縱火之任務。其後終赴援東學黨，而爲天佑俠組織之發端。（註六六）

所謂天佑俠團者，即此次赴韓的日本浪人，與早先已在釜山「梁山泊」者所組成。他們首先投身於東學黨，據稱曾爲東學黨編組軍隊，策劃戰事，大肆活動。（註六七）及至東學黨勢衰頹，日本出兵，中、日關係日形險惡時，他們又轉而投身於日本派遣軍，參加六月二十一日（七月二十三日）對韓廷的軍事行動與政變，以及對中國的戰爭。日本浪人團體與日本政府和軍部的關係之密切，岡本柳之助的活動可以爲例。岡本爲日本陸軍軍官，玄洋社員。當日本明治八年（清光緒元年；一八七五年）日、韓江華事件發生時，他是征韓論者之一。次年日、韓「江華條約」訂立，他以日方的隨行武官，身預其事。甲申事變前，他與朝鮮的親日黨人交好，爲金玉均的密友。迨金被刺的事件發生，他曾至上海查勘，其後赴朝鮮，爲當時日本渡韓的「志士」之一。未幾，東學黨舉兵，亂事擴大，他向日本政府力主出兵干涉。迨中、日先後出兵至韓，他因陸奧的舉荐，爲日使大鳥圭介的謀士，聯絡朝鮮的親日人士。他參預六月二十一日的政變，籠絡大院君出組傀儡政府，並策劃乙未（清光緒二十一年；一八九五年）殺害王妃閔氏的朝鮮宮廷之變。（註六八）

東學黨亂之有日人參加，中國方面亦曾覺察及之。早在光緒十九年，袁世凱於其致李鴻章報告韓亂的電報中，即曾數度言之。如其中一電曰：

自大石（正己，日本駐韓辦理公使）來，而東學謠起。近聞金玉均時與李夏應通信。前微謠，日人輒驚逃；今甚騷，反安堵。該匪旗書斥日，大石未詰韓廷。時有日人往來匪藪，種種可疑。或大石、玉均、夏應均在其內，故書斥日以掩跡，使人不備。果爾，殊可慮，似須防範。（註六九）

西方國家駐韓使館亦言之。美國駐漢城使館上其本國政府的報告，至於相信東學黨亂爲日本潛伏分子所鼓動。（註七〇）而在甲午戰爭發生時任赫德秘書的英人濮蘭德（J. O. P. Bland），於其所著「李鴻章」（*Li Hung-Chang*）一書中，對於日本與東學黨亂的關係，亦有如下的叙述：

我們可以說，多少與（日本）政府有關的潛伏的日人，在朝鮮人民中鼓動造反和作亂，有如最近十年間（按濮蘭德此書係於一九一七年出版）日本在中國所反覆串演者一樣。因爲從一八八五（甲申後一年）至一八九四年間渡海到朝鮮的日本冒險家和奪佔土地者，幾乎無一不是十足的煽動分子或間諜，所以東京政府儘可坐待必然的危機到臨，使她獲得機會，以推翻中國在朝鮮的寬弛的宗主國的權力，而代以她自己的强有力的統治。（註七一）

當日本浪人方在東學黨衆中譸張鼓煽，擴大亂事時，而日本政府乃以保護在韓的使館商民爲詞，向朝鮮派遣重兵！濮蘭德謂日本政府的此種作爲，與其以後在中國所反覆串演者無殊，可謂一針見血之言！

（五）

甲午中日戰爭中國戰敗，中國的國際地位一時一落千丈，國際間瓜分中國之聲大作，（註七二）造成中國近代史中最屈辱和最危殆的一段時期。中國在戰爭中軍事失敗，其過自在滿淸政府和當事諸人。中國的自强運動與日本的明治維新運動幾乎同時開始，因此一八七〇和一八八〇年代成爲中、日兩國比較國力增長的時期，而結果中國在甲午戰爭的實力較量中失敗，則中國自强運動的革故更新自必有不如日本的明治維新之處。甲午朝鮮亂起，日本志在求戰，在獲得出兵的口實後即置重兵於仁川和漢城地帶，戰機畢露，而李鴻章猶避不增兵，冀免一戰，卒至中國於最後被迫倉卒應戰時，形勢全非，一敗塗地。李鴻章的未能見事於機先，預作有利的準備，對於軍事的失敗自也不能辭其咎。此外，論者自尙可指責政府中黨同伐異的爲害；指責國家組織的散漫；指責軍事機構的腐化和軍隊紀律的敗壞，等等。雖然，凡此可以責讓於滿淸政府和當時當事諸人者，皆無損於一項基本事實：此即甲午中日戰爭乃日本所迫成，（註七三）爲日本的一項處心積慮的陰謀的結果。（註七四）

論者也尙有以甲午中日戰爭歸咎於中、韓的宗屬體制者，或謂中國但知墨守成例，自日、韓「江華條約」以來對朝鮮不知盡宗主國應盡的責任，堅持宗主國應享的權利，卒使日本得寸進尺，造成其在朝鮮的特殊的條約上的地位，爲其甲午出兵的憑藉（註七五）；或謂袁世凱以其中國駐韓總理交涉通商大臣的地位，對韓廷擅作威福，干涉韓事，妨礙朝鮮的自主，增加國際交涉的困難，從而益使日本有急欲取而代之之心。（註七六）此種批評既自相矛盾，同時亦皆非就事論事的持平之論。如謂中國以其爲朝鮮的宗主國，於其應享的權利與應盡的義務有虧，則有如前述，自壬午（清光緒八年；一八八二年）朝鮮啓關以來，復經壬午、甲申兩次事變，中國在朝鮮的地位方益見增强，中、韓的宗屬關係爲國際所公認，而甲午中國的出兵援韓，於韓廷內外和國際間皆視爲當然，可見所論之非盡符事實。至於謂中國干涉韓事、妨礙朝鮮自主云云，此類議論於甲午戰前多發自對朝鮮有野心的日俄兩國與少數西方人士，而當日本於甲午當年在朝鮮挑起戰爭時，以此爲困窘韓廷和攻擊中國的藉口。反之，當時在東方的觀察者中，亦尚有人視袁世凱爲維護朝鮮自主的「戰士」者。以下爲引自米奇（Alexander Michie）撰「阿禮國爵士使華記」（*The Englishman in China during the Victorian Era: The Career of Sir Rutherford Alcock*）中有關袁世凱的評論：

> 駐在韓廷的能幹的中國使臣〔袁世凱〕，其主張中國在朝鮮的正當的宗主權利，雖可能有不必要的誇張之處，然鑒於日本在朝鮮各地的侵畧行爲，及其本於此種侵畧行爲而作的無饜的權利要求，確實需要有一個爲朝鮮獨立奮鬥的戰士，出任艱巨，袁世凱以其卓越的才能，克盡厥職。朝鮮之臣服於中國，所可見者，唯在朝廷間之關係。反之，一旦朝鮮半島爲日本所臣服，朝鮮人民本身即迅速喪失自由，受外來的商人、冒險家、和高利貸者的奴役。〔事實是，縱無甲午戰爭發生，〕日本人如再稍待數年，以其平時强烈的滲入的一途，也已足以贏得朝鮮。（註七七）

當甲午夏，因中、日出兵而朝鮮的形勢日見緊張之時，上海英人所辦的「北華捷報」（*North China Herald*）發表社論，分析朝鮮的國際關係，亦謂「於近數年中，對於日、俄兩國，直督李鴻章與駐韓使臣袁世凱的態度之得當，無以加矣。」「北華捷報」的社論經馬士（H.B. Morse）引以爲其「中華帝國外交史」（The International Relations of the Chinese Empire）作註。馬士亦爲清季久在中國的英人，據其所見，中國政府的對於朝鮮事務，自受李鴻章主持（光緒七年；一八八一年）後，（註七八）尤其在以墨賢理（H.F. Merrill）代替穆麟德（P.G. von Mollendorff）爲朝鮮總稅務司（清光緒十一年；一八八五年）後，「甚少有處理失當之處。」（註七九）至於中國之必欲維持中、韓的宗屬關係，最後至於不得不出以一戰者，（註八〇）則讀者應知一九〇〇年前後爲世界新帝國主義運動（New Imperialism）的高潮時期，列强方傾全力於向外掠取屬地，際此時會而望中國本民族自決之義，自動放棄其對朝鮮的宗主國的地位，是乃持今代之說，以責往事，非論史之道。當代外交史大家蘭葛（William L. Langer）於其巨著「帝國主義外交史」（The Diplomacy of Imperialism）一書中，即曾衡量多方面的證據，批評屈里特（Payson J. Treat）之說，曰，「屈里特力圖忽視此種（表露日方片面求戰的）供證的價值，而辯稱戰爭的主要原因，在根柢上爲中國對朝鮮的宗主權的主張。此種觀點，我相信持之者不多。」（註八一）

總之，一如米奇所指稱，「甲午中日戰爭之所以起，唯一的原因爲日本的處心積慮的國家政策；捨此而圖於他處另覓解釋，將徒勞無益。」（註八二）至於中國的出兵援韓，則無論就時勢需要、中韓關係、或國際環境言，在當時皆屬必然之舉。中國當事諸人使出兵的行動嚴格限於赴亂區平亂，遵守對日本的條約義務，在日本出兵後猶遲不增兵，爲免日本「積疑成衅，致壞大局。」（註八三）是其動機的單純與行動的謹飭，毋寧尚有足多者。陸奧宗光自稱日本政府於出兵朝鮮時的決策爲「外交上取被動者之地位，軍事上求常佔機先；」（註八四）而蔣廷黻謂李鴻章當時的政策爲「軍事主張緩進，外交則主張不讓步。」（註八五）結果中國雖因軍事失敗，而受其殃，但由此也足見當時中國之自信外交立場的正當，可以辯曲直於壇坫；而日本自知矯誣無理，唯求決勝於武力。

按梁啓超的撰「論李鴻章」，時在戊戌政變後流亡日本初年，對於滿清政府和袁世凱個人方痛心疾首，故所論自不免有爲而發。此猶梁氏以後對於其同時期所撰的另一著作「戊戌政變記」，自謂「（因）感情作用所支配，不免將眞蹟放大，」「不敢自承」「所記悉爲信史」是也。（註八六）然後之讀史者猶襲其陳說，不辯枉直，誣己厚人，則尤難免不愼於思之咎矣。

附註：

註一：梁啓超「論李鴻章」，一名「中國四十年來大事記」，撰於清光緒二十七年（一九〇一年），見該書「序例」。引文見頁四三—四四，民國五十九年台灣重印本。

註二：如迄今猶在重印發行的陳恭祿「中國近代史」，述甲午援韓，曰：「李鴻章得報（韓亂），以爲日人之意，唯在照約通知（出兵援韓之事）。袁世凱勸說韓王乞援，李熙（韓王）乃以爲言。袁氏電報天津，李鴻章覆稱須由韓王自請，其心以日本政黨爭權，無暇外顧，即如多事，不過以保護使館爲名，調兵百餘入漢城耳。」（民國五十六年台灣重印本，上冊，頁三六四。）案陳書此段多誤，蓋「李鴻章覆稱」云云，中多袁語，非李語也。見光緒二十年四月二十八日（一八九四年六月一日）李鴻章致總署電，吳汝綸編「李文忠公全集」（以下簡稱「李全集」）「電稿」卷十五，頁三二下—三三上；民國五十四年台灣重印本，第六冊，頁四二二—四二三。亦見北平故宮博物院編「清光緒朝中日交涉史料」（以下簡稱「中日交涉史料」）卷十三，第九四九條，頁六下—七上；民國五十二年台灣重印本，上冊，頁二四六—二四七。又如劉彥「帝國主義壓迫中國史」述甲午援韓，曰：「〔朝鮮〕東學黨之起也，李鴻章與袁世凱交馳電報，彼此皆以韓國請中國出援兵爲得策。又李、袁電詢駐日公使汪鳳藻，汪鳳藻告以『日本衆議院大衝突，無外顧之暇。』李、袁大喜，政畧一決。」劉書一名「中國近時外交史」，於民國五十一年經李方晨增訂，在台灣印行，改題「中國外交史」。增訂本於上引劉書原文，未易一字，見該本頁一五〇。

註三：日本朝鮮駐劄憲兵隊司令部編「朝鮮社會考」，對於東學黨組合之成分，有詳細分析。見該書頁三七—三八，日本明治四十五年，漢城。

註四：一八九三年四月四日（光緒十九年二月二十二日）報告，見 *Paper Relating to the Foreign Relations of the United States*（abbreviated hereafter to *Foreign Relations of U.S.*）*1894*. "Appendix I," pp. 5-8. Washington, 1896.

註五：「李全集」，「電稿」卷十四，頁二八下—二九上；重印本第六冊，頁三九〇—三九一。亦見袁世凱「養壽園電稿」，民國五十五年台灣彙印本，「電稿」頁六五—六六。又 Homer B. Hulbert 爲清光緒十九年（一八九三年）漢城外人因東學黨徒請願而驚慌不安之目擊者，其所著「朝鮮史」（*History of Korea*）記其事，曰，「一八九三年初，漢城謠言日盛，謂東學黨徒將大量擁至京城，驅逐日人與所有其他洋人。政府派魚允中安撫，幸暫告平靜。惟至三月，漢城外人門首突出現揭帖，語多恫喝，攻擊基督教，並警告外人立即離去韓境。當時一般感覺，認爲漢城雖尚不至立即發生嚴重之亂事，然爲預防東學黨徒一旦實行其所言，當以先有準備爲宜。」（Clarence N. Wheems〔ed.〕, *Hulbert's History of Korea*, Vol. II, p. 248. London, 1962.）此見王信忠「中日甲午戰爭之外交背景」，謂二月二十日（四月二日）袁世凱致李鴻章電「諒係根據傳說，言之過甚」云云（頁一四八，民國五十三年台灣重印本），實非的論。

註六：青柳南冥「李朝史大全」，「李太王記」，頁七七八，日本大正十二年，漢城。又光緒十九年二月十四日袁世凱致李鴻章電，「韓東學邪教，南道甚多，自詡能呼風喚雨，調遣神兵。近來漢數十人，聯名訴請王建東學堂，逐其各國官民，只留華人。」又三月二十五日電，「昨聞忠清道報稱，報恩縣境內有教匪二萬七千餘名，日夜聚誦咒法，稱將討日布義。」「養壽園電稿」，「電稿」頁六四、六九。

註七：*Foreign Relations of U. S., 1894,* **"Appendix I," p. 10.**

註八：王炳耀「甲午中日戰輯」，見阿英編「近代外禍史」，中冊，頁二六，一九五一年，上海。本書主要係輯上海廣學會發行之「萬國公報」所載有關甲午中日戰爭之報道與評論而成，故內容與蔡爾康輯「中東戰紀本末」多雷同，但不乏當時之史料。

註九：青木武助「大日本歷史集成」「續集」卷下，頁九三〇，日本大正十四年，東京。

註十：「養壽園電稿」，「電稿」頁一一四—一一九，載東學黨亂初起時袁世凱向李鴻章報告之歷次電文。其中四月初九日（五月十三日）一電曰，「聞古阜匪昨向花島搶運漕米六千石，又到處掠積米糧云。……再見忠清電，匪在懷德計萬餘人，蹦儲軍器火藥均被掠去。」同日另電，「刻見全州來電，昨夜亂黨突入井邑縣，劫放罪囚，搶掠軍器庫儲一空。官吏逃去；衙署民房，皆被拆毁。」

註十一：姚錫光「東方兵事紀畧」卷一，「釁始篇第一」，見中國史學會編「中日戰爭」第一冊，頁十二，一九五七年，上海。

註十二：日本明治二十七年（清光緒二十年；一八九四年）六月五日「時事新報」。

註十三：中國出兵前，朝鮮亂事的嚴重， 亦可於駐韓歐、美使領對於各該國政府的報告見之。如一八九四年五月十七日（四月十三日）美國駐漢城使館報告：「朝鮮政府對於全羅、忠清、慶尙等南方三道之亂事，焦慮萬分。到處人民起而反抗觀察使及其他官吏之酷烈壓迫。今暴動雖尙限於上述三道，並以全羅道爲亂事最劇烈之一區，然足以致亂之情形普見於全國。……〔在亂區，〕官吏有全家爲亂衆所處死者，有房屋與財產被毁，身受撻辱，被逐出任地者。政府派出相當數目之軍隊至亂區，然官軍既不能恐嚇亂衆，亦無力打擊亂衆，此間無人相信彼等能有何作爲。」（*Foreign Relations of U. S., 1894*, "Appendix I," pp. 17 - 18.）又同年六月八日（五月五日）俄國駐日本東京使館報告：「此數日中，即一星期前，朝鮮消息開始日益驚人。叛亂的東學黨已數以萬計；……並正在急速增長，由一省擴及他省；叛亂者且已威脅漢城，派去鎮壓的軍隊在各處均遭慘敗。」（「〔帝俄〕有關中日戰爭一八九四—九五年文件」第三十一號，見「中日戰爭」第七冊，頁二二二—二二三。）

註十四：如光緒十九年三月二十五日一電：「韓官懦緩，兵無節制；倘再遷延，恐將成癱。」同日另一電：「南道兵將疲懦，萬難濟事。」（「養壽園電稿」，「電稿」頁六九、七〇；亦見「李全集」，「電稿」卷十四，頁三一下、三二上；重印本第六冊，頁三九二。）

註十五：陸奧宗光「蹇蹇錄」，頁十三—十五，岩波文庫本。朝鮮官軍之不能用於平亂，於甲午日軍佔領朝鮮後猶然。一八九四年十一月十日（清光緒二十年十月十三日），日本特命駐韓全權公使井上馨致書外務大臣陸奧宗光，道及討伐東學黨事，曰，「朝鮮兵究是無用之物，前時爲了鎮撫東學黨，曾派朝鮮兵六百餘名到竹山去，遇賊後反而逃走，不能起任何作用。而且，由於朝鮮沒有糧草的準備，又不發給兵餉，所到之處不得不掠奪人民財物；人民財物被奪，……產生不如往投東學黨的思想。所以朝鮮兵的派遣，不但不能鎮壓暴徒，反而促使人民蜂起，此其實況。……若照來諭所說，從速鎮撫該黨，則大約最少尚要派遣四中隊的日本兵來此。」（伊藤博文編「秘書類纂」，「朝鮮交涉資料」（下），見「中日戰爭」第七冊，頁三八。）

註十六：聶士成「東征日記」，光緒二十年五月初三日、初六日、初八日各條，見「中日戰爭」第六冊，頁一—二。

註十七：同「註十一」，頁十三。

註十八：「蹇蹇錄」，頁三一；引文用龔德柏譯文，見龔譯本頁十二。龔譯本改稱「日本侵畧中國外交秘史」，民國十八年，上海。

註十九：見所引書「明治篇」，頁十五，日本昭和七年，台北。

註二〇：Clarence N. Wheems (ed.), *Hulbert's History of Korea*, Editor's Notes, 11. pp. ED 414-415.

註二一：*Hulbert's History of Korea*, pp. 249-251. 案中國出兵，首批聶士成率兵約九百名，葉志超率兵約七百名，分在大沽與山海關出海，赫爾勃脫所說畧有誤。

註二二：光緒二十年三月二十六日、四月初一日、初二日、初八日袁世凱致李鴻章各電，分見「養壽園電稿」，「津院去電」頁八四—八五，「電稿」頁一一四、一一五、一一六。第三電亦見四月初八日李鴻章致總署電，「李全集」，「電稿」卷十五，頁三二下；重印本第六冊，頁四二二。

註二三：光緒十九年三月十八日袁致李鴻章電，「養壽園電稿」，「電稿」頁六七。

註二四：光緒十九年三月二十八日袁致李鴻章電，「養壽園電稿」，「電稿」頁七七—七八。

註二五：光緒二十年四月二十二日、二十八日李鴻章致總署電，「李全集」，「電稿」卷十五，頁三二下；重印本第六冊，頁四二二。又「中日交涉史料」卷十三，第九四三、九四六條，頁六上—七上；重印本上冊，頁二四六—二四七。

註二六：光緒二十年四月二十八日李致總署電，見上註。

註二七：「蹇蹇錄」，頁一九—二〇；引文用龔德柏譯文，畧有改正，見龔譯本，頁五。

註二八：信夫淸三郎「近代日本外交史」，頁七六，日本昭和十七年，東京。又，「日清戰爭實記」爲甲午中日戰爭時期日本政府所發佈之戰報之彙輯，其記韓廷動議乞援之經過，曰，「（洪啓薰既受命爲招討使，率領京軍經海道南運，往討東學黨，」（但）經陸路開向戰地的京軍轉戰各地，每戰失敗，洪軍孤立無援。厲山一役，洪雖僥倖獲勝，然而白山一役，却被東學黨所算，大敗而退，京軍死者達三百人，東學黨的軍氣益振。六月一日（四月二十八日），東學黨逕陷全州，公州以南，悉歸所有。先是，招討使洪因京軍屢戰不利，見無策可施，乃上書朝鮮政府，乞借外國的援兵。……（至是，」閔（泳駿）通過袁（世凱），託中國派軍隊來援。」（見「中日戰爭」第一冊，頁二一九—二二〇。）

註二九：光緒二十年四月二十一日李致總署電，「李全集」，「電稿」卷十五，頁三二；重印本第六冊，頁四二二。又「中日交涉史料」卷十三，第九四二條，頁五下；重印本上冊，頁二四六。

註三〇：光緒二十年四月二十八日李致總署電，見「註二五」。

註三一：同上註。

註三二：光緒十一年中日「天津條約」，亦即上文所謂「乙酉津約」，訂立於甲申事變後，其第三條規定「將來朝鮮國若有變亂重大事件，中、日兩國或一國要派兵，應先行文知照，及其事定，仍即撤回，不再留防。」

註三三：光緒二十年四月二十九日、三十日李致總署電，「中日交涉史料」卷十三，第九五〇、九五一、九五二條，頁七；重印本上冊，頁二四七。

註三四：參閱王德昭「甲午戰前中國處理朝鮮壬午事變之經過」與王信忠「甲申事變始末」，包遵彭等編「中國近代史論叢」第一輯，第六冊，頁一二〇—一五八，民國四十二年，台北。

註三五：一八八八年五月二十九日（光緒十四年四月十九日）赫德致墨賢理（H.F. Merrill）函，轉引自 H. B. Morse, *The International Relations of the Chinese Empire*, Vol. III, p. 15, n. 50. Shanghai, 1918; reprint, Taipei, 1966.

註三六：光緒八年四月二十四日（一八八二年六月九日）直隸總督兼理通商事務大臣張樹聲奏朝鮮與美國議約事竣摺，附件二，朝鮮與美國通商條約及照會，「中日交涉史料」卷三，第一〇一條，附件二，頁十三下；重印本上册，頁四七。

註三七：齋藤良衞「近世東洋外交史序說」，頁三三八—三三九，日本昭和二年，東京。

註三八：光緒二十年五月初四日李致總署電，「中日交涉史料」卷十三，第九五九條，頁九；重印本上册，頁二四八。

註三九：葛生能久「日支交涉外史」，頁二三四—二三五，日本昭和十三年，東京。本書爲日本黑龍會出版物之一。

註四〇：光緒二十年四月二十八日、五月初一日李致總署電，引袁電：「頃日譯員鄭永邦以其使令來詢匪情，並謂匪久擾，大損商務，諸多可慮，韓人必不能自了，愈久愈難辦，貴政府何不速代韓勘？」又「頃倭署使杉村（濬）來晤，該使意亦盼華速代勘，並詢華允否。」「李全集」，「電稿」卷十五，頁三三上、三四上；重印本第六册，頁四二三。亦見「中日交涉史料」卷十三，第九四九、九五四條，頁七上、八上；重印本上册，頁二四七。

註四一：寃海述聞客「寃海述聞」，記甲午中、日開戰前中國海軍在韓調動情形，最爲詳悉。以下摘錄其文：「自倭人未啓衅之先，初聞朝鮮土匪不靖，丁提督汝昌於五月初一日（六月四日）遣濟遠（穹甲艦）率揚威（巡洋艦）至高麗仁川口，合平遠（穹甲艦）爲一小隊以護之。迨葉、聶兩統領率兵千餘赴牙山，護以超勇船（巡洋艦），恐其力單，復分揚威赴牙山，只留濟遠、平遠兩船在仁川口。自是倭人運兵之船絡繹而至，始數千人，繼萬餘人。……（濟遠管帶方伯謙）自駛濟遠赴牙山，派超勇回威海，將倭人添兵情形，稟請丁提督，上達爵相（李鴻章）。……至五月二十日，鎮遠（鐵甲艦）始（率同超勇與驅逐艦廣丙）至仁川。事既決裂，爵相召各船回威海，合大隊以爲備。六月初一日，（濟遠）抵威海。二十日，丁提督又遣濟遠率威遠（巡洋艦）、廣乙（驅逐艦）二船往牙山。……二十一日，三船到牙山。（二十三日，日艦隊在豐島海面擊沉我運兵船高陞號，中、日海軍交綏；同時日陸軍亦進迫牙山。中日戰爭爆發。）」見佚名輯「中日戰爭資料」，頁一二八—一二九，民國五十六年台灣重印本。寃海述聞客之眞名失考，想必爲北洋海軍中人，且必與方伯謙及濟遠軍艦有特殊關係。

註四二：光緒二十年五月初一日李致總署電，「李全集」，「電稿」卷十五，頁三四；重印本第六册，頁四二三。又「中日交涉史料」卷十三，第九五四條，頁八上；重印本上册，頁二四七。

註四三：光緒二十年五月初三日李致總署電，「中日交涉史料」卷十三，第九五八條，頁九上；重印本頁二四八。

註四四：光緒二十年五月二十日李致總署電，「李全集」，「電稿」卷十五，頁四九下；重印本第六册，頁四三一。又「中日交涉史料」卷十三，第一〇一四條，頁二一下；重印本上册，頁二五四。

註四五：「日清戰爭實記」，見「中日戰爭」第一册，頁二二〇—二二一。案六月十三日（五月初十日）領兵入漢城者爲先遣隊大隊長一戶兵衛，非大島義昌；大島本人於十五日始抵韓，時派遣軍混成旅團尚有後續部隊未到。見日本參謀本部編「明治二十七、八年日清戰史」卷一，頁一〇八—一一一，日本明治三十七年，東京。又華軍聶士成部隊於六月八日（五月初五日）經海道運抵朝鮮，次日登陸，見「註十六」。

註四六：光緒二十年五月二十一日（六月二十四日），朝鮮外署大臣趙秉稷分函歐、美各國使領，請協助勸令日本撤兵，曰，「〔日本〕於〔日、韓〕和平時期，開來如許之大軍，於敝邦秩序業已恢復之今日，復有如許之騎兵、砲兵登陸，構築砲壘，且於軍略要點設置哨兵，誠足於國際間造成極危險之先例，亦且威脅朝鮮國土之和平與完整。」（*Foreign Relations of U.S. 1894*, "Appendix I", p. 23.）

註四七：田保橋潔「近代日支鮮關係の研究」，頁九八，日本昭和五年，京都。

註四八：光緒二十年五月二十日李致總署電，「李全集」，「電稿」卷十五，頁四九下—五〇上；重印本第六册，頁四三一。

註四九：光緒二十年五月二十二日李致總署電，同上，頁五二上；重印本第六册，頁四三二。

註五〇：光緒二十年五月二十四日李致總署電，同上，頁五三；重印本第六冊，頁四三三。

註五一：光緒二十年五月二十六日李致總署電，同上，頁五四上；重印本第六冊，頁四三三。又「日清戰爭實記」，見「中日戰爭」第一冊，頁二二二。

註五二：陸奧宗光「蹇蹇錄」，頁七〇—七一。

註五三：同上，頁五七；引文用龔德柏譯文，見龔譯本頁二六。

註五四：同上註。

註五五：同上，頁四八；引文見龔譯本，頁二一。

註五六：光緒七年正月二十五日（一八八一年二月二十三日）總理衙門奏朝鮮宜聯絡外交變通舊制摺，「中日交涉史料」卷二，第七一條，頁三一—三二上；重印本頁三五。

註五七：同「註三四」。

註五八：陸奧宗光「蹇蹇錄」，頁一八—二〇。

註五九：德富蘇峯「公爵桂太郎傳」，坤卷，頁三八六—三八七，日本大正六年，東京。

註六〇：德富蘇峯「公爵山縣有朋傳」，卷中，頁八一六，日本昭和八年，東京。

註六一：同上，卷下，頁一〇四。

註六二：同上，卷中，頁八二一。

註六三：小笠原長生「日本帝國海上權力史講義」，附表，日本明治三十五年，東京。

註六四：葛生能久「日支交涉外史」卷上，頁二二五—二二六。

註六五：葛生能久「東亞先覺志士記傳」卷上，頁一四七，日本昭和十年，東京。本書亦爲日本黑龍會出版物。

註六六：同上，頁一四三—一四四。

註六七：玄洋社史編纂委員會編「玄洋社史」，頁四三八—四八〇，日本大正六年，東京。日本浪人之參加朝鮮東學黨之亂，日本歷史著作之記載，大體皆同。如伊藤仁太郎「明治秘史」即謂，東學黨亂既起，「在東學黨衆中潛伏着內田良平、鈴木天眼、武田範之、田中侍郎、和其他日本浪人，大肆活動。」（「續編」，頁四一九，日本昭和三年，東京。）

註六八：菊池謙讓（長風）「近代朝鮮史」記乙未事變，程光銘譯文，見「中日戰爭」第七冊，頁五八〇—六〇四。此見王信忠前揭書謂玄洋社與天佑俠之舉動，「只可視爲少數（日本）志士之行動，」與日本當局無關云云（頁一五三），亦非的論。

註六九：光緒十九年三月二十七日袁致李電，「養壽園電稿」，「電稿」頁七二。

註七〇：一八九四年五月十六日漢城美國使館報告，*Foreign Relations of U.S.*, *1894*, "Appendix I," p. 16. Philip Joseph 因於其所著「一八九四—一九〇〇年間列强在中國之外交」一書中曰，「日本發動一八九四年的戰爭的藉口爲東學黨亂，但却是日本潛入分子在朝鮮鼓動起的這次叛亂。」（*Foreign Diplomacy in China, 1894-1900*, p. 64. London, 1928.）

註七一：J.O.P. Bland, *Li Hung-Chang*, pp. 168-170. London, 1917.

註七二：如 Robert W. Little 於一八九五年九月十三日（光緒二十一年七月二十五日）「北華捷報」（*North-China Herald*）撰論，曰，「中國苟不能自治其國，即應加以瓜分。何以故？因有人能治理之，亦且樂意治理之之故。」赫德於一八九七年一月六日之致友人書中，亦曰，「中國有如君士坦丁堡（案指土耳其）——兀鷹盤旋於空際，而業主病在彌留，〔待膏餓吻。〕」轉引自 H. B. Morse, *The International Relations of the Chinese Empire*, Vol. III, p. 58.

註七三：Ibid., pp. 27-28.

註七四：譚嗣同「思緯壹壺臺短書——報貝元徵」（甲午秋七月）：「來語倭未嘗蓄內犯之志云云，嗣同以爲足下此言，視所云曉中外情事者，毋乃相去太遠。倭之蓄謀，當在二十年前，儲峙錢粟，繕治甲兵，久爲外人側目。合肥知爲中國之大患，曾言於朝；沈文肅（葆楨）亦言之，薛叔耘（福成）又言之，而丁雨生中丞（日昌）言尤激切。」「譚嗣同全集」，頁四二〇，一九五四年，北京。

註七五：王信忠「中日甲午戰爭之外交背景」，頁八二—八三。

註七六：「朝鮮中立之能否實現，其關鍵實在中國之願否放棄宗屬名義也。……（李鴻章）對此是否贊同，以史料不備，未便率爾斷言。惟當時朝野咸狃於宗邦之見，不屑爲此，而清議更有主張對韓設置監國大臣者。鴻章卽使贊同此說，亦未敢貿然建言，輕犯物議也。中立之議既不行，袁世凱卽乘機擴充中國在韓勢力，終遭日本之忌，而甲午戰爭不可弭矣。」同上，頁一〇八—一〇九。

註七七：Alexander Michie, *The Englishman in China during the Victorian Era: The Career of Sir Rutherford Alcock*, pp. 406-407. London, 1900; reprint, Taipei, 1966.

註七八：光緒七年正月二十五日總署奏朝鮮宜聯絡外交變通舊制摺，「中日交涉史料」卷二，第七十一條，頁三一—三二上；重印本上冊，頁三五。

註七九：H.B. Morse, *The International Relations of the Chinese Empire*, Vol. III, p. 27.

註八〇：此譚嗣同所謂「此無勢之能審，猶有義之可執，亙日窮天，孤行其志，勝敗存亡或可不計」之戰也。（「上歐陽瓣薑師書」，光緒二十一年，見「譚嗣同全集」，頁二九〇。）

註八一：William L. Langer, *The Diplomacy of Imperialism*, p. 173, n. 13, New York, 1951. 屈里特之說見其所著 *Diplomatic Relations between the United States and Japan, 1853-1895*, Vol. II, pp. 460-463, Stanford, 1932.

註八二：Alexander Michie, *The Englishman in China during the Victorian Era: Sir Rutherford Alcock*, p. 407.

註八三：光緒二十年五月十五日李覆袁電，「李全集」，「電稿」卷十五，頁四四下—四五上；重印本第六冊，頁四二八—四二九。

註八四：陸奧宗光「蹇蹇錄」，頁三四。

註八五：蔣廷黻編「近代中國外交史資料輯要」卷中，頁四八四，民國五十七年台灣重印本。

註八六：梁啓超「中國歷史研究法」，頁九一，民國四十五年台灣重印本。

梁啓超對中國史學研究的創新

羅炳綿

目錄

凡例

一、飲冰室文集，（共四十五卷十六册）林志鈞編，民國廿一年印行。中華書局出版。（民國四十五年、四十九年、台灣中華書局重刊）本文畧稱「文集」。

二、飲冰室專集，（同右，共一〇四卷，二十四册）本文畧稱「專集」。

三、梁任公先生年譜長編初稿，（三十八卷，又卷首一卷）丁文江編。民國四十八年台北世界書局出版。本文畧稱「年譜」。其他有關簡稱，恕不贅列。

四、為行文方便及不便改動原作計，文中提及人名時均或稱名或稱號或稱字，不求統一。

前言

梁啓超先生是清末民初政治界和學術界的風雲人物，不論在政治意識、民族意識或學術研究上所提出的意見或主張，都很引人注意，並影响深遠。本文不打算討論任公的政治活動等問題，只探究他在中國史學研究的成就。任公的思想和主張常變動不定。他自己說：「啓超以太無成見，往往徇物而奪其所守。」（專集之三十四，清代學術概論，頁六六）又說：「不惜以今日的我與昨日的我挑戰。」（歷史研究法補編，專集之九十九，頁二十三）他的史觀也如此，在斷代分期紀年，以及歷史是否有因果論，歷史是否不斷進化等觀念，往往有前後不同的看法和主張。但他的史學觀念，有一點自始至終沒有改變。那就是欲藉着歷史以刺激中國人的愛國心。而認定一家一姓的「舊史」，板滯一成不變的「紀傳體」，已不適宜於日新月異的社會。故此歷史必須創新了。

儘管任公曾經修改過他的歷史進化論的說法，但他的史學觀點以至整個人的思想，很受進化論物競天擇的影响是很顯然的。（事實上民國初年的學者，很少不受進化論之類的新思潮影響的）時代既然不同，就需要適合於這一時代的新知識。古人對歷史誠然已有許多研究，但有些我們已用不着。今日所需要的，古人未必用心到；故此須由自己有新的研究，把研究所得來撰寫新歷史，把新的「科學」方法去研究歷史，把新發現的地下資料，或適合於當代的新觀點去作進一步的研究。任公三十歲時，（光緒廿八年，一九〇二年）寫了一篇新史學。一開始便說：

於今日泰西通行諸學科中，爲中國所固有者唯史學。史學者，學問之最博大而最切要者也，國民之明鏡也，愛國心之源泉也。今日歐洲民族主義所以發達，列國所以日進文明，史學之功居其半焉。然則但患其國之無茲學耳，苟其有之，則國民安有不團結，羣治安有不進化者？雖然，我國茲學如彼，而其現象如此，則又何也？（文集之九，冊四，頁一）

跟着指出舊史之病有四。一、知有朝廷而不知有國家。二、知有個人而不知有團體。三、知有陳迹而不知有今務。四、知有事實而不知有理想。因此認爲歷史不能專爲一家一姓而作，歷史須爲國民而作，爲羣體而作。從而討論到舊史論正統、論書法以及紀年上的不當。而認爲「新史學」的條件須具備下列四個項目：第一、說明中國民族成立發展之跡，而推求其所以能保存盛大之故，具察其有無衰敗之徵。第二、說明歷史上曾活動於中國境內者幾何族，我族與他族調和衝突之跡何如？其所產結果何如？第三、說明中國民族所產文化，以何爲基本？其與世界他部分文化相互之影响何如？第四、說明中國民族在人類全體上之位置及其特性，與其將來對於全人類所應負之責任。（詳參歷史研究法頁五至七）因此任公又提出了新的治史方法。他的所謂新的治史方法，是達到下述目標的一個手段：寫出來的新史學著作必須適合今日的需要。爲什麼要這樣呢？因爲今日是物競天擇優勝劣敗的世界。任公解釋說：

> 今日欲提倡民族主義，使我四萬萬同胞强立於此優勝劣敗之世界乎？則本國史學一科，實爲無老無幼，無男無女，無智無愚，無賢無不肖，所皆當從事。視之如渴飲飢食，一刻不容緩者也。然偏覽乙庫中數十萬卷之著錄，其資格可以養吾所欲給吾所求者，殆無一焉。嗚呼！史界革命不起，則吾國遂不可救。悠悠

萬事，唯此爲大。新史學之著，吾豈好異哉？吾不得已也！（同上引頁七）

這是任公爲什麼要在史學界革命創「新史學」的最好說明。爲什麼「舊史」都不能「養吾所欲給吾所求」呢？原來「前者史家（舊史家）不過記載事實。近世史家，必說明其事實之關係與其原因結果。前者史家，不過記述人間一二有權力者興亡隆替之事，雖名爲史，實不過一人一家之譜牒。近世史家，必探察人間全體之運動進步，即國民全部之經歷及其相互之關係。以此論之，雖謂中國前者未嘗有史，殆非爲過。」（中國史叙論，文集之六，頁一）新舊史有這兩種重大的差異，最足見舊史何以不適於今日需要的原故。明白此點，對於任公的史學著述中何以常用中國史事或歷史人物的所作所爲或主張和歐西比較，也可以得到解釋了。因此，縱使任公比較論列中西史事，有牽强附會，我們也應鑑諒他這點苦心的。

任公替他的女兒令嫻的藝蘅館日記題詩說：「吾學病愛博，是用淺且蕪。」（學術概論，專集之卅四，頁六六）勸人不可學他。在史學來說，他也兼治中西，甚至打算過編寫世界史，企圖翻譯過英國學者韋爾思的世界史綱。（參年譜六〇一，六一一，及六四〇諸處）介紹過不少歐西思想家哲學家，「近世第一大哲康德之學說」「政治學大家伯倫理之學說」「論希臘古代哲學」等（均見文集之十三）但限於範圍，本文只論任公在中國史學研究力求推陳出新的史觀以及由這種觀點撰寫出來的史學著作，其他暫置不論。

第一章　梁啓超史學研究的背景

一八五八年（咸豐九年）康有爲生。翌年，達爾文發表物種原始論；又翌年，英法聯軍逼北京，焚圓明園。一八七三年（同治十二年）正月廿六日，任公生，出生後六年，嚴復卒業歸國。（參閱附錄年表）他是一個情感豐富，感覺敏銳，容易接受新思想新知識的人物。我們不難看出當時的政治局面和源源輸入的西方「新學」以及當時的學術界重要人物給予任公多大的影响。民國十一年（任公五十歲）他寫了一篇「五十年中國進化概論」，追憶他出生前後的社會情況說：

> 學問和思想的方面，我們不能不認爲已經有多少進步。而且確已替將來開出一條大進步的路徑。這裏頭最大關鍵就是科舉制度之撲滅。科舉制度有一千多年的歷史，眞算得深根固蒂……廢科舉運動，在這五十年內的初期已經開始……如今（科舉已成）過去的陳跡，很像平常，但是用歷史眼光來看，不能不算是五十年間一件大事。
>
> 這五十年間……讀書人的腦筋，却變遷得眞厲害。記得光緒二年，有位出使英國大臣郭嵩燾做了一部遊記，裏頭有一段大概說：「現在的夷狄和從前不同，他們也有二千年的文明。」……這部書傳到北京，把滿朝士大夫的公憤都激動起來了……曾幾何時，到如今「新文化運動」這句話成了一般讀書社會的口頭禪。馬克思差不多要和孔子爭席，易卜生差不多要推倒屈原。這種心理對不對，另一問題。總之這四十幾年間思想的劇變，確爲從前四千餘年所未嘗夢見。比方從前思想界是一個死水的池塘，雖然許多浮

萍荇藻掩映在上面，却是整年價動也不動。如今居然有了「源泉混混不舍晝夜」的氣象了。雖然他流動的方向和結果，現在還沒有十分看得出來；單論他由靜而動的那點機勢，誰也不能不說他是進化。（文集之卅九，册十四，頁四十三）

任公對當時思想界學術界「源泉混混不舍晝夜」的讚歎，最見得他對當代思潮以及受師友薰陶與影響的程度。至於任公間接或直接的閱讀西方及日本的史學論著，當然是他的「新史學」形成的其中一個原因。（如「進化論」的史觀、「歷史統計學」的研究方法，以及對歷史紀年問題的看法等，主要就是受了西方史論的影响。或間接由閱讀有關日文的著作而來的。）關於此點，因限於本文範圍，不打算詳細討論，而只舉出下列幾點。

一、幾本有關的古籍

任公在「三十自述」裏，叙述他早年治學的過程並列舉他曾經研讀過而影响頗深的幾本古籍：

六歲後，就父（名寶瑛字蓮澗。）讀，受中國畧史、五經卒業……十二歲應試學院補博士弟子員……家貧無書可讀。唯有史記一、綱鑑易知錄一。王父、父，日以課之。故至今史記之文能成誦八九。父執有愛其慧，贈以漢書一，姚氏古文辭類纂一。則大喜，讀之卒業焉。……辛卯余年十九。南海先生始講學於廣東省城長興里之萬木草堂……先生爲講中國數千年來學術源流……日課則宋元明儒學案、二十四史、文獻通考等……。（文集之十一，頁十六）

任公治史，很重視文物制度及學術，因此宋元明儒學案、文獻通考諸書，他是很喜愛的。在他的中國近三百年學術史裏，講到學術史的編著時就特別指出「及黃梨洲明儒學案六十二卷出，始有眞正之學術史。蓋讀之而明學全部得一縮影焉……梨洲本更爲宋元學案，已成十數卷，而全謝山更續爲百卷……此百卷本宋元學案……洵初期學術史之模範矣。」（專集之七五，頁二六九） 至於文通獻考，在中國文化史（社會組織篇）及中國幣材考等著作裏也常有引用。不過，在上述各書中，對任公影响深遠的，以史記爲最特出。任公「至今史記之文能成誦八九」一語已透露此中消息了。他很看重史記：

史記千古之絕作也。不徒爲我國開歷史之先聲而已。其寄意深遠， 其託義皆有所獨見， 而不徇於流俗。本紀之託始堯舜（五帝）也，世家之託始泰伯也，列傳之託始伯夷也，皆貴其讓國讓天下，以誅夫民賊之視國土爲一姓產業者也。（炳綿案：伯夷等讓國是事實，說史記於此種組織安排有其用意及義例也對。但說史遷藉着伯夷等讓國之事以誅責視國土爲一姓產業，恐未必然。） 陳涉而列諸世家也，項羽而列諸本紀也， 尊革命之首功，不以成敗論人也。孔子而列諸世家也，仲尼弟子而爲列傳也，尊教統也。孟荀列傳而包含餘子也，著兩大師以明羣學末流之離合也。老子韓非同傳，明道法二家之關係也。「游俠」有傳，「刺客」有傳，厲尚武之精神也。「龜筴」有傳，「日者」有傳，破宗教之迷信也。「貨殖」有傳，明生計學之切於人道也。故太史公誠漢代獨一無二之大儒矣。彼其家學淵源既已深邃……雖謂史公爲上古學術思想之集大成可也。（論中國學術思想變遷之大勢，文集之七，冊三，頁五二）

任公對史記的看法和說法，冰釋了某些學者（如史通作者劉知幾）對史記的誤解，後人指孔子不當入世家之類的指摘，其實是不瞭解史記另有寄意遙深的義例存乎其中。這種觀點，若非精熟史記則絕不會看到。

我們再看任公的史論和政論，如開明專制論、立憲政體與政治道德等文，（文集之十七及二十三） 其論據要點之一爲孔子的一句話：「爲政在人。其人存則其政擧，其人亡則其政息」。其他一切論據，都以不違孔子之意爲原則，這和史記一致。史遷因孔子曾讚美伯夷，故列伯夷於列傳之首。其次，任公寫國風報叙例（文集之二十五（上））在指出國風報包含的門類時，也完全模仿史記的體例。其他如在先秦學術年表（專集之七六）中指出史記的兩大錯誤：

> 紀先秦年代唯一之憑藉資料爲史記六國表，盡人所能知也。然六國表有極重大之謬誤兩事。……以上兩事，皆賴晉太康間竹書紀年出土，得以證史記之誤。

又如淸史商例初稿（專集之三十一）處處以史記爲法。姑擧其中一條：

> 兩攝政王合傳，或疑近於滑稽，不知史記屈賈相去數百歲合傳，曷嘗爲病？兩攝政王不期而遙相對。君以此始亦必以終，天也，非人所能爲也……史家妙用，庸何病焉。

此外，我們不妨再以任公的李鴻章傳（專集之三。一名「中國四十年來大事記」）爲例稍予說明。任公自道寫李鴻章傳「全仿西人傳記之體」，他雖有這用心，但仍擺脫不了史記給予他的薰陶與影响。任公又自道：「中國舊文體，凡記載一人事蹟者，或以傳，或以年譜，或以行狀，類皆記事，不下論贊。其有之，則附於卷末耳。然夾叙夾論，其例實創自太史公也……。」但是，史記給予任公最深的一點印象是什麼呢？

> 史記自是中國第一部史書。但吾儕最當注意者。「爲作史而作史」。不過近世史學家之一觀念。從前史家作史，大率別有一「超史的」目的，而借史事爲其手段。此在各國舊史皆然。而中國爲尤甚也。孔子所作春秋，表面上像一部二百四十年的歷史。然其中實孕含無數「微言大義」，故後世學者不謂之史而謂

之經。司馬遷實當時春秋家大師董仲舒之受業弟子，其作史記竊比春秋，故其自序首引仲舒所述孔子之言曰：「我欲載之空言，不如見之於行事之深切著明也。」其意若曰：吾本有種種理想，將以覺民而救世，但憑空發議論，難以警切，不如借現成的歷史事實做個題目，使讀者更爲親切有味云爾。春秋旨趣既如此，則竊比春秋之史記可知。……故僅以近世史的觀念讀史記，非能知史記者也。（專集之七十二。要籍解題及其讀法，頁十八）

「借史事爲其手段」——這是史記給予任公最深的印象。但我們不能說，任公的史學全部承襲史遷的這一套方法；正如史遷效法春秋，而史記和春秋仍有不同一樣。不過，因有史記的這一啓示，任公却懂得了運用歷史事實以說明他的政治論，懂得援據歷史以提倡變法，或鼓吹民族意識，或推動革命，而更能博得時人的同情；其效果較康有爲言變法而推本於春秋公羊家言三世大義爲更佳。也因此，任公的史學著作，夠得上稱爲「新史學」的著作，夠得上稱爲晚近國人以新體寫歷史的第一人。（如任公的「中國六大政治家」。尤著者爲「王荆公」一書）

和任公的新史學有密切關係的另一部古籍是春秋。

後世以爲傳春秋的有左氏公羊穀梁三家。但康梁以爲左氏不傳春秋。（參專集之七十二，「要籍解題及其讀法」頁五三）並以爲春秋有不少微言大義及「非常異義可怪之論」。春秋文成數萬，其指數千。若要把他一一羅列，非別成專書不可。但其中大半是爲當時社會補偏救敝而發。康梁自然獨尊今文的春秋公羊傳，而特別重視「公羊三科」——張三世存三統異內外——之說。任公曾列舉八條較重要的春秋微言大義，第一條就是「張三世」：

春秋二百四十年，歷十二公，分爲三世。隱桓莊閔僖五公，名據亂世。內其國而外諸夏。文宣成襄四公名升平世。內諸夏而外夷狄。昭定哀三公，名太平世。天下遠近大小若一……春秋由據亂而升平而太平，純是進化的軌道。孔子蓋深信人類若肯努力，世運必日日向上。所以拿春秋作個影子。太平世的微言，可惜傳中所存甚少。內中最顯明的，就是拋棄褊狹的國家主義種族主義，專提倡世界主義。這確是對當時封建制度一種革命思想。（專集之三十六，「孔子」，頁五一。民國九年著成，時任公四十八歲）

任公以爲：把春秋當作史書是誤解。他認定春秋絕不是記事的史書，而只是孔子改制明義的書；他說，如果春秋是史書，那麽孔子就是最拙劣誣罔的史家。甚至以爲王安石罵春秋是斷爛朝報也太恭維了。（同上，孔子，頁四十三）但是，任公治春秋宗公羊傳，這「張三世」的說法使任公有由據亂而升平而太平，純是進化的軌道等的看法，就深深的影响了他。恰巧任公那時達爾文赫胥黎的進化論物競天擇的學說最爲聳動。這一配合，就使任公有「歷史是進化的」（雖然後來他又有修正）觀點，而認定今日的時代必須有適合當代的需要的歷史，而主張史學界必須也起而革命，另創新史學。我們再看任公所舉的春秋微言大義的第三條：

第三重人：子夏說：春秋重人，諸譏皆本此。（原注：繁露俞序篇引）這句話，可謂得春秋綱領。春秋對於當時天子諸侯大夫，凡有勞民傷民多取予之事，一一譏刺無假借。（原注：傳及繁露引證極多，不具列）不外欲裁抑强有力者之私欲，擁護多數人之幸福。對於違反民意的君主，概予誅絕……（春秋）專明違反民意的暴君理宜滅絕……（春秋）絕對尊重民意……。（同上，孔子，頁五十二）

因爲春秋有「擁護多數人之幸福」，「尊重民意」；故此任公在「新史學」（文集之九，頁三）裏有歷史須爲國民而作，歷史不能只是一家一姓的私有物，必須「能述一羣人所以休養生息同體進化之狀」；並說：「歷史者，敍述進化之現象也」（並見「新史學」頁三、七）等等理論。

影響任公的另一部古籍是孟子。任公很重視孟子一書中的下述兩點內容：一、倡性善說，教人以自動的擴大人格。二、排斥功利主義，以爲孟子的政治觀念在發揮民本主義，提出經濟上種種理想的建設，（如梁惠王上下篇，滕文公上篇諸處，多屬此類）孟子所傳，是「大同主義」：

孔子……立大同之義，以治今日以後之天下。在春秋亦謂之太平……孟子所述皆此類也。大同之義有爲今日西人所已行者，有爲今日西人所未及行，而可決其他日之必行者。讀孟子者當於此焉求之。（讀孟子界說，文集之三，册二，頁十八）

而「保民」是孟子的經世宗旨，「無義戰」是大同的起點，「井田」爲大同的綱領，「性善」是大同的極效。（參同上引）孟子的學說，深深的影響任公的觀點，他演述三世之義，不離孟子的仁政、保民；他倡導民權自由，便是由孟子之說蛻變而來；他在史學觀點上反對一家一姓的歷史，以爲史須爲國民而作，也胎息於孟子的這一套思想。（參先秦政治思想史，頁八四－九二，張朋園「梁啓超與清季革命」頁廿二－五）

二、影響梁氏的幾個清代學者

當代人物之外，影響任公的中國學者當推他所佩服的幾個清代學者。第一個是黃宗羲：

梨洲有一部怪書名曰明夷待訪錄。這部書是他的政治理想。從今日青年眼光看去，雖像平平無奇，但三百年前——盧騷民約論出世前之數十年，有這等議論，不能不算人類文化之一高貴產品。（中國近三百年學術史。專集之七十五，頁四十六。此書寫於民國十三年，時任公五十二歲。）

爲什麼任公這樣推重黃梨洲的明夷待訪錄呢？因爲書中原君原法等篇論社會的起源及君主的職務諸事時，含有「民主主義的精神──雖然很幼稚，對於三千年專制政治思想爲極大胆的反抗。任公說：「在三十年前──我們當學生時代，實爲刺激青年最有力之興奮劑。我（任公自稱）自己的政治運動，可以說受這都書的影響最早而最深。」（同上，頁四十七）

不特任公的政治運動受梨洲的影響，他的史學也很有受梨洲影響的跡象。他論學術史，則表揚梨洲的明儒學案。且任公的史學理論也多與梨洲相吻合，疑即取法於梨洲。例如：一、以爲讀史不當只注意於本紀列傳等記史事的文字，而忽畧了「志」「表」。而認定旁行斜上之「表」，考正典禮之「志」，極關史事；尤其「表」更爲重要。黃梨洲「補歷代史表序」說：

司馬遷創爲本紀志表列傳，諸史皆用之。後漢即有志而無表，三國表志並無矣。以南朝而言，晉宋齊梁陳皆無表，梁陳並無志也。以北朝而言，魏齊周隋皆無表，齊周並無志也……豈非讀史者之憾乎？是故杜氏通典、鄭樵通志、（馬端臨）文獻通考皆足以補史志之缺文，而補表者古今以來無其人也。……余友萬季野，讀書五行並下，嘗補廿一史表五十四卷，朝士奇之，欲爲刋行，誠不朽之盛事也。（黃梨洲文集，一九五九，北京中華，頁三一六）

此外，梨洲又主張史學應同時注重曆法長術及地理，以考定時代之正確與否及史事的眞僞。（並見補歷代史表序）再如梨洲的弟子萬季野，也是任公所佩服的。萬季野論史，一、凡歷史不病繁蕪而病簡畧不明。二、反對

歷史講書法。（三百年學術史第八章，頁八七）這兩點主張也和任公相同。（參本文等五章第二節）

其次說到顧炎武。任公說：「我生平最敬慕亭林先生爲人，想用一篇短傳寫他的面影。……我深信他不但是經師，而且是人師。」「清代許多學術，都由亭林發其端，而後人衍其緒。」（學術史頁五十五，六十三）顧亭林論史，也以「致用」爲主；而任公却說：「歷史的目的，在將過去的眞事實，予以新意義或新價値，以供現代人活動之資鑑。」（專集之九九，冊二十三）亭林重史料、重「表」；以爲「年號當從實書」，魏人傳中自用魏人年號，吳人傳中自用吳年號，推之南北朝五代等等並各自用其年號，以力求眞實。（參閱何貽焜「亭林學術述評」，民國三十六年正中書局出版。頁二五〇、二五五）任公也重史料、重表，並主張力求史實，反對正統說。諸如此類，我們不能說都是巧合的。

第三，顧棟高的春秋大事表也給予任公很大的啓示。這點我們留待後面再說。

第四是章學誠。任公以爲清代史學界的偉大人物，屬於浙東產者最多（顧炎武是浙西派，宗朱熹。黃梨洲是浙東派，宗陸王。）清代浙東史學家以年代先後來說，依次爲：黃梨洲、萬季野、全謝山。我們現在先行介紹全祖望（字紹衣，號謝山。生康熙四十四年，卒乾隆廿二年。一七〇五——一七七五，年七十一。）謝山人格峻嚴狷介，著述有結埼亭集、經史答問、續宋元學案等。任公說：「若問我對於古今人文集最愛讀某家，我必舉結埼亭爲第一部了。……他（謝山）是個史學家，但最不愛發空論……他這部集記明末清初掌故約居十之四五。訂正前史訛舛約居十之二三，其餘則爲論學書札及雜文等………他最樂道晚明仗節死義之士與夫抗志高蹈不事二姓者……他所作南明諸賢之碑誌記傳等，眞可謂情深文明。其文能曲折盡情，使讀者自然會起同感。所以晚清革命家受他暗示的不少。」（學術史，頁九一，九二）可見任公在歷史傳記的著作上，頗受謝山的影響。清代浙東史學，由黃梨洲、萬季野全謝山起以至章實齋，都是任公所佩服的；特別是章實齋，更爲任公所傾倒。我們在近三百年學術史中國歷史研究法等書裏，隨時可以看到任公引申或表揚實齋的說法的話。

任公把章實齋和劉知幾、鄭樵並列，甚至認爲章學誠「以視劉子元鄭漁仲，成績則過之矣。」（近三百年學術史，第十五章）說他們三人在中國歷史哲學上都有極大的貢獻，史學觀念的變遷和發明和他們都有密切關係。（歷史研究法補編，頁六〇。專集之九九）幾乎認爲清代的史學，只有實齋配得上稱爲大師：

> 實齋以清代唯一之史學大師而不能得所藉手以獨撰一史。除著成一精深博大之文史通義，及造端太宏未能卒業之史籍考外，其創作天才，悉表現於和州亳州永清三志及湖北通志稿中。「方志學」之成立，實自實齋始也。（近三百年學術史，頁三〇四，專集之七五）

其他讚揚實齋的地方，我們毋須備引。在下列幾條資料中，可見任公受實齋影响的大概。1.任公講歷史研究法，認爲替文學家作傳，要轉錄他本人的代表作品或轉載旁人對他的批評。替政治家作傳，要登載他的奏議同他的著作等等。（歷史研究法補編，頁五一，五二）這是引申章學誠之說，章學誠以爲若替政治家寫傳，應交代清楚他們那些有關國家事務的章奏：

> 班氏（固）賈（誼）董（仲舒）二傳，則以春秋之學爲尙書也。其叙賈董生平行事，無意求詳，前後寥寥數言，不過爲政事諸疏，天人三策備始末爾。（原注：賈董未必無事可敍，班氏重在疏策，不妨畧去一切，但錄其言，前後畧綴數語，備本末耳。不似後人作傳，必盡生平，斤斤求備。）噫！觀史裁者，必知此意，而始可與

言尚書春秋之學，各有其至當，不似後世類鈔徵事，但知方圓求備而已也。（文史通義書教中）

說句老實話，任公對實齋雖很佩服，但對實齋的理論還缺乏深入的研究，如說「六經皆史」即什麽地方都是史料（歷史研究法補編，頁一六三）便絕不是章學誠的原意。如任公所說，作政治家的傳要登載他的奏議同著作，爲文學家作傳要錄他本人的代表作品云云，其中的技巧運用就並不簡單。不過任公的史學理論，不少得自實齋，那是不容否認的事實。又如：2.實齋推重邵念魯及念魯所著王陽明傳，而任公也如此（歷史研究法補編，頁五三、五七、六二）此外，3.任公認爲經、子、集，均從「史」出；認爲「合傳」有不少長處，甚至以爲清史應完全採用比合傳體裁更進一步的「叢傳」的作法。（歷史研究法補編，頁一五一，四〇；又專集之三十一清史例商）都是受了章學誠「六經皆史」等理論的影响所引申出來的。只要我們讀任公的中國歷史研究法補編時稍爲注意此點，便很容易看出任公的史學和實齋相類似的理論實在太多了。

三、梁氏同時代的學者與學說

給予任公史學新觀點的薰陶作用最大的是清代的常州派學者。本來，常州派講的是經學，但這啓發了任公的史學。而康南海（有爲）就是從「常州派經學」出身的。

本來，乾嘉學者大多從事考據，不問政治。但乾嘉以後，這種學者專事考據不問政治的態度，逐漸改觀了。任公在中國近三百年學術史裏說：

> 思潮之暗地推行，最要注意的是新興之常州學派。常州派有兩個源頭。一是經學，二是文學。後來漸合爲一。他們的經學是公羊家經說——從桐城派轉手而加以解放。由張皐文（惠言）李申耆（兆洛）開派。

兩派合一來產生一種新精神。就是想：在乾嘉間考證學的基礎之上建設順康間「經世致用」之學。代表這種精神的人是龔定庵（自珍）和魏默深（源）這兩個人的著述，給後來光緒初期思想界很大的影響。這種新精神爲什麽會發生呢？頭一件，考證古典的工作，大部分被前輩做完了，後起的人想開闢新田地，只好走別的路。第二件，當時政治現象，令人感覺不安。一面政府箝制的威權也陵替了，所以思想漸漸解放，對於政治及社會的批評也漸漸起來了。（專集之七五，頁二十五）……那時候新思想的急先鋒，是我親受業的先生康南海。他是從「常洲派經學」出身，而以「經世致用」爲標幟……。（同上，頁二十九）

清代的常州學派，是這樣產生的。他們所提倡的是「經世致用」。他們治春秋主張宗法公羊傳，莊存與（方耕。有「春秋正辭」）是公羊學的初祖，發明公羊微言大義，傳給他的外孫劉逢祿（申受，著有「公羊何氏釋例」）於是此學大昌。龔自珍魏源戴望都屬這一派。晚清時王闓運著公羊箋，其弟子廖季平關於公羊著述尤多發明，康有爲從廖氏一轉手，公羊學說就越發引起世人注意了。

清末民初的常州學派，最大的貢獻是刺激新思想的興起。原來，常州派學者反對東漢以後的古文，要恢復西漢以前的今文。以爲東漢以後，解經的人都在訓詁名物上作工夫，忘却了主要部分。這派的主張，牽連到孔子的政治論，都說孔子作春秋的用意就是內聖外王。自常州派莊存與劉逢祿提倡今文後，在學術界佔很大勢力。有兩個人籍貫雖非常州，但不能不算常州一派。一個是魏源，著有海國圖志皇朝經世文編，頗努力於經世致用之學。一個是龔自珍，著有定盦文集，關於政治上的論調，極多反抗專制政體的話。魏龔二氏的理論，對於新學家刺激力極大。康梁的思想就是從這一系統而來的。在說到梁任公受康有爲的影響之前，不能不繁瑣的把此中關係敘述一下。

明白了上述常州學派的背景，我們便容易理解：任公在他的史學著述裏，何以接受新學的熱誠常洋溢於字裏行間？何以受進化論物競天擇的痕迹這樣顯明了。

要看任公在南海處所受影响的程度，最好看他的「讀書分月課程」。這書是任公在光緒十九年甲午（時任公廿一歲，一八九三年）授學於粵，推演康有爲長興學記之意而寫成的。（參閱「讀書分月課程」康有爲序。又年譜頁十八，二十）

古人經學必首詩書……然自僞古文既行，今文傳注，率經闕失。詩之魯齊韓，書之歐陽二夏侯，蕩刧尤甚，微言散墜，索解甚難。惟春秋公羊穀梁二傳，巋然獨存。聖人經世之大義，法後王之制度，具在於是。其禮制無一不與羣經相通，故言經學，必以春秋爲本。春秋之義，公穀並傳，然穀梁注劣，故義甚闇昬。公羊注善，故義益光大。又加以董子繁露，發明更多。故言春秋，尤以公羊爲歸。（專集之六九，頁一）

以爲言經學必以春秋爲本；言春秋又必當宗公羊。於左傳則隻字不及。至於「史」，任公說：「史學大半在證經，亦經學也。」他講讀史的方法，也完全是康有爲說法的「翻版」：

治經之外厥惟讀史。康先生（南海）教人讀史……分爲六事。一曰政。典章制度之文是也。二曰事，治亂興亡之跡是也。三曰人，爲賢爲惡可法戒者是也。四曰文，或駢或散可誦習者是也。五曰經義，史記漢書最多而他史亦有。六曰史裁，史記新五代史最詳而他史畧及。學者可分此六事求之。（原注：上四門是陸桴亭語，下兩門乃康先生所定。）（同上，頁二，三）

後來任公寫歷史研究法補編，裏面分爲「人的專史」「事的專史」（此篇原書缺，但可參閱「歷史研究法」第六章「史蹟之論次」及有關「紀事本末」的作法與改良等的理論。）和「文物的專史」（此即「讀書分月課程」所指「典章制度之文是也。」）應該與上列六事中的前三項有點關係。讀書分月課程又論「讀史」之道說：

太史公最通經學，最尊孔子。其所編世家列傳，悉有深意。是編不徒作史讀，並可作周秦學案讀。漢書全本於劉韻之續史記，其中多僞古文家言，宜分別觀之。後漢名節最盛，風俗最美，讀之有令人向上之志，其文字無史漢之樸拙，亦無齊梁之藻縟，莊雅明麗，最可學亦最易學，故讀史當先後漢書。（專集之六九，頁三）

這段文字，對任公的影響程度，在本文第一章第一節談及任公與史記時已交待過。這裏不再贅述。

其次，我們要說到任公講學最契的夏曾佑和譚嗣同。任公十九歲識夏曾佑（穗卿），二人來往最密並不斷切磋則在任公二十二歲（光緒二十年，一八九四年）時。民國十三年，夏氏卒。任公寫亡友夏穗卿先生一文，說：

近十年來，社會上早忘却有夏穗卿其人了。穗卿自貧病交攻，借酒自戕。……穗卿是我少年做學問最有力的一位導師。穗卿既不著書，又不講學。他的思想，只是和心賞的朋友偶然講講……印出來的著作，十幾年前只有商務印書館出版的一部中國歷史教科書……他對中國歷史有嶄新的見解——尤其是古代史，尤其是有史以前。他對於佛學有精深的研究……穗卿和我都是從小治乾嘉派考證學有相當素養的人，我們對於從前所學生極大的反動……要把當時壟斷學界的漢學打倒……我們當時認爲：中國自漢以後的學問全要不得的，外來的學問都是好的……。（文集四十四，上，冊十五，頁十八—廿二）

可見梁夏二人對知識的飢渴，特別是外來知識。這裏所說夏曾佑所寫的中國歷史教科書，疑即中國古代史。夏曾佑的史學，絕對不專以舊史——本紀列傳的「正史」——爲全無瑕疵，他寫歷史灌注了當時生物學家達爾文之種源論進化論的觀點。他定太古三代爲「傳疑時代」，說：

人類之生，決不能謂其無所始。然其所始，說各不同。大約分爲兩派：古言人類之始者爲宗教家，今言人類之始者爲生物學家……生物學家者，創於此百年以內。最著者英人達爾文之種源論。其說本於考察當世之生物與地層之化石，條分縷析，觀其會通，而得物與物相嬗之故……。（中國古代史，頁一，二。一九三五年商務印書館出版。一九五五年北京三聯書店據原紙型重印。）

他又論中國史的分期說：「中國之史，可分爲三大期，自草昧以至周末，爲上古之世。自秦至唐，爲中古之世。自宋至今，爲近古之世。」（同上，頁五）這些論調，都是受了西方史學的影響，正如任公所說「外來的學問都是好的」，於是都接受了。以達爾文進化論的新觀點去治史，以西洋史上古、中古、近代的正統分期法（這是西方文藝復興時代的產物）硬生生的套進中國史裏，其中的問題這裏無須討論，但任公的史學觀點却也如出一轍。（說詳後）此外，任公對「佛教」的問題也常與夏曾佑討論，（年譜頁三四）這是任公受夏氏影響的另一面。

任公二十二歲和譚嗣同交遊，（光緒二十年甲午，一八九四年。譚氏卅歲）譚嗣同著仁學，每成一篇，必和任公往復討論。（三十自述，楊廷福「譚嗣同年譜」一九五七，北京人民出版社，頁七八）梁譚於學問上無所不言，每共居，則促膝對坐一榻，往復上下，窮天下之奧。或澈數日夜，廢寢食，論不休。每十日不相見，則論事論學之書盈一篋。（任公「仁學序」）可見他們在思想上的相互影響。任公自說受仁學的影響至大。（學術概論，頁六十二）譚嗣同的思想淵源至爲龐雜，他的思想來源，主要是佛學、王夫之的學說，西洋的自然科學和一部分社會知識。任公說他：「治佛教之唯識宗華嚴宗，用以爲思想之基礎，而通之以科學。又有今文學家太平大同之義，以爲世法之極軌，而通之於佛教。」（學術概論，頁六十六）歸納來說，譚氏仁學的其中兩個論點，和任公後來史學的理論很有關係，那就是：一、用科學的方法治史；二、擺脫舊史學的束縛而另創新史學。我們且看任公在淸代學術概論中的話：

英奈端倡「打破偶象」之論，遂啓近代科學。嗣同之「衝決網羅」（仁學自敍語）正其義也。仁學之作，欲將科學哲學宗教冶爲一爐，而更適於人生之用……（仁學）盡脫舊思想之束縛，戛戛獨造，則前清一代，未有其比也。（專集之卅四，頁六十七）

仁學欲將科學哲學宗教冶爲一爐，任公後來的歷史研究則欲將科學、歷史和提倡愛國心冶爲一爐，而創立更適於當時人生的「新史學」。

此外，黃遵憲（公度）、蔣智由（觀雲）也常與任公來往論學。黃公度著有日本國志，頗獲好評；任公寫曾國藩傳時，曾和黃氏通書商討。（參麥若鵬著「黃遵憲傳」，頁卅二—四，又一〇六—七。一九五七年，上海古典文學出版社出版）蔣觀雲頗解史學。梁蔣交遊在光緒二十八年（一九〇二年，任公卅歲）因傾倒蔣觀雲的文字而相識的。（年譜，頁一七二）蔣氏在光緒三十年寫信給任公，並連同友人□漁卿（不知其姓，參年譜頁二〇〇，一九七）所著的中國民族權力消長史寄給任公請教，任公對此書很讚賞。那時任公正編寫國史稿，（就是光緒廿八年壬寅以來，任公計畫編著的「中國通史」。年譜頁二〇〇）其中頗著意於「中國民族外競」的部分，他看見漁卿的書後，竟表示「不敢專述外競，蓋萬不能有加也。」任公給蔣觀雲的信說：

> 示及漁卿來示，及中國民族權力消長史均讀悉。渙公苦刻勵，今之墨子也，欽佩無任，今不復書，俟到東時，再圖良晤耳。民族史組織之完密，考證之詳碻，陳義之高尚，洵稱空前之作，度其中經先生參訂者必多多邪。佇望全書之脫稿，將來影响知愛國心者，必不可思議矣。鄙人外競史之作，見此書後將擱筆矣。……承示及武士道補遺諸條，感謝無量。（年譜頁二〇〇）

任公著中國民族外競史及中國之武士道，主要目的在「見我先民種種武德，其所以能造名譽之歷史於古代者，實非天幸。」（同上引）梁蔣鑑於西洋之所以强盛，武士道精神爲其主因之一，（任公、蔣觀雲都這樣以爲。參蔣氏「中國之武士道」序。專集之二十四） 故此用歷史事實鼓勵國人發掘我國此種蘊蓄已久的美德。蔣觀雲雖不見有何重要的史學論著，但他能給任公的中國之武士道拾遺補缺，足見其史學也有相當成就的。而且，任公史學所以「致用」——鼓舞國人的愛國心——這一史學的目標的形成，蔣觀雲等最少有推波助瀾的作用。

任公幾個通曉西文的朋友，直接間接幫助任公接受了西洋新史學家的治史方法或觀點。那就是丁文江、胡適和嚴復。

民國七年，任公以私人資格到歐洲遊歷，同行的有蔣百里、張君勱、丁文江等人。任公在法英兩國的演講，多是丁文江替他翻譯。梁丁兩人因此接觸的機會特別多。丁文江對任公有了較深的認識。丁文淵在梁任公年譜長編前言裏轉述丁文江對任公的看法和建議：

（丁文江）與任公坐談之際，嘗謂任公個性仁厚，太重感情，很難做一個好的政治家。……又謂任公的分析能力極强，如果用科學方法研究歷史，必定能有不朽的著作。因此勸任公放棄政治活動，而從事學術研究。任公亦深以爲然……（任公）當時還正在他鼎盛的時候，居然能夠聽一個青年後輩的勸言，翻然改圖，從事學問，終身奉守不渝。只有任公具有那種「譬如昨日死」的精神，才能確實做到。……（丁文江）並且介紹了好幾部研究史學的英文書籍，任公根據此類新讀的材料，寫成中國歷史研究法一書。以後許多學術的著作，也就陸續出版，成爲民國史學上的一位大師。

這說法或有誇張。但任公確很受丁文江的影响，他在近三百年學術史第一章叙述晚明最後二三十年的學術趨勢時指出，「晚明有兩位怪人，留下的兩部怪書。其一爲徐霞客……所著的書名曰霞客遊記……其二爲宋長庚，是一位工業科學家，他所著……天工開物，用科學方法研究食物被服用器……而兩部書一洗明人不讀書的空談……。」此外，任公在歷史研究法（頁七十七）裏也提到丁文江對徐霞客的研究。我們知道，丁文江對徐霞客和宋應星(長庚)都很有研究，丁氏撰有徐霞客年譜，近人胡適葉良輔等都有介紹丁氏對徐霞客研究的成就。（參張效乾編「徐霞客紀念論集」，民四十五年，台灣中華文委會）丁氏又曾輯宋長庚傳畧，任公在三百年學術史裏也引用了丁文江的重印天工開物始末記（原書頁八，又參「中國科學技術發明和科學技術人物論集」中的賴家度所著「天工開物及其著者宋應星」一文，一九五五，北京三聯）可見丁氏對任公的史學確頗有影响。

任公比胡適大十八歲，（胡氏生於一八九一，梁氏生於一八七三）戊戌政變時任公二十五歲，胡適仍是一個七歲的小孩子。以輩份來說，胡氏也是「青年後輩」而已。胡適受任公的影响很大，（看他的「四十自述」可見。）但任公一樣受胡適的影响。胡適的中國哲學史大綱，用實驗哲學的眼光來敘述批評先秦哲學家，最注重的是各家辨證法，這正是從前讀先秦哲學書者所最不注意的，他那全書有系統的敘述，也是前所沒有的。可注意的是他在哲學史大綱裏所表現的治學方法；藉着這部著作，他無形中介紹了西洋新史學家的治學的方法，影响於學術界甚大。錢賓四師說：

梁任公談諸子，尚在胡適之前，然其系統之著作，則皆出胡後。因胡氏有中國哲學史，而梁氏遂有先秦政治思想史。（炳綿案，胡適的「中國哲學史」，卻受任公的「中國學術思想變遷之大勢」等文字的影響啓發。參本文「結論」部分。）因胡氏有墨辨新詁（未刊），而梁氏遂有墨經校釋墨子學案諸書。先秦政治思想史敘述時代背景，較胡書特為精密詳備，墨經亦時有創解，惟其指陳途徑，開闢新蹊，則似較胡氏為遜。（國學概論下冊，頁一四三）

又，民國九年，任公自歐洲返國，著成了清代學術概論一書，他自述撰著此書是受了胡適的慫恿和啓廸：「胡適語我，晚清『今文學運動』於思想界影响至大，吾子實躬與其役者，宜有以紀之。」（原書第一自序）稿成後，胡適對該書並有所是正，（原書第二自序）任公在書中也提到「蹟谿諸胡之後有胡適者，亦用清儒方法治學，有正統派遺風」（原書頁六）等語。

至於嚴復對任公的影响，可分兩點來說。先是，光緒二十一年，（一八九五年，任公二十三歲）嚴復受了甲午戰爭的刺激，在天津的直報上發表幾篇非常重要的政治論文：論世變之亟、原强、救亡決論及闢韓。（上四文並見「嚴復詩文選」，一九五九年北京人民文學出版社）這幾篇論文的思想——攻擊頑固守舊、反對專制、發揮類似西洋民主理論的思想，基本上和康梁的論調是相同的。特別是闢韓一篇，專就「新民德」一方面發揮，反駁韓愈原道的理論，指斥韓愈只「知有一人，而不知有億兆」的人民，以爲孟子所說「民爲貴，社稷次之，君爲輕」的話才是正確的。一年以後，任公在上海出版時務報，把原强、闢韓等文加以轉載。（參王栻著「嚴復傳」，一九五七年上海人民出版社）可見任公很欣賞嚴復的這幾篇文字。後來，（光緒廿八年，一九〇二年）任公寫新民說，新史學等文字，應當是有其淵源的。其次，是嚴復對西洋思想的介紹。嚴復在光緒廿一、二年間譯天演論——天演論原書名進化與倫理(Evolution and Ethics and other Essays)，是英國生物學家赫胥黎（T. Huxlcy）的論文集。嚴氏選譯其中的兩篇，簡稱爲天演論（亦即進化論）。可以說，進化論之輸入中國，是從嚴復開始——天演論未出版之先，即持其稿以示任公。（「年譜」頁三十二）因此儘管嚴復的思想後來逐漸轉變，從提倡君主立憲後退到反對君主立憲。但在「求變」及「進化論」的介紹這兩方面，已更加深任公在這兩方面的印象了。光緒廿八年，（一九零二年）他在信上提到任公的文字：

鄙誠所尤愛者，則(新民叢報)第一期之新史學，第二期之論保教，第三期之論中國學術變遷之大勢。凡此，皆非囿習拘虛者所能道其單詞片義者也。（嚴復詩文選，頁一五三，「與梁任公論所譯原富書」）

任公的新史學裏「歷史者敘述進化之現象也。」「欲提倡民族主義，使我四萬萬同胞强立於此優勝劣敗之世界乎？……史界革命不起，則吾國遂不可救」等論調，就是任公把「求變」「進化論」這些觀點灌注到史學裏。

任公是一個感覺敏銳的人，他隨時會吸收師友的理論精華和西方史學方法等等，而成爲他的「新史學」的一部分的。

第二章　史學觀念的革新

一、史的目標及範圍

任公對他自己所處的時代有着太多的不滿，如初期尚存的科舉制度，及國家的對外政策、國家的財政問題等等，他都看不過眼，而要求變，要求創新。爲什麽要變呢？孔子是聖之時者，也不斷的要求變，使適合當代的需要；因此，現代的一切事物，凡落後的、不適合的，都要變，都得另求新的面貌，新的內容和新的精神。

任公寫政論文章，大多以歷史事實爲根據，他又是好學的人，這是他後來致力國學而又以歷史爲重點的原因。因爲他對政治關心的影响，他講歷史時，自然也常常針對當代政治。所以任公論歷史，也求變、求新。他在清代學術概論裏，有一句很重要的話：

凡啓蒙時代之大學者，其造詣不必極精深。但常規定研究之範圍，創革研究之方法，而以新銳之精神貫注之。（專集之三十，頁九）

這很可以反映任公在史學上的著作及論據的用心。他就是想開創新的歷史研究方法，使史學貫以新銳的精神，從而使國家命運亦有新機的。他在死前的兩三年，（民國十五、十六年）曾論到「史」的五個目標：甲、求得眞事實。乙、予以新意義。丙、予以新價值。丁、供吾人活動之資鑑。戊、讀史的方式。（最後一目不能算是「史」的目的，他列舉的實際只有四項。）他論怎樣「求得眞事實」，其中的一項方法是「新注意」：

有許多向來史家不大注意的材料，我們應當特別注意它……例如用統計的方法研究任何史料，都可有發明。從地理上的分配及年代的分配考求某種現象在何代或何地最爲發達，也就是其中的一種。又如西域的文化，從前人看得很輕……有許多小事情，前人不注意，看不出他的重要。若是我們予以一種新解釋，立刻便重要起來。（專集之九九，頁七）

這就是任公的「創革研究之方法」。我們再看他論「予以新意義」和「予以新價值」：

所謂予以新意義，有幾種解釋……從前的活動，本來很有意義，後人沒有覓察出來，須得把他重新復活……如研究王荊公的新法，追求他本來用意究竟何在？從前大家都把他看錯了，都認爲他是一個聚斂之臣……其實荊公種種舉動，都有深意……。

所謂予以新價值，就是把過去的事實，重新的估價。……如晚明士大夫之抗滿清，在當時確是一種消極的無效果的抵制法，於滿淸之統治中國絲毫無損。但在辛亥革命時，才知道從前的排滿是有價值的…。（同上引）

這是他欲以新銳的的精神灌注於歷史之中，欲藉此使國家命運能有新機的用心。我們看任公治史的這點目標和觀念，不是很有意義的革新的歷史觀念嗎？

任公爲什麼有這樣的看法呢？原來，歷史固然主要是記述人間過去的事實，但世界學術日進，時移世異，事業不必盡同，以往的史家有他們應盡的本分。孔子作春秋，司馬遷著史記，司馬光編資治通鑑，都各有其原故和目的，舊史家只會想及當代的需要，絕不知千數百年後的人所需要的是什麼。因此，近世史家的本分職責，和過去的舊史家自然有不同，故任公說：

前者史家，不過記載事實。近世史家，必說明其事實之關係與其原因結果。前者史家，不過記述人間一二有權力者興亡隆替之事，雖名爲史，實不過一人一家之譜諜。近世史家，必探察人間全體之運動進步，即國民全部之經歷及其相互之關係。以此論之，雖謂中國前者未嘗有史，殆非爲過。（文集之六，中國史敍論，頁一）

古今史家的目標不同的地方，最少有上舉兩點。

目標既已革新，對「史」的範圍於是和以前也不同了。任公認爲「歷史，非國民自作之歷史，乃受之自他者也，非自動者而他動者也，其主動力所發，或自外，或自上，或自異國，或自本國。要之，皆由外部之支配，而非由內部之漲生。」（同上引）因此把範圍擴大了。單以「中國史」來說，因爲中國爲世界五大文明發生地之一，在世界史上佔重要地位，和泰西各國及日本常有交涉，故此中國史的範圍雖「在世界史以外」，但「二千年來亞洲各民族與中國交涉之事最繁頤，自歸於中國史之範圍。」（同上引）而治史者，絕不能只知有局部之史，而不知有全史，不能局於一地或局於一時代；不能只知有史學，而不知史學和其他學科——如地理學、人類學、言語學、羣學、政治學、宗教學、法律學、經濟學等——的關係。（參文集之九，「新史學」頁七—十）

史的範圍固然是擴大了。但絕不是毫無標準的擴大。既然「史」專門記述人類社會賡續的活動，因此凡「非活動的事項」例如天象地形等屬於自然界現象的，都屏之於「史」的範圍之外。（歷史研究法，頁一及廿九，三十）這樣看「史」的範圍，不能不說是劃時代的新見解，因爲我國歷來都把天文志、地形志等等，視爲史的範圍的。譬如，一般人都把春秋看作史書，任公則持相反的意見，認爲若視春秋爲史書，則是一本很拙劣的史書。他列舉過春秋的四個缺點（同上，頁十一）其中兩條是：

……所記僅各國宮廷事，或宮廷間相互之關係，而於社會情形一無所及。……天災地變等現象，本非歷史事項者，反一一注意詳記。吾儕因此可推見當時之史的觀念及史的範圍，非惟與今日不同，即與秦漢後亦大有異。又可見當時之史，只能謂之簿錄，不能謂之著述。（中國歷史研究法，頁十一）

任公對史的範圍，一則擴大增入新的內容；二則把舊史中不必要的部分屏棄。其實，我們也可用一句說話把任公對「史」的界說概括，那就是「史須爲國民而作」。新的歷史，其內容其範圍都更充實更豐富，而更適合於今日的羣衆之需要了。

二、史須爲國民而作

任公常說「史須爲國民而作」。（見「新史學」）在他的歷史著述中，確實時常踐履着這一主張。他爲什麼會有這種思想呢？原來他和譚嗣同發起反清活動時，曾經親身領畧過以歷史爲手段的效果。他們把黃宗羲的明夷待訪錄、王秀楚的揚州十日記印了幾萬本，加上案語，秘密散佈，刺激反清的思想，收到很好的效果。（清代學術概論。頁六二）因此任公在批評當代政治的流弊時，有時爲了避去直接激怒當時的專制政權，他很技巧地自歷史中去暴露政治制度弊病的由來。用歷史事實來說明，當然是更富於說服力的。

爲了踐履「史須爲國民而作」這一目的，任公在他的史學著作裏，常常爲民衆說話。而當時國民最需要的是民權與自由，任公在著述中便時常提及這兩個問題。

任公曾打算編著中國通史和中國文化史。（綱目見「專集」之四九，頁十五、十九）後來雖未能得遂所願，但在飲冰室專集中我們還可稍見其大概。他的中國文化史完成了社會組織編，全書八章，論「階級」的佔了兩章，討論貴族、門弟及奴婢的問題很詳細，對奴婢問題尤其着意。講到婚姻和男女的問題時，並引周禮「妻之爲言齊也，一與之齊，終身不改。」認定古代男女絕對的平等。（見原書頁六）他又有國文語原解一小書，表面上是對文字研究方面的論著，只是一字一字的作新的解釋，（其中也有幾個字排列在一起作比較的解釋的）但裏面所選的字，按其次序，無異便是中國文化史古代部分演進過程的縮影，由貴族、奴隸（其中釋「姓」「民」諸字可見）一直說到自由民權都有。茲試舉其中幾條：

中、正、直、平、均、齊——此數者，皆中國道德上之根本思想，而尤爲法律觀念之所從出也。是以比而論之。……說文直下云，正見也。……引申爲凡正直之義。詩小明：正直是與。傳：能正人之曲曰直。……所謂直者，義必公正，立心不偏黨也。……英文之 Right 本義爲正當，引申爲權利。日人以權利譯之。侯官嚴氏謂與原義不密合。詩：實爲我直，爰得我直。實含有正當與權利兩意。故謂Right of men宜譯爲人直或民直云。說文平下云：語平舒也。……詩：終和且平。鄭箋云：齊等也。……考中國平等思想，濫觴最早，而日日發達，以至於實行……故階級之界，日見消滅，至戰國時已不復留其痕。（文集之二頁十頁五一—三）

可見任公不單只借公羊孟子之說以發揮他的民權平等之類的說法，在其他的論著裏，也常有這類借題發揮的文字的。再看任公對「法」字的解釋，也可畧見他對「自由」的看法：

> 釋名釋典藝云：法，逼也。人莫不欲從其志，逼正使有所限也。此雖非初義，然與近世學者所言法之觀念甚相近。所謂莫不欲從其志者，言人人欲自由也。使有所限者，自由有界也。逼者，即强制制裁之意。而制裁必軌於正，則我國之觀念也。（同上，頁四十六）

任公對自由的觀念如此，故說「服從者，天下最惡之名詞，……而爲國民必不可缺之性質也。……服從者，實自由之母。眞愛自由者，固未有不眞能服從者也。」（文集之十四，「服從釋義」。）

不過，談到「民權」問題時，却不可誤會任公以爲民權之說古已有之。他寫先秦政治思想史，說：

> 民權之說，中國古無有也。法家尊權而不尊民，儒家重民而不重權。道墨兩家，此問題置諸度外，故皆無稱焉。今所欲論者，各家對於「民衆意識」其物，作何觀察，作何批評，作何因應而已。（專集之五十，頁一七七）

此外又提到古代的民本思想，討論到尙書「天視自我民視，天聽自我民聽」「民之所欲，天必從之」等話，指出古代天子大都能重視民意，以民意爲可貴的歷史事實，以爲君主必須有對人民積極負責任的精神；反之，君主不能踐其責任，則人民有革命的權利。故說：

> 自由與干涉對待，政治上干涉主義之利病，在我國先秦時代，實爲學界諍論最劇之問題。結果不干涉主義，殆佔全勝。此主義以不可抗的權威，常臨乎歷代君相之上。故秦漢以降，我國一般人民所享自由權，比諸法國大革命前之歐洲人殆遠過之……至於暴君，則自昔聖賢皆認革命爲正當權利，在學理上未嘗

少爲假借也。（同上，頁四）

任公這些文字，都是有爲而發。他自序先秦政治思想史說：「倘（此書）足以藥現代時敝於萬一，斯則啓超所以報先哲之恩我也已。」這書的結論，又以如何解脫現代人生黑暗與痛苦，如何使精神生活與物質生活調和？如何能使吾中國人免蹈近百餘年來歐美生計組織之覆轍，不至以物質生活問題的糾紛，妨害精神生活的向上：……等作結。他的理論正確與否，我們暫不批評，但任公正在踐履着「史書須爲國民而作」的目的却是非常顯然易見的。

三、公羊三世與進化論

任公筆帶情感，這是衆所公認的；他對國家的愛護，欲國家富强的熱誠，更時常洋溢於字裏行間。而要對自己的國家要有較深的認識，尤其重要的是它的「政治」。任公論學術、論歷史，都特別重視政治，便是這原故。他在先秦政治思想一書中，開始便說：

> 我國自春秋戰國以還，學術勃興，而所謂百家言者，蓋罔不歸宿於政治。其政治思想有特色三：曰世界主義，曰平民主義或民本主義，曰社會主義。……

「詞章」絕非任公所重視，「考據」他也以爲無足輕重，唯有政治才是他最重視的，因爲一個人若留心政治問題，則其人必「素有治天下之心，於歷代治亂興亡沿革得失所以然之故，日往來於胸中。既徧思舊法，何者可以治今日之天下，何者不可以治今日之天下，抉擇既熟，圖窮匕現，乃幡然知泰西之法，確有可采，故其轉圜之間廓如也。」（與林廸臣太守書，文集之三，頁二，三）因此任公的歷史論著，很喜歡以本國及列國的近政近事和古代比較論述，以求治今日之天下所當有的方法或政策。他認爲「政治」教育才是最重要的「大教育」，認爲大中學校忽畧了政治教育，是最使人痛心的事！（愛國論，文集之三，頁六九）

而在舊典籍中，影响他深遠並且便於發揮政治理論政治理想的便是「公羊三世」說——據亂世、升平世、太平世。任公的史學著述裏，幾乎隨處都有「公羊三世」理論的發揮，或這些理論的痕跡。例加先秦政治思想史：

> 孔子作春秋，第一句曰「元年春王正月」，公羊傳云：「何言乎春王正月，大一統也。」紀年以魯國，因時俗之國家觀念也。而正月上冠以一「王」字，即表示「超國家的」意味。春秋之微言大義，分「三世」以明進化軌跡。第一「據亂世」，『內其國而外諸夏』。第二「升平世」，『內諸夏而外夷狄』。第三「太平世」，『天下遠近大小若一，夷狄進至於爵』。（原注：公羊傳注哀十四年。）蓋謂國家觀念僅爲據亂時所宜有，據亂云者，謂根據其時之亂世爲出發點而施之以政也。治之目的在平天下，故漸進則由亂而「升」至於平。更進則爲「太平」。太猶大也。太平之世，非唯無復國家之見存也，抑亦無復種族之見存。（第十七章，統一運動。專集第十三冊，頁一五四）

這也即是春秋的微言大義，是爲當時社會補偏救敝而發。春秋十二公二百四十年分爲三世，一世比一世進步，顯然是「進化」的最好說明，因此達爾文的進化論思想一傳到任公的腦海，便深存不滅並變本加厲。任公便也和孔子一樣（照康梁的說法）認定人類若肯努力，世運必日日向上。他是時常以這觀念來看歷史和寫歷史的，如中國文化史（社會組織篇。專集之八十六）一開始便以社會進化的觀點立論：

近世社會學者，多言人羣之始，先有母系而後有父系。母系云者，以母爲家族中心，子孫皆從母爲系屬也。現代尚有存其影响者，例如暹羅……。

甚至證許愼鄭玄之誤也純粹以社會進化的觀點，並以新學說來解釋，而只是稍爲提出證據：

說文婚下云：歸家也。禮，娶婦以昏時，婦人陰也，故曰昏。……士昏禮注云：士娶妻之禮，以昏爲期，因而名焉。必以昏者，陽往而陰來。今案：許鄭三君皆以陰陽之義說昏禮所以用昏時之故。此不通古俗而穿鑿傅會也。實則暮夜取便掠奪耳。易：匪寇昏媾。緣寇與昏媾最易相混也。此皆非借今日之新學說，無以解之。及夫後世蠻俗盡去，而其蛛絲馬跡，猶存諸禮制中。蓋禮之起緣於慣習，所從來遠矣。（國文語原解。「取、娶、婚」條。文集之二十，冊七。）

此外，任公解釋「王」「田」「男」「蟲」諸字的意義時，也純粹出之以社會進化的觀點，（同上，頁三八，三九及四二）特別值得注意的，是任公對夏禹治水的意義的看法：

大禹所以能創此大業，固由社會進化自然之運。而實則大禹之人格有以鑄成之。凡社會之能進化，固其本性；而使之進化者則人也。社會進化者，全社會之人同進之謂。而導率社會多數以進者，又恒在一二人，古今中外能進化之社會，皆其歷代聖哲豪傑人格之化成也。明此義則可與語禹業矣。………以此（治水）事實故，能使吾民族知自然界之威虐，可畏而終非甚可畏也……知人類精力所注，無不可制服之天然。此人定勝天之理想所由生也。（紀夏殷王業。專集之四十四，頁三）

任公的這種進化論，是有積極性的。他說「社會進化者，全社會之人同進之謂」，循此以往，便自然討論到任公所看重的「羣學」問題。故此任公在交代清楚大禹治水等業蹟之後，又說夏禹的所作所爲，在「使人民知欲抵抗天然利用天然，其道莫如合羣協力；知羣體越擴，則利用厚生之資愈饒；知轂薄相爭，不如交通互利。」（同上頁四）此外，又如春秋載記（文集之四十五）强調中國社會有進化，中國才能統一；並指出周初封建以本族文化爲根幹而條布之於四方，經數百年之後，餘下十幾個文化較盛的國家互競雄長。這時各國各有其特性，並漸趨於成熟發越。這是春秋進化的第一步。其後朝聘會盟，征伐無虛歲；唯列國爭鬥頻數，交際接觸便也繁密，於是列國特性也逐漸融會構成一種通性。這是進化的第二步。

任公對史蹟，對歷史事實的發展演變過程的處理是運用了進化論的觀點已如上述。任公對於歷史事蹟眞僞的分辨，也以「進化」的眼光來看：

我們打開馬驌繹史一看，裏面講遠古的事蹟很多，材料亦搜得異常豐富。假使馬驌所根據那些無窮資料全是眞的，那末，中國在盤古時代，業已有文明的曙光，下至天皇地皇人皇伏羲神農軒轅，典章文物，燦然大備，衣服器物，應有盡有，文化眞是發達極了，許比別的古代文明還高得多。

不說繹史，就打開最可靠的漢書藝文志，裏面載神農黃帝時代的著作不知道有多少，至於伊尹太公的著作更是指不勝屈。要是那些書都是眞的，則中國文明與世界文明的進化原則剛剛相反……若相信神農黃帝許多著作，則殷墟甲骨，全屬假造。不然，就是中國文明特別的往後退化。否則爲什麼神農黃帝時代已經典章文物燦然大備，到商朝乃如彼簡陋低下呢？（古書眞僞及其年代，頁二、三。專集册廿四）

這是用「進化系統紊亂」的原則，以判定繹史和漢書藝文志裏面其中的部分爲不可靠、爲虛假。此外，他辨文

學作品的眞僞，方法之一也是用「時代思想紊亂，進化源流混淆」的進化演進公例去鑑別的。（同上引，十一、十二）

任公把「公羊三世」——據亂、升平、太平……認爲「純是進化的軌跡。」（「孔子」，專集之卅六，五十一。）他這一觀點，混合了一中一西的兩種觀點而成。「公羊三世」「進化論」本來是中西兩種理論，但到任公手上却合而爲一了。不過，後來他對這觀念有過修正。

民國十二年，任公五十一歲，他寫了一篇文章，名爲研究文化史的幾個重要問題，這文章的副題是「對於舊著中國歷史研究法之修補及修正。」他修補及修正的其中一點是歷史進化觀：

歷史現象是否爲進化的——我對於這個問題，本來毫無疑義，一直都認爲是進化的。現在（民國十二年）也並不會肯拋棄這種主張，但覺得要把內容重新規定一回。孟子說：「天下之生久矣，一治一亂。」這句話可以說是代表舊史家之共同觀念。我向來最不喜歡聽這句說話，因爲和我所信的進化主義不相容。但近來我也不敢十分堅持了。我們平心一看，幾千年中國歷史，是不是一治一亂的在那裏循環？何止中國，全世界只怕也是如此。……說孟子荀卿一定比孔子進化，董仲舒鄭康成一定比孟荀進化，朱熹陸九淵一定比董鄭進化，顧炎武戴震一定比朱陸進化，無論如何，恐說不去……。

我要……重新修正進化的範圍，我以爲歷史現象可以確定爲進化者有二：一、人類平等及人類一體的觀念，的確一天比一天認得眞切，而且事實上確也著著向上進行。二、世界各部分人類心能所開拓出來的「文化共業」，永遠不會失掉。所以我們積儲的遺產，的確一天比一天擴大。只有從這兩點觀察，我們說歷史是進化。其餘只好編在「一治一亂」的循環圈內了。（文集之四十，冊十四，五—七）任公非常渴望於西方新學的輸入和吸收，他曾「無所選擇」的介紹西方新學，當然他自己也會「無所選擇」的吸收。像進化論，他要全盤接受，並揉合了「公羊三世」說，公羊三世由據亂而升平而太平，的確是一步一步的「進化」。任公把「進化論」納入史學裏，自然也會有這種看法——認爲歷史一代比一代「進化」，一級比一級「進化」，但後來發覺孔子孟子荀卿董仲舒鄭康成朱熹陸九淵顧炎武戴震，並不是一個比一個「進化」，才發覺了「歷史進化論」必須修改一下。他在「研究文化史的幾個重要問題」的結尾補充說：「總結一句，歷史爲人類活動所造成。而人類活動有兩種：一種是屬於自然系者，一種是屬於文化系者。」而認爲自然系的活動是「非進化的性質」，加物質文明，從漁獵、游牧、耕稼、工商一步一步的發展，乃至洋樓鐵路飛機潛艇等等，固然是前人所未夢見，但這只是人類自然系的活動的進展，而不是進化。對這問題，任公解釋說：「第一，要問這些物質文明於我們有什麼好處？依我看，現在點電燈坐火船的人類，所過的日子，比起從前點油燈坐帆船的人類，實在看不出有什麼特別舒泰處來。第二，要問這些物質文明，是否得着了過後再不會失掉？中國千門萬戶的未央宮，三個月燒不盡的咸陽城……如今那裏去了呢？……可見物質文明這樣東西，根柢脆薄得很，霎時間電光石火一般發達，在歷史上原值不了幾文錢。」（同上，頁六）所以他認爲物質文明，只是堆積的而不是進化的，故此自然系的活動，是「非進化的性質」。只有文化系的活動，加人類平等及人類一體的觀念及永不會失掉的人類的心所開拓出來的「文化共業」，才是進化的，可以積儲並擴大的。

毫無疑問，任公的歷史進化論，是比以前發揮得較澈底較完滿。的確，加果任公能多活十年，而又能專心的去治學，不論在史學和其他方面，必會有更多的修正，而使學術界裨益更大的。

四、歷史人格論及歷史正統論與書法論

任公在中國歷史研究法第六章史蹟之論次裏，曾花了不少的篇幅討論「因果律」的問題。後來，他又以爲「我們既承認歷史爲人類自由意志的創造品，當然不能又認他受因果必然法則的支配，其理甚明」，而把從前的說法推翻了。事實上，任公寫歷史研究法時，他自己對「歷史因果律」的認識還不十分徹底，自承「爲這個問題，着實惱亂我的頭腦。」（研究文化史的幾個重要問題，頁三）科學上的因果律是比較容易理解的，但任公承認他因爲想令他所愛的史學取得科學資格，便努力發明史中的因果，（同上引）因此才創立「歷史因果律」的理論，無怪說起來使他自己也迷亂了。

不過，任公在解釋歷史因果時却提出了一個很值得我們注意的問題，那就是「歷史人格」論。他說：

> 史界因果之劈頭一大問題，則英雄造時勢耶？時勢造英雄耶？換言之，則所謂「歷史爲少數偉大人物之產兒」「英雄傳即歷史」者，其說然耶？否耶？羅素曾言：「一部世界史，試將其中十餘人抽出，恐局面或將全變」。此論……確含一部分眞理。試想中國全部歷史加失一孔子，失一秦始皇，失一漢武帝……其局面當何如？……淸代思想界失一顧炎武，失一戴震，其局面又當何如？其他政治界文學界藝術界，蓋莫不有然。此等人得名之曰「歷史的人格者」。何以謂之「歷史的人格者」？則以當時此地所演生之一羣史實，此等人實爲主動——最少亦一部分的主動——而其人面影之擴大，幾於掩覆其社會也。
>
> 文化愈低度，則「歷史的人格者」之位置，愈爲少數所壟斷。愈進化則其數量愈擴大。其在古代，政

治之汙隆，繫於一帝王；教學之興廢，繫於一宗師，則常以一人爲「歷史的人格者」。及其漸進，而重心移於少數階級或宗派，則常以若干人之首領爲「歷史的人格者」。及其益進，而重心益擴於社會之各方面，則常以大規模的團體之組織分子爲「歷史的人格者」。……由此言之，歷史的大勢可謂爲由首出的「人格者」，以遞趨於羣衆的「人格者」。愈演進，愈成爲凡庸化；而英雄之權威減殺。故「歷史即英雄傳」之觀念，愈古代則愈適用，愈近代則愈不適用也。（中國歷史研究法，專集之七十三，冊十六，一一三—四）

可見所謂「歷史人格」，其實就是指歷史上的人物之足以代表一社會性或時代性或集團性者。如孔子，春秋時代最少有一部分屬於孔子個性的集團化；加王陽明，晚明思想界可說是王陽明個性的時代化。任公認爲：一個劃時代的歷史大人物，因爲有民族心理和社會心理——特別是近世以來，民族意識亢進，在歷史上所表現的社會心理民族心理尤其鮮明——的作用，故此一個人的個性，可以擴充爲一時代一集團的共性。其實，這一時代或這一集團的共性，也是「個人心理之擴大」的化合品而已。

任公認爲愈進化，則「歷史的人格者」的數量越擴大。這觀念也是他的公羊三世說的引申。試看：

博矣哉，春秋三世之義也。治天下者有三世。一曰多君爲政之世。二曰一君爲政之世。三曰民爲政之世。多君世之別又有二：一曰酋長之世，二曰封建及世卿之世。一君世之別又有二：一曰君主之世，二曰君民共主之世。民政世之別亦有二：一曰有總統之世，二曰無總統之世。多君者，據亂世之政也。一君者，升平世之政也。民者，太平世之政也。（論君政民政相嬗之理，文集之二，頁七。）

這樣一引申，任公自然認定一部廿四史，完全是君權發展史，不過其中也不乏「歷史的人格者」而已。時至今日，理想的史學著作，應爲「民史」，不再是「君史」了，故說「史須爲國民而作」。（已見本章第二節）治史者怎樣才能達到這目的呢？這就必須細心探究「歷史的人格者」這一問題的發展，找出改造歷史的方針：

治史者能專注意此點，（即歷史的人格者）其間接促起民族意識之自覺力，抑非細也。中國過去之史，無論政治界思想界，皆爲獨裁式。所謂積極的民衆意識者甚缺乏，無庸諱言。治史者常以少數大人物爲全史骨幹，亦屬不得已之事。但有一事須常目在之者：無論何種政治何種思想，皆建設在當時此地之社會心理的基礎之上，而所謂大人物之言動，必與此社會心理發生因果關係者，始能成爲史蹟。大人物之言動，非以個人的資格而有價值，乃以其爲一階級或一黨派一民族之一員的資格而有價值耳。（中國歷史研究法，頁一一五）

可見任公並不重視個人的資格地位，始終都是反對一家一姓的史書；但若那人足以代表一時代某方面的思想之類，任公却又不會否認他在歷史上的價值。因此，他又反對正統論：

中國史家之謬，未有過於言正統者。言正統者，以爲天下不可一日無君也，於是乎有「統」，又以爲天無二日民無二王也，於是乎有「正統」。「統」之云者，殆謂天所立而民所宗也。「正」之云者，殆謂一爲眞而餘爲僞也。千餘年來，陋儒斷斷於此事……自爲奴隸根性所束縛……。（「新史學」論正統條，文集之九，頁二十）

他以爲「統」這一名詞源於春秋公羊傳的「大一統」，認爲春秋「通三統」之義正以表明天下爲天下人的天下，絕非一家一姓所私有。加果斷斷爭辨一家一姓私有的「正統」，實有違古聖哲的主張。他道：

春秋所謂大一統者，對於三統而言。春秋之大義非一，而通三統實爲其要端。三統者，正以明天下爲天下人之天下，而非一姓之所得私有，與後儒所謂統者，其本義既適相反對矣。故夫「統」之云者，始於霸者之私天下，而又懼民之不吾認也，乃爲是說以箝制之曰：此天之所以與我者，吾生而有特別之權利，非他人所能幾也……「統」之既立，然後任其作威作福，恣睢蠻野而不得謂之不義，而人民之稍强立不撓者，乃得坐之以不忠不敬大逆無道諸惡名……故泰西之良史，皆以敘述一國國民系統之由來，及其發達進步盛衰興亡之原因結果爲主，誠以民有統而君無統也。（同上引）

一論正統，則史書將成爲一家的譜諜，一人的傳記，而不能得「全史」之實，故應以國之統屬諸萬民，不能以國之統屬諸一君，故必須掃盡君統的謬見，以免有礙於史書的撰述，並爲生民毒害。

正統之辨，本始於晉朝而盛於宋朝。朱熹通鑑綱目列爲正統的朝代是：秦、漢、東漢、蜀漢、晉、東晉、宋、齊、梁、陳、隋、唐、後梁、後唐、後晉、後漢、後周。及清朝乾隆間御批通鑑繼朱熹列爲正統的朝代是：宋、南宋、元、明、清。而所謂正統的標準，任公歸納爲六個原則：

一曰以得地之多寡而定其正不正也。凡混一宇內者，無論其爲何人，而皆奉之以正，如晉元等是。二曰以據位之久暫，而定其正不正也。雖混一宇內而享之不久者，皆謂之不正，如項羽王莽等是。三曰以前代之血胤爲正，而其餘皆爲僞也。加蜀漢東晉南宋等是。四曰以前代之舊都所在爲正，而其餘皆爲僞也。如因漢而正魏，因唐而正後梁後唐後晉後漢後周等是。五曰以後代之所承者所自出者爲正，而其餘爲僞也。如因唐而正隋，因宋而正周等是。六曰以中國種族爲正，而其餘爲僞也。如宋齊梁陳等是。（同上引，

頁廿一）

但是，這六者却常互相矛盾，常會通於此則窒於彼。例如以得地多寡來說，苻秦盛時，版圖遠大於司馬氏；宋金交爭時，金朝幅員有天下三分之二。但苻秦和金却未得列於「正統」。若夷狄不可以爲正統，則元淸當在擯棄之列。其他前後互歧，不能自圓其說的仍多。可見，從理論和事實來說，正統論都謬誤不足據，故任公說：「然則不論正統則亦已耳。苟論正統，吾敢翻數千年之案而昌言曰：自周秦而後，無一朝能當此名也。……然則正統當於何求之？曰：統也者在國非在君也，在衆人非在一人也。舍國而求諸君，舍衆人而求諸一人，必無統之可言，更無正之可言……後有良史乎，盍於我國民系統盛衰强弱主奴之間，三致意焉爾。」（新史學，同前，頁廿五）

任公既反對正統論，則史書中的所謂「書法」，他自然也是反對的。後世人論春秋好言什麼微言大義和書法，任公對此很不以爲然。以爲史家主要職責必須據實直書，認爲春秋不能算是史書，只是「明義」的書。時至今日，絕不能再守舊不變，絕不可再學古人的「書法」了。

吾壹不解夫中國之史家，何以以書法爲獨一無二之天職也……爲獨一無二之能事也。……史家之言曰：書法者，本春秋之義，所以明正邪別善惡，操斧鉞權褒貶百代者也……春秋之作，孔子所以改制而自發表其政見也。生於言論不自由時代，政見不可以直接發表，故爲之符號標識焉以代之……唯春秋可以有書法。春秋經也，非史也；明義也，非記事也。……吾以爲一民族之進化墮落，其原因決不在一二人。以爲可褒則宜俱褒，以爲可貶則宜俱貶。而中國史家，只知有一人之善焉惡焉功焉罪焉，而不知有一團體

之善焉惡焉功焉罪焉。以此牖民，此羣治所以終不進也。（同前引廿六—七）

社會的沒有秩序，中國人的缺乏公德心，都是羣治不進的原故；甚至中國的所以落後，所以未能改進，也是羣治不進的原故。因此史書再不應專以「書法」去褒貶一二人爲能事，否則便是專科罪於一二人，而爲衆人卸其責任罷了。

五、歷史的分期與紀年問題

歷史分期是一個極難有定論的問題，任公對這問題一時之間也解決不來。他在二十九歲時（光緒二十七年）不滿意於通鑑以「周紀」「秦紀」「漢紀」等名稱作爲歷史時代的區分，認爲司馬光這樣的區分無異「只見有君主，不見有國民也。」而以爲西洋人寫世界史常分爲「上世史、中世史、近世史」的名目雖仍不理想，但仍可取法。他採取西人的上世中世近世這一時代區分法時說：

歷史無間斷者也，人間社會之事變，必有終始因果之關係，故於其間若欲畫然分一界線如兩國之定界約焉，此實理勢之所不許也。故史家唯以此一權宜之法，就其事變之著大而有影响於社會者，各以己意約舉而分之以便讀者，雖曰武斷，亦不得已也。（中國史叙論，文集之六，頁十）

可見他那時採取西方人的這種時代區分法，也不過是權宜之法。所謂「上世史」，包括自黃帝以迄秦之統一。中世史，自秦一統後至清代乾隆之末年。近世史，自乾隆末年至今日。這樣的畫分，可議的地方太多了。後來，他寫地理及年代一文，（大抵在民國七年，四十六歲時。專集之四七，未列寫作年分，參本文所附年表）有較細密的分期法：

（一）遠古
- 前期（夏禹迄周東遷，前一三六四【？】—前七七一。）
- 後期（春秋戰國，前七七〇—前二二二。）

（二）近古
- 初期（秦漢，前二二一—紀元二一九年。）
- 中期（三國兩晉六朝隋唐，二二〇—九〇六。）
- 後期（五代宋元明，九〇七—一六四三。）
- 末期（清，一六四四—一九一一。）

（三）今代——民國紀元以後（一九一二年以後。）

任公這時的歷史年代區分，不特較前細密具體；同時在這種歷史分期上還表現了他的一套歷史進化觀念，也多多少少的反映了他在史學上的求革新的觀念。我們試看他自己說的話：

> 遠古近古今代之區別……其在政治上，則遠古爲分治的，貴族的。近古爲集治的，獨裁的。今代行將爲聯治的，平民的。其在文化上，則遠古爲發育的，近古爲保守的，今代行將爲蛻新的。凡百現象，皆儼若有一鮮明之幟志以示別……。（地理及年代，同前引，頁八）

他在這時對歷史年代的區分雖仍畧倣西方用「遠古、近古、今代」的名稱，但實際已名存實亡了。我們再看他寫的「中國歷史教本改造案並目錄」（文集之三十八，二六—三七）的第一部分「年代」，共分七課：

第一課　神話與歷史黎明期

第二課　春秋戰國

第三課　秦漢三國

第四課　兩晉南北朝

第五課　隋唐五代

第六課　宋遼金元

第七課　明清

和前面「地理及歷代」中的分法畧有出入，但完全沒有「上古中古近古」之類的區分痕跡。其實中國人講歷史，用斷代史的方式據朝代區分歷史年代，如先秦史、秦漢史、魏晉南北朝史等等，雖有帝王家譜之嫌，但一個王朝的興起，其政府的規模有可以維持數百年之久，在這一時期中變動比較少。突然這一王朝崩潰了，另一新王朝起而代之，當然在這兩朝代之間，歷史會起大變動，所以把斷代史來畫分時期，可說是一種自然畫分，自有其好處的。大概就是這原故，任公不再堅持通鑑以周紀秦紀漢紀等區分時代的方法為「只見有君主不見有國民」，因而採用了斷代史的方式把歷史年代畧據朝代來畫分了。

加果再看任公對「學術史」時代的畫分，就更知道他決不會堅持生呑活剝的以西洋史的三期區分法硬套進中國歷史裏。他在論中國學術思想變遷之大勢裏說：

吾欲畫分我數千年學術思想界為七時代：一、胚胎時代，春秋以前是也。二、全盛時代，春秋末及戰國是也。三、儒學統一時代，兩漢是也。四、老學時代，魏晉是也。五、佛學時代，南北朝隋唐是也。六、儒佛混合時代，宋元明是也。七、衰落時代，近二百五十年是也。八、復興時代，今日是也。（綿按，任公前稱分爲七時代，此處竟又有「八、復興時代」，且此處所言，與其全文內容亦畧有出入。此任公行文之粗疏也。）其間時代與時代之相嬗，界限常不能分明，非特學術思想有然，即政治史亦莫不然也。（文集之七，頁三）

任公不特在歷史分期上前後畧有不同，他對歷史紀年的看法也是如此。

歷史最重要的是時間觀念，而「紀年」就是記錄考證的最重要工具。任公以爲紀年是歷史的符號。而且凡在野蠻的時代，這類符號必繁而雜；在文明時代則必簡單而畫一。因此中國一向以帝王稱號作爲紀年的符號，一帝王死而又必再更易其符號，這是最「野蠻」而落後的方法。況且，紀年的目的之一是想人腦筋省力，故記號常欲其簡不欲其繁。所以中國用帝王年號的紀年法必當廢棄，然而廢棄之後又當用甚麽方式來代替呢？擺在面前的紀年方法有三，第一是耶穌降生紀元。他對這種紀年方法的意見是：

（耶穌降生紀元）此最爲廓然大公，且從於多數，而與泰西交通便利之法也。雖然，耶穌紀元雖佔地球面積之多數，然通行之民族，亦尚不及全世界人數三分之一……泰東史與耶穌教關係甚淺，用之種種不合，且以中國民族固守國粹之性質，欲强使改用耶穌紀年，終屬空言耳……此論似可拋置。（中國史敍論，文集之六，頁八）

耶穌紀年既有不便，於是提出「黃帝紀年」問題來。黃帝是我國民的初祖，用「黃帝」爲紀年，可以喚起國民同胞的思想，增長團結力；但「黃帝」的史實尙有問題，既無眞確年代可據，則決不能「據一書之私言，以武斷立定之。」此外又假設以堯紀元，以夏禹紀元，以秦統一紀元，以至甲子乙丑紀年，但都「無大理公益之可援引」，或由於「僅足供百年內之人之用」，而認爲都行不通。不得已，便提出孔子紀年的方法：

惟以孔子紀年之一法，爲最合於中國。孔子爲泰東教主中國第一之人物，此全國所公認也。而中國史之繁密而可紀者，皆在孔子以後，故援耶穌回教之例，以孔子爲紀元，似可爲至當不易之公典。司馬遷作史記，既頻用之，但皆云孔子卒後若干年……今法其生不法其死，定以孔子生年爲紀。（同上引）

後來，任公的文章有些就是以孔子生年爲紀元的，如三十自述後署「孔子紀元二千四百五十三年壬寅十一月」等是。任公用孔子紀年，當時很有人非常驚異的。如他自述在上海創立强學會時用孔子紀年，「當時會中一二俗士，聞之舌撟汗下色變。曰：是不奉今王正朔也，是學耶穌也！」（新史學，文集之九，頁三二）但任公却正色分辨道：「此太史（司馬遷）之例也。」而肯定「孔子紀年，殆可以俟諸百世而不惑矣。」（同上引，又參紀年公理，文集之三，頁三六）

其後，任公又寫了「改用太陽曆法議」（宣統二年，一九一〇，任公三十八歲。）對紀年的看法，便與以前不同，認爲改用「太陽曆法」會有更多的好處。他說：

日本當明治初年，廢太陰曆而用太陽曆。吾昔嘗姍笑之……由今思之，乃有以知其不然也。……陰曆不足以周今日之用……閏月之爲物，則使國家行政及人民生計，生無量之窒礙者也。其最甚者，莫如財政。夫欲整理財政，必先求預算決算之詳明正確……欲詳明正確……在定會計年度……每逢閏年，則國費殆增什之一……若於平年多置預備金，以承閏年之乏，是乃治絲而益棼之也……凡此等事，驟視之無足輕重，而處處影響於全國金融人民生計，非細故也……吾之所以倡改曆之議者在是……。（文集之二十五下，頁一、二）

任公主張改用陽曆，主要在便於收支預算的準確，主要從全國金融及人民生計方面着眼。至於他在歷史著作上用公元紀年，則他在歷史年代區分上已明顯的用公歷紀年來標識了。（已見上節，可並參專集四七，「地理及年代」一文）他主張用基督紀年的理由是：

舊史皆以帝王紀年，蓋捨此亦實無良法。然而破碎斷續，雖强記者亦不能徧，致使史蹟之時間的尺度，恆在朦朧意識之中，不便莫甚焉。故定出一畫一的紀年標準，實爲史者急切的要求。近年來討論此問題者，或議用孔子卒後，或議用帝堯甲寅，然皆不能言之成理。共和元年，現爲歷史上最初正確之年，則以之託始，在理論上固無可疵議。然即爲國人耳目所不習，且與世界史蹟比照，亦須多費一番換算。吾以爲史之爲物，以記述全人類活動爲職志……故所用記號，總以人類最大多數已經通行者爲最便。基督紀元，在今日殆可稱爲世界公曆，吾儕不妨逕採用之以作史之時間的公尺，無庸有彼我分別之見存也。（地理及年代，專集四七，頁七）

可見，越到後來，任公在歷史紀年上主張用耶穌紀元越堅定。（「地理及年代」作於民國七年，時任公四十六歲）他在歷史或其他見解上都常有修訂更改，我們論他的史觀，是必須注意此點的。

六、史家四長論

任公的史家四長論，寫於民國十五六年之間，是他晚年思想成熟時之作。史家四長的理論，是他綜合引申劉章二氏之論而成。唐劉子元說史家有三長：史才、史學、史識。及清章實齋補上一個史德，以爲史家只有三長仍不夠。劉子元對史家三長沒有較詳細的解釋，章實齋雖有史德一篇，說到史家心術的重要，但任公也以爲說得不圓滿。

任公論史家四長，確確實實是用新觀點新思想去發揮的，而且解釋得相當詳盡。一開始，在史家四長的先後次序的排列上，已經和劉章二氏有別。任公對四長的排列是：史德、史學、史識、史才。劉子元則以才爲先，學次之，識又次之；實齋則加上「史德」於才學識之後。單從排列上已可看到任公治史的重視客觀和實事求是，他認定心術端正才能「是非不謬於聖人」，才能不至因好惡而歪曲了史實。他曾說「作史必當以公平之心行之。不然，何取乎禍梨棗也。英名相格林威爾嘗呵某畫工曰：Paint me as I am 言勿失吾眞相也。」（李鴻章傳，文集之三，頁二）譬如他爲李鴻章作傳，就完全屏棄了「政治上爲公敵，其私家亦泛泛不深」的主見，而純以客觀的態度照實描畫李鴻章的一生。而寫史想眞能以公平的心行之，就非有史德的修養不可了。故任公首論史德，說：

歷代史家對於心術端正一層，大部異常重視……但尙不足以盡史德的含義。我以爲史家第一件道德莫過於忠實……即「對於所敘述的史蹟，純採客觀的態度，不絲毫參以自己意見」便是。（中國歷史研究法補編，專集之九九，頁十四）

他並鄭重的指出，「忠實」一詞，說來容易，做起來實難，作史最常犯的毛病是一、誇大。二、附會。三、武斷。故他又說：

總而言之，史家道德，應如鑑空衡平。是什麽，照出來就是什麽；有多重，稱出來就有多重。把自己主觀意見剷除淨盡，把自己性格養成像鏡子和天平一樣。但這些話，說來容易，做到眞難。我自己會說，

自己亦辦不到……。（同上引）

史德之後就是史學。任公對「史學」的解釋也空所依榜，全以他自己的意見去說明。他認爲要在史學上有較好的成就，首要的是「貴專精不貴雜博」；有了專門學問還要講點普通常識。所以專精同涉獵兩者不可少。大抵上應以十之七八的功力做專精的功夫，十之一二做涉獵的功夫。「專精」下苦功的方法約有三項：一、勤於抄錄。二、練習注意。三、逐類搜求（參歷史研究法補編）總括任公對奠定「史學」根基的看法，很看重史料的搜集和整理。他論史學，有一點更值得注意：

要想替國家作好歷史，非勞苦工作不可……腦筋訓練慣了，用在什麼地方都有益。誠然，中國史比西洋史難作。但西洋史或者因爲太容易的原故，把治學能力減少了……我主張要趁年富力强，下幾年苦功，現在有益，將來亦有益……。（同上引，頁二十）

他很重視功力，很重視學養——後天的學養，所以「史學」的次序僅次於史德，而史識史才都在史學之後。爲什麼要趁年富力强時多下苦功呢？爲了「替國家作好歷史」。這觀點似很平凡，但已充分反映他愛民族愛國家的熱情。

第三，論史識。任公以爲「史識是講歷史家的觀察力……觀察要敏銳，即所謂讀書得間，旁人所不能觀察的，我可以觀察得出來。……在自然科學，求試驗的結果；在歷史方面，求關聯的事實。但凡稍有幫助的資料，一點都不放鬆。」（同上引）他認爲「史識」就是「歷史家的觀察力」，這是何等的直截淸楚，因此治史者看一件史事，必須把來龍去脈考察淸楚，要用細密鋭敏的眼光去觀察。要養成正確精密的觀察力，則必須注意兩點：一、不要為因襲傳統的思想所蔽。二、不要為自己的成見所蔽。任公提出這些主張，目的在推陳出新，在擺脫傳統的束縛，甚至擺脫個人的成見的束縛，是顯而易見的。因為歷史是回頭看的，前人的意見，會有很大的權威壓迫我們。前人的話固然有可取之處，但前人如果全對，便用不着我們多費氣力了。我們自己的知識學養也在不斷的增加和改變，觀察力前後有所不同便也無足怪了。

第四是史才。史才專門講作史的技術，和前三項不同。劉子元論史家三長列「史才」為最先，為什麼任公反要把它殿呢？

有了史德，忠實的去尋找資料。有了史學，研究起來不大費力。有了史識，觀察極其銳敏。但是仍然做不出精美的歷史來。要做出的歷史，讓人看了明瞭，讀了感動，非有特別的技術不可。此種技術，就是文章的構造。（同上引）

我們治史，最後的一個步驟是要把尋找到的資料，整理過觀察過分析過的資料有系統有條理的編寫出來，這時便不能不講作史的技術。而所謂史才，就是指「作史的技術」，故任公把史才列於最後。

史家的文章技術，又分為二部。一、組織，須注意史料的翦裁和排列。二、文采，即字句詞章，須簡潔，盡可能達到「章無剩句，句無剩字」的標準；此外則須生動活躍。（參中國歷史研究法補編，專集之九九，頁二六）

總而言之，任公論史家四長，很能突破前人之說。

第三章　對正史和通史的見解

本章重點在說明任公對中國通史作法的主張。民國十七年，何炳松綜合劉知幾鄭樵章學誠及西洋學者的理論，著成通史新義一書，充分表現了那時史學界對較理想的中國通史的渴望。任公編著中國通史則較早，約始於民國七年，十一年又寫中國歷史研究法，專門討論「通史」的作法，十五、十六年之間，又演講「中國歷史研究法」，成研究法補編一書——專門討論「專史」的作法。他這些著作都早於何炳松通史新義，可見任公頗有「先見之明」。任公認爲，正史中的本紀列傳表志，都有缺點，他深深的感覺到鄭樵通志的失敗在忽略了本紀和列傳，因此他頗留意此點，在編著「通史」時似乎想重走鄭樵通志的路而加以變革。（參第四節）他論中國通史的著作方法先從革新舊史說起，提出革新本紀、列傳、表、志的主張，企圖吸收「紀傳體」的體裁的精華以施之於「通史」。

一、論本紀

本紀，是紀傳體史書的脈絡，但以皇帝爲主的本紀，有很多過於簡畧，應當重新作過。因爲所有本紀，在二十四史中都是編年體，作爲提綱挈領的線索，儘是些官樣文章。其內容多是上諭日食饑荒進貢任官一類事情，恍如流水帳。所以讀二十四史的人，對於名臣碩儒，讀他們的列傳還可看出一個大概；對於皇帝，讀他們的本紀，反爲看不清楚。皇帝的事往往散見在旁的列傳中，自然不容易得整個概念了。皇帝中亦有偉大人物，於國體政體上別開一個生面，如秦始皇漢高祖漢武帝漢光武魏武帝北魏孝文帝北周武帝唐太宗宋太祖元世祖明太祖清聖祖清世宗清高宗等等，都於一時代有極大的關係，但只看本紀，絕對看不出他們的人格和氣象。所以本紀需要革新的地方很不少。對於這問題，任公雖沒有直接談到，但據他所寫的清史商例初稿，我們可稍窺其中的消息。

本紀應注意的第一點是：應簡則簡，爲免重複計，制度興革不必瑣敘：

諸史本紀，詳畧互殊，大率以寓編年，且補表志，故單辭短章，駢舉離立，索然寡味，有類朝報，而於主德臧否，廟謨得失，或反不章。今既多立表志，則制度興革，大僚進退，各以類從，無憂罣漏。本諸史本紀中之具文記載，可省泰半。（清史商例初稿，專集之三十一）

而應注意交待「主德臧否，廟謨得失」，以見皇帝的人格高下及才智優劣。第二，主張詳敘皇帝個人在垂法制或征伐方畧上是否果有貢獻：

有清一代，令辟踵武，六七之作，度越前古，其間芟夷多難，拓展土宇，創垂法制，修明庶績，多由宸謨，非假羣力。……大征伐之方畧，大制度之變置，其發自宸斷者，務宜詳紀。（同上引。）

第三，皇帝本人的學養達到什麼程度，用人是否有識見，都應據事直書，不宜曲筆爲諱：

又或典學精勤，旁通多藝，斐然述作，爭席儒素，實文治之攸關， 抑國運之是繫， 中間禍亂以及衰亡，亦未嘗不由廟畧乖方寖成因果……。一朝用人，其爲治績所關者，不過十數輩，紀中宜特筆敘之，其末僚簡在，破格超擢者，尤宜致意。……帝學所臻，最宜詳紀。主德汙隆，務存直筆。（同上引）

第四，任公雖然認定天下非一人之天下，但君主對國家興衰實負有很大的責任，編寫本紀時尤應注意這點，不應只是捃摭邸鈔，敷衍塞責而已：

有清二百餘年，大權旁落之時至少。（按，原書標點頗多錯誤。今依朱師轍「清史述聞」頁一二四校改。）國之休戚，民之榮悴，校其功罪，則元首與居八九焉。修史者恆念在茲，則纂撰諸紀，豈得徒捃摭邸鈔，迤寫實錄，同貴與之帝系，比涑水之目錄云爾哉！（同上引）

對於正史中的「本紀」，任公提出了這四點革新的意見。四點意見都有共同的目標，想更透徹的描畫出皇帝本人的人格和氣象。這似乎頗受了西方史學「傳記」作法的影響。

二、論列傳

任公在論及「人的專史」時分爲列傳、年譜、專傳、合傳和人表五種。其實，年譜以下四項都是列傳的引申或補充而已。任公在歷史研究法補編裏，並未詳細論及列傳的革新方法，我們在這裏打算詳細些討論一下他對列傳的看法，因爲他對列傳曾提出過相當細密的革新方法， 細加分析， 則其中已包括叢傳和合傳等的做法了。

「列傳」的體裁和名稱，是沿用太史公以來成例，在舊史中極普通極發達。在廿四史中的列傳體裁，其中有些特別技術的應用。任公曾經特別指出過史記中某些列傳有其特別的用意，很多都是能道人之所不能道的。例如史記列傳首列伯夷叔齊，是「貴其讓國讓天下」，「仲尼弟子而爲列傳，尊教統也。孟荀列傳而包含餘子也，著兩大師以明羣學末流之離合也。老子韓非同傳，明道法二家之關係也。游俠有傳、刺客有傳，厲尚武之精神也……。」（論中國學術思想變遷之大勢，文集之七，頁五二。並參本文第一章第一節）這說明任公一向留心列傳體裁的應用技術，因此他提出的革新列傳的意見也格外的值得注意。

任公曾指出正史中的「列傳」裏有叢傳、別傳，別傳又分合傳和附傳。他說：

> 傳有叢傳，有別傳。別傳之中有合傳有附傳。此其大較也。「叢傳」如循吏儒林文苑孝義……大率諸史咸有……如後漢書之獨行，宋史之道學，蓋成爲一代之風氣，……非彙著一傳，無以表而出之。若在異代無其人而必求濫竽，亦惑而已矣。一代之史，必有一代之政俗……修史者察其政俗之所毗而立傳焉……。「別傳」各自離立，無義例之可言；然古之良史，未嘗不內爲軌範以消息而權衡之。部畫年代一也，比類相從二也，專傳少而附傳多三也。不善修史者，雜然並陳……則穢而已矣。亦有舉別傳而悉化爲叢傳者，若歐公五代史……魏默深私修元史全仿其例，曰勳戚，曰開國，曰四傑，曰誓渾河功臣，曰開國武臣……凡列傳之目三十有五，皆叢傳也。竊謂全史悉爲叢傳，雖編置易失諸湊附，然簡潔可喜，纂撰籀讀，皆加便易，且防閑濫傳，勢亦較順……。（清史商例初稿，專集三一，頁一二）

我們知道，任公對舊史諸多不滿，獨於「紀事本末」體却甚推崇，曾說：「紀事本末體，於吾儕之理想的新史最爲相近。」（歷史研究法，頁二〇）他對魏源的元史新編很推崇，以爲「其體裁實不失爲革命的，書中列傳標目很少，在武臣方面，合平西域功臣爲一篇，平宋功臣爲第二篇……又把武功分爲幾個段落，同在某段落立功者合爲一傳……全書列傳不過二十三篇，皆以事的性質分類。每篇之首，都有總序，與平常作傳先說名號籍貫者不同。我們但看總序，不待細讀全篇，先已得個大概。……這種作法，雖是紀傳體的編製，却兼有紀事本末體的精神，所傳的人的位置及價值亦都容易看出。」（研究法補編，頁五八）他的意思，想以「紀事本末體」的精神運用於「列傳」之上，相信在列傳方面只須改用魏著的體裁，就可耳目一新。

任公爲什麼要提出這樣的革新列傳的方法呢？以上雖已稍予解釋，但仍應稍予補充。他曾說：

南宋鄭樵似乎曾有偉大計劃，以通志代替十七史。但是沒有成功。除了二十略以外，看的人便很少了。他爲什麼失敗，只因他太不注意「紀傳」了。我們翻通志的「紀傳」看看，和十七史的有何分別，那裏有點別識心裁，讀者怎麽不會「寧習本書，怠窺新錄」。其實我們要做那種事業，並非不可能，只要用新體裁做傳，傳不必多而必須可以代表一部分文化……新史一定有很大的價值。（歷史研究法補編，頁九〇）

所謂「用新體裁做傳」，主要目的在要求達到能「代表一部分文化」，因此須用經過分析歸納和分類的工夫的叢傳或合傳或附傳。否則，因循苟簡，雜亂無章的縱使全史有無數列傳，也表現不出甚麽特點來。

三、「表」「志」在史書中的地位

史書要記述的事情太多了，有時過分瑣碎的事情不便叙述，也有些歷史人物不能盡替他立傳但却不能缺而不載，某些職官或宰相的世系須要交代，有時也不便有文字叙述，因此史書必須有「表」以輔助本紀和列傳之不足處。自史記創立十表，使史家在記事上有不少的方便。到了宋朝鄭樵通志二十略，其中有圖譜略，更加推闡了「表」的價值。史記的「表」主要在表年代世次，後人才逐漸擴而充之以應用於各方面。對於「表」的沿革，任公曾略爲提及：

史公仿周譜作十表，宜爲史家不祧之大法，踵起諸史或私家著述，歲力不逮，且付闕如。或史臣無識，遂從删汰。其沿襲者則亦太半。雖然，史記十表，表事者四，表人者六。有表事者，故本末犂然，得失章顯。有表人者，故蒐列無遺，立傳可省，文簡事增，莫良於是。後之作者，唯踵人表，舍棄事表，史公精意隳其半矣。（清史商例初稿，頁三）

大畧而論，史公把表分爲事表和人表兩大類。所謂事表，「必其事關國運且有始末聯屬者乃表之。代遠事長者爲年表，代近事短者爲月表。史遷例也。」所謂人表，「所以存人也。凡其人言論行誼無關於國運之汙隆，無資於民俗之法戒者，宜勿爲立傳。省雜傳以尊史體，斯其第一義矣。然有不容並其姓名畧歷而泯之者，欲廣其途而永其傳，惟表是賴。人表之作，斯其職志也。」（同引上）而在事表或人表的前後，應有序論，把事情的本末因果詳述無遺。對於事表和人表，任公比較重視「事表」。在事表之中，他又特別推重顧棟高的春秋大事表，顧表把全部左傳事蹟重新組織一過，而悉以表體行之，極便於學者，任公說：

這部書（春秋大事表）的體列，是將全部左傳拆散，拈出若干個主要題目，把書中許多零碎事實按題搜集起來，列爲表的形式比較研究。其有用特別眼光考證論列者，則別爲叙說論辨考等。凡爲表五十篇，叙說等百三十一篇。……治史的最好方法是把許多事實連屬起來比較研究……這些事實一件件零碎擺着像沒有什麽意義，一屬一比便會有許多新發明。用這種方法治歷史的人，向來很少。震滄（顧棟高字）這部書，總算第一次成功了。（近三百年學術史，專集之七五，頁九五）

這樣看來，「表」的作用有歸納史事或人物使學者對零碎的資料作進一步研究的作用。故此用「表」去治史，算得上一種新的方法。後來任公講「歷史統計學」，便把「表」也列進歷史統計學的範圍：

用統計方法治史，也許是中國人最初發明。史記的「表」，是模仿那「旁行斜上」的周譜，周譜這部書今雖失傳，想來該是西紀前三四百年人做的。後來歷代正史都有表，給我們留下種種好資料和好方法……顧棟高……春秋大事表……很有統計學的精神。我從小讀過這部書，實在愛他不過。常常想……把全部二十四史照他樣子按着我自己所要研究的目的分類做一部通表……。（歷史統計學，文集之三九，頁七十）

任公說他生平讀書最喜做表。他曾著中國佛教史，做了二十幾個表，他做表所用的時間和精神，常十百倍於著書。並說：凡遇複雜的史蹟，以表馭之，什九皆可就範。（歷史研究法，頁一〇九）

淸代學者所補各史的表雖多，任公認爲舊史所缺的表還不少，有繼續創作必要。他希望後人繼續去做的舊史所無的表有下列三種：（一）外族交涉年表：因外族侵入，對中國舊史關係最大，非用表分別表出不能得其興衰的眞相。例如匈奴年表，從冒頓起至劉淵赫連之滅亡表之。鮮卑年表，從樹機能始至北齊北周之滅亡表之等等。（二）文化年表：舊史都詳於政事而畧於文化，故這方面的表全沒有。宜補的如學者生卒年表、文學家生卒年表，佛教年表等等。（三）大事月表：史記的表，以遠近爲疏密。當歷史起大變化時事蹟所涉的方面極多，非分月表不能見其眞相。近代大事如明清之際月表、咸豐軍興月表、中日戰役月表、義和團事件月表、辛亥革命月表等等。（參三百年學術史，頁二八九—二九〇）根據任公對「表」的這種意見和看法，表在史書中的地位可想而知了。

其次我們討論史書中的「志」的問題。「志」，史記叫「書」。是史書中專門記叙典章文物制度的部分，這是任公最重視的。他說：「全史精華，唯志爲最。」（淸史商例初稿，頁七）因爲任公認爲「活動的體相」是「史」的意義之一，而古代史書中的天文地形等志，則非「活動的體相」，竟把天文地形以至記載天災地變等現象的「志」都屛諸「史」的範圍之外了。（參歷史研究法頁一，及十一）他曾把「志」的範圍重新畫定：

例如天文。自史記天官書迄明史天文志皆以星座躔度等記載，充滿篇幅。此屬天文學範圍，不宜以入歷史固也。雖然，就他方面言之，我國人何時發明中星，何時發明置閏，何時發明歲差……此正吾國民繼續努力之結果，其活動狀態之表示，則歷史範圍以內之事也。是故天文學爲一事，天文學史又爲一事。

例如音樂。各史律歷志及樂書樂志詳述五聲十二律之度數，郊祀鐃歌之曲辭，此當委諸音樂家之專門研究者也。至如漢晉間古雅樂之如何傳授如何廢絕，六朝南部俚樂之如何興起，隋唐間羌胡之樂譜樂器如何輸入，來自何處，元明間之近代的劇曲如何發展，此正乃歷史範圍以內之事也。是故音樂學爲一事，音樂史又爲一事。推諸百科，莫不皆然。（歷史研究法，頁三十）

這是明確的畫分史家應負的職守。又有些地方，任公也特別的再行多分作幾個項目。如舊史中的「食貨志」，往往包括範圍甚廣，界限含混。他把前史的「食貨」分爲貢賦、戶役、征榷、鹽法、錢法、國用六類（清史商例初稿，頁八、九）任公這一觀念是正確的。舊史家不明此義，故此他們所記述的常常會侵入各專門科學的範圍；而對於該科，終亦語焉不詳，以至史文繁重蕪雜，撰著者和閱讀者都兩不方便。如果明確畫分職守如任公所述，便可以節省精力於史之外，而善用之於史之內了。

任公曾畧舉清代學者所補的各史的志，他對所補的「志」有一點不滿的地方，那就是：

吾儕所最不滿意者，則食貨刑法兩志補者甚寡（注：僅有一家。綿案：係指郝懿行的補宋書刑法志食貨志各一卷），兩志皆最要而頗難作，食貨尤甚。豈淸儒亦畏難耶？抑不甚注意及此耶？（近三百年學術史，

頁二八九）

可見在諸志中，他較重視食貨志，這和任公平日的重視生計學的觀點是一致的。

四、中國通史的編著

很顯然，任公不滿於古代史書的缺乏渾然一體完整無缺的敘述，以及雜鈔史料不相聯屬等等的缺陷，有意另寫一部一氣呵成合乎現世紀的國民需要的中國通史。任公在二十九至三十歲時（光緒廿八年）已有編寫中國通史的動機，並似曾初步着手試行編寫過：

> 爾來……所志所事，百不一就，唯日日爲文字之奴隸，空言喋喋，無補時艱……一年以來，頗竭棉力，欲草一中國通史，以助愛國思想之發達，然荏苒日月，至今猶未能成十之二……。（三十自述，文集之十一，頁十九。）

但屏棄百事，專力編寫中國通史則約在民國七年四十六歲之時（參本文所附年表）。民國七年以前，雖偶有零篇斷章有關通史的文字，但大都是宗旨還未十分確定的。不過，任公因著通史而演爲其他論著的很不少。以下畧舉幾條見於任公年譜長編中的資料予以說明：

一、中國史敘論及新史學：光緒廿八年：「去歲以來，先生頗有志於史學，所以去年有中國史敘論一文，今年又爲新史學一篇。這兩篇文章便是任公著中國通史的準備和依據。」（年譜，頁一七三）

二、中國民族外競史：本書不見於今之飲冰室合集，專集中的中國之武士道疑即本書的引申或化身。光緒三十年：所著中國民族外競史改名國史稿，即前名之中國通史，已成二十餘萬言。（年譜，頁一九三）

三、地理及年代，中國歷史上民族之研究等文字，均爲任公在民國十一年於清華高師兩校的講稿。此外又有太古及三代載記、紀夏殷王業、春秋載記、戰國載記等（見專集之四十一至四十九。）疑均爲編寫通史的文稿之一部分。（年譜頁六三〇，並參本文附錄「年表」民國七年欄。）

中國通史雖然迄未完成，但因友人門人的慫恿或其他原因，任公曾一再打算邊寫邊付印。這在年譜中也常提及。光緒卅三年弟子何天柱給信任公促印國史稿：

我師所著國史，柱欲不用圖畫（原注：再版乃加入），從速印出，可得欵以救目前（綿案：指當時廣智書局營業不振事），不知師意如何？（年譜頁二二五）

宣統元年，何天柱又致書任公請付印國史稿：

國史先撰本朝（指清朝），恐披羅太費力。柱謂不如從上古撰起，既成一冊，即可出售，不必俟全書告成也。（年譜，頁二九七）

民國七年，任公屏棄百事，專力撰寫通史。五月，曾致書陳叔通論及著通史及商討出版的事，說：

所著已成十二萬言（原注：前稿須復改者頗多），自珍敝帚，每日不知其手足之舞蹈也。體例實無餘暇作詳書以告公，第自信前無古人耳。幸平（未詳爲誰氏）曾以半日讀四萬言之稿兩徧，謂不忍釋。吾計凡讀者或皆如是也。頃頗思先秦殺青（原注：約端午前可成）即先付印（原注：傳志別行，此惟有年表、載記、志畧三種。先秦之部都十一卷，冠以總序一卷，約二十萬言也），故願與公一商印事。鄙意極厭洋裝，惟有地圖有金石拓片，華裝能否善此？若能之，甚望商務爲特裝一仿宋鉛字印之……。（年譜，頁五四

三）

可見任公對這書的自信自負，以及計劃和規模的龐大。他又想和陳叔通等友人辦雜誌陸續把通史分期刊佈，廣求當時評騭。可惜這計劃沒有成功。（參年譜，頁五四四）同年，又致書其弟梁仲策（啓勳）云：

今日春秋載記已脫稿，都百有四葉，其得意可想，夕當倍飲以自勞，弟亦宜遙浮大白以慶我也。擬於戰國載記後，別爲秦以前文物制度志畧一卷，以後則兩漢三國爲一卷，南北朝、唐爲一卷，宋元爲一卷，清爲一卷，皆不以羼於載記，弟所編資料可從容也。（同上引）

看來啓超弟啓勳似乎替他編集過資料。到了是年八九月間，任公竟因傾全力於通史之作，著述過勤，患嘔血病。遵醫囑須戒酒少看書及戒著作。通史之作，於是在九月許便要暫時擱筆。

不過，任公晚年仍不忘通史之作。民國十三年，他致書（南開）師範大學史地學會提供了編寫國史教本的意見。（年譜，頁六六二。） 十五年任公五十四歲，二月，寫信給他的子女，希望梁思永、梁思莊二人能助他一臂以編著中國通史：

我所望於思永思莊者，在將來做我助手，第一件我做的中國史非一人之力所能成，望他們在我指導之下，幫我工作。第二件把我工作的結果譯成外國文，永莊二人當專作這種預備。（年譜，頁六九六）

可惜任公身體不好，此後不及三年（民國十八年一月十九日，他便病逝）便死去。梁思永在美專攻人類學和考古學，並學得很好的英文，但任公的通史沒有編成，想譯爲外文也成虛幻了。民國十六年時局變動甚劇，任公仍欲盡力完成通史之作：

思永說我的中國史誠然是我對於國人該下一筆大賬，我若不把他做成，眞是對國民不住，對自己不住了。（給孩子們的信。年譜頁七二六）

這時，梁思永正打算返國。三月廿一日，他又寫信給梁思永等討論時局及著書事：

若天津秩序不亂，我也許可以安居，便屏棄百事，專用一兩年工夫，做那中國史。若並此不能，那時再想方法。（同上引）

此外，是年夏間，任公和清華學校研究院的學生作北海之遊，對學生講話時，也特別提到自己要想發憤重新改造一部中國史的事，並認爲這是一件艱鉅的工作，絕非一人的力量所可辦到，非分工合作，是斷不能做成的。（年譜，頁七三八）總之，任公隨時隨地都表示了他這一心願，而結果不能達到，這不只是他的遺憾，也是史學界的損失！

以下，我們再約畧討論這通史的計劃和規模。

任公在民國十一年講的中國歷史研究法是專門「說明一部通史如何作法而已。」（研究法補編頁一，專集之七三）而歷史研究法却偏重於討論正史中的本紀列傳表志等問題的改造及史料的蒐集和鑑別諸問題，其中又特別推重舊史中的「紀事本末」體（參歷史研究法頁一〇一，及補編頁五八，九十等處）和鄭樵通志，但指出通志的缺點是忽畧了本紀和列傳的革新改良。故筆者以爲，任公想編著的中國通史是想重走鄭樵通志的路而加以變革。前面屢次提及他以寫通史爲對國家民族所負的重大責任，認爲編寫通史非一人的力量所能辦到，若非分工合作，絕不能做成。這些，都足以說明他的計劃和規模的龐大，試看他準備編著的中國通史的目錄：

一、政治之部——朝代篇、民族篇、地理篇、階級篇、政制篇上（中央）、政制篇下（地方）、政權運用篇、法律篇、財政篇、軍政篇、藩屬篇、國際篇、淸議及政黨篇。

二、文化之部——語言文字篇、宗教篇、學術思想篇（上中下）、文學篇（上中下。分爲：文詩詞曲本小說）、美術篇（上中下。分爲：繪畫書法雕刻髹治陶瓷建築）、音樂劇曲篇、圖籍篇、教育篇。

三、社會及生計之部——宗族篇、階級篇、鄉村都會篇、禮俗篇、城郭宮室篇、田制篇、農事篇、物產篇、虞衡篇、工業篇、商業篇、貨幣篇、通運篇。

以上的目錄附見於專集四一至四九之後（即歷史上中國民族之觀察等有關通史的文字之後）。故此，他這目錄應當也是寫於民國七年之間。這目錄之後又有原擬中國文化史目錄，計劃和規模也很龐大。他在這方面的著作迄未完成，不是沒有原故的。

民國十一年，他又有中學國史教本改造案並目錄一文。任公年譜（頁六六二）則說他在民國十三年七八月間曾致函南開師大史地學會商討過國史教本問題。但正如任公自道：他缺乏中學歷史教授的經驗。然則他所列的中學國史教本目錄分量和篇幅的過大，和中學課程的繁簡及時間都不能配合，是很顯然的。試看他的目錄：

第一部——年代（第一至七課）：神話期與歷史黎明期、春秋戰國、秦漢三國、兩晉南北朝、隋唐五代、宋遼金元、明淸。

第二部——地理（第八至卅七課）：現在領域概說、文化根據地之山東及河南、其二、山西之史的開拓、陝西之史的開拓、江漢間之史的開拓、淮域之史的開拓（江西附）、其二、薊遼之史的開拓、甘涼之史的開拓、浙閩之史的開拓、巴蜀之史的開拓、湘黔之史的開拓、兩粤之史的開拓、雲南之史的開拓、新疆內屬沿革、東三省內屬沿革、熱察綏三區內屬沿革、川邊及青海內屬沿革、外蒙古叛服沿革、西藏叛服沿革、朝鮮之內屬及喪失、安南之內屬及喪失、歷代內爭主要地理、其二、歷代外競主要地理、其二、經濟關係主要地理、其二。

第三部——民族（第卌八課至第六十課）亞洲東部歷史上之主要民族、現在中華民國國籍所包含的諸民族、中華民族之成分、其二、其三、苗蠻族同化之次第、苗蠻族與南詔大理、氐羌族之部分同化、氐羌族與月氏、氐羌族與西夏、氐羌族與吐蕃（西藏）、土耳其族概說、匈奴與中國關係、匈奴與世界關係、突厥與中國關係、其他之土耳其族與中國關係、東胡族概說、鮮卑與中國關係、契丹與中國關係、女眞（金、淸）與中國關係、蒙古與中國關係、蒙古與世界關係、中華民族擴大强固之原因。

第四部——政治（第六十一課至九十一課）：古代之部落政治、周代之封建政治、封建政治之崩壞、秦漢後之封建餘燼、君主政治之確立、郡縣制度之史的沿革、階級政治之蛻變及消滅、法律之制定及實施、其二、司法政制之史的沿革、中央政權運用之史的變遷、其二、行政監督機關之史的變遷、輿論之影響於政治、軍政之史的沿革、其二、武力之影響於政治、外交變遷大勢、漢唐對西域關係、六朝迄明對日本關係、漢迄明對歐洲交通、明淸對南洋關係、淸初對俄關係、鴉片戰役後對外關係、法越戰役後對外關係、中日戰役後對外關係、拳匪事件後對外關係、民權論之淵源與其勃發、淸季變法立憲之失敗、辛亥革命、民國十年來政治概況。

第五部——社會及經濟（第九十二課至一三九課）：姓氏、婚姻之習慣及制度、其二、宗法、繼嗣法之各種、喪禮及喪服沿革、葬禮及其迷信、祭祀、其二、奴婢制度沿革、其二、雜戶、歷代人口概算及人口問題、其二、土地制度沿革、其二、農業之發生及進步、植物之新輸入及種類加增、地主與佃丁、現在農村組織概況、水利行政、荒政、牧業之史的沿革、礦業之史的沿革、鹽業之史的沿革、原始工業、絲織及毛織業、陶瓷業、冶金業、其他工業之史的發展、市與商賈、商人在社會上地位之變遷、中古之對外貿易、其二、市舶司、實物交易時代、貨幣之起源及沿革、其二、鈔幣沿革、舊金融業沿革、航業沿革、近六十年之工商業、其二、其三、租稅制度沿革、其二、其三、現在之公債。

第六部——文化（第一四〇課至一九二課）：文字之發生及變遷、其二、其三、境內各異族文字之存滅、書籍之起源及發達、六經、先秦儒術一（儒家）、其二（道家）、其三（墨家）、其四（法家）、其五（陰陽家）、兩漢經學、兩晉玄學、道教之起源及其擴大、其二、佛教畧說、佛典之翻譯及研究、佛教諸宗之成立、儒佛道之教爭、唐代諸外教、六朝隋唐經學、宋代學術、其二、明代學術、元明以後之基督教、清代學術、其二、史學之發展、其二、文學變遷概說、詩、其二、詞、戲曲、小說、駢散文、繪畫之發達、其二、其三、彫塑之發達、建築之發達、其二、音樂之變遷、其二、曆學之發明及進步、其二、算術之發明及進步、醫藥之發明及進步、其二、其他科學之發明、歷代教育事業、其二、現代之教育界及學術界。（文集之三八，頁二十八—三十七）

我們不難看出，任公編寫中國通史的計劃蓄之於心已久，一旦要討論或編寫國史教本時，便會不自覺的拿出了原爲中國通史的計劃大綱的資料去代爲解決這一問題。上面列出的「國史教本」的目錄，我想看過之後大都會有不適於中學課程的感覺。任公如果眞能按照所列「目錄」編寫成書，則不論在分量和質量上必然都是一本很惹人注目的中國史，而不會被放入中國史教本之列的。

任公的這目錄當然有其缺陷和可議的地方，如第五部第一二七課「實物交易時代」，沒有理由安放在「中古之對外貿易」和「市舶司」之後；又如第六部第一四六至一五〇課，述先秦諸子學術，也不應在儒道墨法之後獨舉陰陽家而置名家縱橫家及雜家等於不顧。就算他所說「通史之作，非分工合作不可」這句話，也必會有人表異議的。但是，他前後堆積了近三十年編著通史的經驗，（由廿九歲迄五十七歲卒，先後共二十九年）他遺留下來的文字，自然非常的値得我們重視和參考。

第四章　專史的著作方法及理論

所謂「專史」，包括下列五種：一、人的專史，如傳記和年譜。二、事的專史，如專記東林復社，專考清世宗（雍正）的篡位事實等等。三、文物的專史，如政治史經濟史及文化史。四、地方的專史，如地方志或專記廣東的人物或安南朝鮮和中國的關係。五、斷代的專史，如把整部中國史劃分爲先秦兩漢六朝隋唐宋元明清，或在每一時代之中再劃分若干部分。任公的歷史研究法補編，就是偏重如何下手研究上述各種「專史」的。他說：

舊作（歷史研究法）所述，極爲簡單。不過說明一部通史如何作法而已。此次講演（歷史研究法補編）較爲詳細，偏重研究專史如何下手。因爲作通史本不是一件容易的事情，專史沒有做好，通史更做不好。若是各人各做專史的一部分，大家合起來，便成一部頂好的通史了。（專集之九九。頁一）

任公這次演講始於民國十五年十月六日，（止於民國十六年五月底。參姚名達「補編」跋）我們可以相信：他是因爲有過編寫中國通史的經驗，才有上述一番話的。寫通史誠然不容易，但說各人各做一部專史，合起來便成一部很好的通史，那就未免太簡單了，我們再看他自道寫中國通史的經驗和看法吧：

古人說：「一部十七史何從說起」。十七史已經沒有法子讀通，何況由十七史而二十二而二十四呢？何況正史之外更有浩如烟海的其他書籍呢？一個人想將所有史料都經目一徧，尙且是絕對不可能的事。何況加以研究組織，成爲著述呢？無論有多大的天才學問和精力，想要把全史包辦，絕無其事。我年輕時，曾經有此種野心，直到現在，始終沒有成功。此刻只想能夠在某部的專史，得有相當成績，便躊躇滿志了。所以凡做史學的人，必先有一種覺悟，曰：貴專精不貴雜博。（同上引，頁十七）

可見任公晚年治史，在竭力的使自己由雜博改變方向走到專精。故此再講「歷史研究法」時，便偏重「專史」的研究。甚至，他教他自己的兒子梁思成思永也是如此。思成曾打算寫中國宮室史，並以中國美術史爲副業，任公以爲宮室史很難成功，因古代建築什九被破壞，對其美術史反而寄予較大的希望。（參年譜頁七五八至七六〇，任公在民國十七年四月二十六日給思成的信。）不過，梁思成後來似乎一直沒有放棄過中國建築史的研究：梁思成曾朱和啓鈐等組織「營造學社」於北京，著作出版的除中國營造學社彙刊外，思成另編著營造算例，清代營造則例等。（參顧頡剛當代中國史學，一九六四，龍門重印本，頁一二三）後來，梁思成在一九五五年之間還寫過祖國的建築一文，（思成這一著作筆者未曾寓目。這一消息係據一九五七年茅左本所編的「我們的祖先的創造發明」，上海人民出版社出版，書後的跋所獲知者）至於梁思永則留學美國，學得很好的英文，專門從事考古學和人類學的研究。（參年譜民國十六年，頁七四三，七月三十日任公給陳仲恕（漢）介紹梁思永參觀古器物的信。玉器、瓷器和銅器三項，尤爲思永最喜研究）一九五四年四月二日梁思永逝世，一九五九年後人輯集了他的作品成「梁思永考古論文集」一厚冊。（北京科學出版社出版）任公希望他的兒子走專史的路，結果是成功的。

一、文化史傳記及年譜

以下討論一下任公對專史研究的問題。

他把專史分爲五種，其中因材料編寫尚成問題「暫缺」的有「事的專史」、「地方的專史」和「斷代的專史」。故此，歷史研究法補編全書似乎只完成了五分之二。其中論「人的專史」較詳盡也比較精彩，本節把它分爲「傳記」「年譜」兩點。至於「文物的專史」一部分，任公則析而爲三：政治專史經濟專史和文化專史。但任公以爲研究政治專史最初應該研究民族國土時代家族和階級等；研究經濟專史則應注意衣食住等消費問題，次生產，次交易，次田制水利等，其實這些都是「文化史」的範圍。（參任公「原擬中國文化史」目錄）因此，本節集中討論任公對文化史傳記與年譜的看法，因爲這已包舉他曾論列過的「專史」的內容了。

關於中國文化史的著作，專集之四九附錄了「原擬中國文化史目錄」一文，此文未著明寫作年月，大概寫於民國七至十年之間（因此文之前的「太后及三代載記」等文字，均多寫於民國七年。參本文所附年表）其目錄依次畧舉如下：

朝代篇、種族篇上下、地理篇、政制篇上下、政治運用篇、法律篇、軍政篇、財政篇、教育篇、交通篇、國際關係篇、飲食篇、服飾篇、宅居篇、考工篇、通商篇、貨幣篇、農事及田制篇、語言文字篇、宗教禮俗篇、學術思想篇上下、文學篇、美術篇、音樂篇、載籍篇。

很顯明地，這目錄缺乏連貫性。即使盡力搜備資料編寫，大抵亦會缺乏一氣呵成的優點。不過，這正反映任公治學的特點：他才大學博，不喜作狹窄專門的精密工作。他爲了達到編寫中國文化史的這大計劃，特地先寫了一篇極長的叙論，那就是中國歷史研究法。而他的中國文化史已成的只有很小的一分——社會組織篇。他的文化史的計劃和範圍，上自叙述歷史事實的朝代篇，下至研究圖書的印刷編纂收藏的載籍篇，凡關於中國的一切事物幾無不被包括在內。文化史的編寫方法是否應該如此，我們且不去管，但僅據這目錄，可見任公著書的膽力已足夠「呑全牛」了。（參鄭振鐸：梁任公傳——民四十四年香港天行出版社「飲冰室文集」附錄）後來，他論「文物的專史」編寫方法時，論「文化史」的做法似乎較前論勝一籌。我們再看他晚年提出的編寫中國文化史的次序和目錄：

甲、語言史　乙、文字史　丙、神話史　丁、宗教史　戊、學術思想史（再析而爲：一、道術史的做法；主要內容爲先秦諸子，隋唐佛學，宋明理學等等。二、史學史的做法。三、社會科學史的做法。四、自然科學史的做法。）己、文學史　庚、美術史。（歷史研究法補編，一三四—一六八）

把內容項目這樣的分配，是有他的理由的。因爲文化好比人的精神，可依精神系發展的次第以求分類的方法。文化是人類思想的結晶，思想的發表。最初靠語言，次靠神話，又次才靠文字。思想的發表有宗教、哲學、史學、科學、文學、美術等。故任公上列的目錄及次序，較以前所列舉的爲佳。這樣的編寫方法，縱使還有缺點，但文化史上的發展程序，總算有所交代了。

任公生平論史，很看重「文化史」的著作，以爲文化史是「史體中最高尙者」，但編著起來却不容易，因爲著者必須能將幾千年的事實網羅於胸中，「食而化之，而以特別之眼光，超像外以下論斷」，然後才能爲完全的文化史。（均見文集之四，「東籍月旦」頁九六—七）他爲什麽這樣看重文化史呢？以下一段話可稍窺此中消息：

中國爲地球上文明五古國之一，且其文明接續數千年未嘗間斷，此誠可以自豪者也。唯其文明進步變遷之跡，從未有叙述成史者。蓋由中國人之腦質，知有朝廷而不知有社會，知有權力而不知有文明也。

（同上，東籍月旦）

使國人知道朝廷之外有社會、權力之外有文明，以刺激國民的新元氣，這是他看重文化史，要編著文化史的原因。民國十一年十一月，他因講學過勞患心臟病。十二年春他在報上登載「養病謝客啓事」，在病中他却發起創辦文化學院於天津，刊佈「爲創辦文化學院事求助於國中同志」一文，從這事，也很可以反映任公對「文化」的重視。他在文中說明發起創辦「文化學院」的緣起和宗旨：

啓超確信我國儒家之人生哲學，爲陶養人格至善之鵠，全世界無論何國無論何派之學說，未見其比，在今日有發揮光大之必要。啓超確信先秦諸子及宋明理學，皆能在世界學術上佔重要位置，亟宜爬羅其宗別，磨洗其面目。啓超確信佛教爲最崇貴最圓滿之宗教，其大乘教理尤爲人類最高文化之產物，而現代闡明傳播之責任，全在我中國人。啓超確信我國文學美術在人類文化中有絕大意義，其資料之豐，世界罕匹，實亙古未闢之無盡寶藏，今日已到不容局鑰之時代，而開采之須用極大勞費。啓超確信欲創造新中國，非賦予國民以新元氣不可，而新元氣決非枝枝節節吸收外國物質文明所能養成，必須有內發的心力以爲之主。以上五事實爲其萌芽種。啓超確信當現在全世界懷疑沉悶時代，我國人對於人類宜有精神的貢獻，即知識方面亦宜有所持以與人交換。以上五事之發明整理，實吾儕對世界應負之義務。……欲從事於發明整理，必須在舊學上積有豐富精勤的修養……乃能勝任……。（年譜，民國十二年，頁六三五）

儒家的人生哲學、先秦諸子及宋明理學、佛教、文學美術、歷史——這五事就是「文化」的主要內容。上述的五者之中，還蘊藏不少極豐富的寶藏，只要我們對它盡心盡力的整理，必然可藉此增加國民的新元氣，從而由學術來領導政治，創造新中國。所以，「任公先生之於文化史，亦朝夕常言之，欲爲此以治史。任公先生之於史，猶之秦味經之於禮，旁縱九流，無所不賅。」（林志鈞「飲冰室合集」序，頁三）只可惜時局動盪，上天又不多假任公以年壽來完成完整無缺的中國文化史而已！

至於現在通行的中國文化史社會組織篇（專集之八六，冊十八。有單行本，後附「國文語原解」及「中國古代幣材考」二文）是任公在民國十四年秋冬間的演講稿（參姚名達中國歷史研究法補編跋。年譜竟隻字未提及）這書很著重敘述古代人的平等和階級畫分的不甚嚴刻。引用的資料有些很「新」，如引日本桑原騭藏的蒲壽庚事蹟；（參原書頁八八）照錄聞諸「故老」的史事等。如述淸康熙間「奴變」一役：

「奴變」一役，遍及江南全省，此事唯聞諸故老。知縉紳之家，罹禍極烈……事之始末，官私文書紀載極稀……。（專集之八六，頁四五）

又如照錄任公自己故鄉的風俗及鄉治情形等，（原書頁四六，五八）以至藉着議論唐以來沿海大都市，以譏責日本英國的政治野心：

明淸以還……東西互市，頓呈中落之象。中間倭寇滋擾，幾與明祚相終始，國人厭惡外夷之心日益甚，馴至有海禁之設。淸中葉後，英人橫行海上，馴至有「毒藥戰役」，我師熸焉，作城下盟。今之所謂通商口岸，非復昔所云矣。（同上引，頁九五）

又由唐律疏議討論到「領事裁判權」的問題，討論到是否應當「苟在吾境當用吾法」的問題時，嘆惜說：

明史日本傳云：「成化四年十一月，使臣淸啓復來貢，傷人於市。有司請治其罪……淸啓奏言：『犯

者當用本國之刑。』……帝俱赦之。自是使者益無忌。」……此領事裁判權痛史之第一幕也矣！（原書頁一〇〇）

他在文化史裏的這種寫作態度或方法及借古議今等手法，都是值得我們注意的。

任公討論到做「專傳」的方法時，很多時就是以「文化史」爲主要對象的。他主張把中國全部文化分爲三部：一、思想及其他學說。二、政治及其他事業。三、文學及其他藝術。在這三部中找幾十個代表人，每人給他做一篇傳，這些代表人須有永久的價值，最少可代表一個時代的一種文化。當然，三者雖有別，但精神仍要互相照顧；各傳雖分，同類的仍要自成系統。這樣，完全以人物做中心，若做得好，可以用一百篇傳記包括中國全部文化。這種以傳記方式來編寫文化史的方法，自然有優點也有缺點，任公自己也分析得頗清楚。（參歷史研究法補編，頁九〇—二）這裏暫不討論，先表列他用傳記方式寫文化史的大概如下：

甲、思想及
- 一、思想
  - 1.先秦時代：孔墨孟莊等。
  - 2.漢代：董仲舒、司馬遷、王充等。
  - 3.三國兩晉南北朝：（未列舉代表人選）。
  - 4.北宋：張載、二程等。
  - 5.南宋：朱、陸、呂祖謙等。
  - 6.明：王守仁等。
  - 7.清：顧、黃、顏、戴、章等。

其他學術

- 二、佛教：鳩摩羅什、道安、慧遠、玄奘等。
- 三、學術
  - 1. 經學：鄭玄、許愼等。
  - 2. 史學：劉知幾、鄭樵等。
  - 3. 科學：秦九韶、沈括、梅文鼎等。
  - 4. 考證學：錢大昕、王念孫等。

乙、政治家及其他事業家

- 一、皇帝：秦始皇、漢武帝等。
- 二、實際的政治家：周公、子產、商鞅……李鴻章、孫文等。
- 三、羣衆政治運動的領袖：陳東、張溥等。
- 四、民族向外發展的領袖：張騫、班超等。

丙、文學家及其他藝術家

- 一、文學
  - 1. 戰國楚辭（屈原）。
  - 2. 漢賦（司馬相如）。
  - 3. 三國六朝詩及駢文（曹植、陶潛、庾信等）。
  - 4. 唐代詩文（李、杜、韓、柳等）。
  - 5. 宋詞：歐陽修、柳永等。
  - 6. 元明曲、小說：王實甫、高則誠；施耐庵、曹雪芹等。
- 二、藝術家（未列舉人選）

上列的思想家或文學家或政治家之類，並非每人都給他做「專傳」，如果性質相同或有密切關聯的就做合傳，如王安石和司馬光、曾國藩和胡林翼、程顥和程頤，都應做合傳。任公在論「人的專史」時，很讚成用史記合傳的方法和精神去改良舊史。

他對邵廷采（念魯）思復堂文集中的歷史著作如王門弟子傳、劉門弟子傳、姚江書院傳和明遺民所知傳等都很推重，讚他體裁均極優美。爲什麽呢？因爲任公論史重紀事本末體，而「合傳」則有紀事本末體的精神。（參第三章第二節）例如光緒末年，任公鑑於歐美和日本人以爲中國對異族作戰及遠征必敗北，爲了掃除此種觀念，他寫張博望班定遠合傳評叙張班二人通西域諸國的功業。此外，他又寫中國殖民八大偉人傳、中國之武士道，（這書完全是合傳的書爲孔子曹沫等數人作傳）以至意大利建國三傑傳等，（均見專集冊三、冊四、冊六等處）這都是他用合傳的體裁寫成的史學論著。

至於個人的專傳如孔子傳玄奘傳之類的作法，任公的說法似無太特出的地方。但是，他對年譜的寫作意見，却很有創新之處。譬如，編著者批評「譜主」的話，任公以爲不可插入原文之內，而應作爲「附錄」。他說：

> 本來做歷史的正則，無論那一門，都應據事直書，不必多下批評。一定要下批評，已是第二流的腳色……不下一句斷語，而能令讀者自然了解這個人的地位或價值，那才算是史才。……胡適之（章實齋年譜）有好幾處對舊說下批評，固然各人有各人的見解，但我總覺得不對，而且不是做年譜的正軌……如果……把自己的見解做成叙文或做附錄，專門批評譜主的一切。那麽，縱使篇幅多到和年譜相等，也不相妨

了。（歷史研究法補編，頁八〇）

然後，他又在「關於附錄」一節，討論年譜中宜闢「附錄」一項以載批評的意見，考證異同的文字和輯錄譜主的文章等等。並且認爲做年譜若只叙錄譜主由出生至卒年的事蹟，有時仍不能完全包括譜主的全體。爲什麽呢？因爲：

要知譜主的全體，單從生年叙到卒年還不夠。他生前的家況，先世的系統，父母兄弟的行事……與其旁文斜出，分在各年之下，不如在「正譜」之前作一個「世譜」。王陽明年譜的世德紀，便是「世譜」的一種格式，因爲王陽明的父祖是有名的學者……所以作者抄錄別人替他們做的傳和墓誌銘在一處作爲年譜的「附錄」……這種「世譜」和「小傳」之類，我們也可叫做「譜前」。譜主死後，一般的年譜多半就沒有記載了。其實不對……。（因爲）若譜主是政治家，他的政治影響一定不致跟他的生命而停止……還有一種人，生前偏和時勢沒有關係，死後若干年却發生何等的影響……年譜不載陽明死後事，如何見得陽明的偉大……但不應仍稱死後事爲年譜，應該稱做「譜後」，做爲附錄的一種……。（同前引，頁八二）

他特別着重「譜後」，指出不少人的年譜都應有「譜後」才對。如朱熹、釋伽牟尼、朱舜水等等都是。任公自己寫過朱舜水年譜，在朱氏死後還記了若干條，就是這原故。我們據朱舜水年譜，還可約畧知道任公寫年譜的幾點方法：一、列舉重要作品在「譜主」每年的事蹟之後。二、有關譜主的較重要的論著，撮要引述，而以雙行小字夾注列載其原文。三、考辨材料的眞僞。（以上三條參專集之九七，冊二十二，依次見頁三六、三七、三九；三二、三三；一五、三九）任公的其他年譜的著作，如辛稼軒年譜，大體上也不出上述幾點原則。

二、專史理論的補充

任公把專史分爲五種，但討論得不夠徹底不夠全面。綜合他平日的言論，他的專史論可以補充的有三點：一、特別重視現代近代史，二、很注意國學入門書目和中國目錄板本學的研究，三、在佛教史上也下過相當的苦功。上述三點，第一點可作爲任公「斷代的專史」項目下的補充，其他的兩點是「文物的專史」項目下的補充。

不論從思想、政治制度等方面來說，中國有幾千年的歷史，明代以前的思想或政治制度等等，前人都有相當的研究成果；反之，清代以後，政制學術社會經濟等有待整理的資料很多。任公認爲「畧古詳今」是歷史上的原則。所以，研究史學史，他重視最近的中國史學的趨勢；要研究經濟史中的貨幣問題，他以爲單有歷史常識不夠，最少要懂得近代經濟學貨幣學，以新知識新方法去整理中國從前貨幣的變遷和歷代貨幣改革的歷史。（參歷史研究法補編，頁一九三，一六九）任公說：

> 史事總是時代越近越重要。考證古史，雖不失爲學問之一種，但以史學自任的人，對於和自己時代最接近的史事，資料較多，詢訪質正亦較便，不以其時做成幾部宏博翔實的書以貽後人，致使後人對於這個時代的史蹟永遠在迷離徜怳中，又不知道要費多少無謂之考證才能得其眞相。那麽，眞算史家對不起人了！（近三百年學術史，頁八四。專集册十七）

所以任公寫成清代學術概論中國近三百年學術史戊戌政變記中國四十年來大事記，以至歐遊心影錄新大陸遊記等等，並企圖編寫清儒學案和清史諸書。（參年譜，頁六四一，民國十二年癸亥）

任公辦新小說等刊物時，曾編寫過新中國未來記之類的政治小說，雖名為小說，其內容却絕不是子虛烏有，而很能反映當時的歷史事實。譬如新中國未來記的第三回：

（黃克强毅伯）到了上海，在時務報館裏頭，剛遇着瀏陽譚先生嗣同，寓在那裏正著成仁學一書，那稿本不過兩三人曾見過。毅伯先生即日抄得一部，寶藏篋中而去。在船上……一路細讀，讀了不知幾十遍，把那志氣越發張高幾度。後來毅伯先生常對人說道，他一生的事業，大半是從（康有為）長興學記（譚嗣同）仁學兩部書得來……。（專集之八九，頁十五）

「毅伯」這一角色，不是任公的縮影嗎？他受康譚二人影响甚深不是眞有其事嗎？此下，新中國未來記又說到「六君子流血殉國」，「義和團事件」等等，自然都是事實。

民國十三年，任公寫桃花扇注，這也是很可注意的事。他在這書裏考證孔尚任、侯方域、李香君、阮大鋮、柳敬亭、李貞麗等人的事蹟相當詳細，旁徵博引，正史碑傳雜記詩文集舊聞等，一應俱備。如果遇到孔尚任敘事失實過甚的，任公則嚴加責備。例如第三十八齣沈江，辨孔尚任所敘揚州城失守在「崇禎十八年乙酉五月」等事之誤：

……揚州破於四月二十五日，史公（可法）即以其日遇害……福王之逃，在五月初九日，此皆時日彰彰鑿鑿絕無疑竇者，若如本齣所演「今夜揚州失陷……」「原要南京保駕，不想聖上也走了。」則事隔十三日（四月小），何從牽合，無稽甚矣。云亭（孔尚任）著書在康熙中葉，不應於此大節日尚未考定……既作歷史劇，此種與歷史事實太違反之紀載，終不可為訓。（原書註一，專集之九五（下），册二十一，頁二四四）

此外，考證桃花扇和事實不符的尚多，這裏不再細舉。可見，任公重視近代現代史，有時就藉着政治小說或傳奇以反映當代史實，如新中國未來記，可說是以「史」寓之於「小說」了。

其次，說到任公對國學入門書目和目錄板本學的專史著作。他曾指出：研究一書，必須把該書的宗旨、綱領，完全了解；關於該書的序文、凡例、目錄，必須一一細讀；有關該書的解題、流傳源委，以至著者的歷史環境學問淵源，更須明白；更重要的是：須求善本，因為：

古書流傳愈久，訛誤愈多。故必須求善本。不然，其文字既訛，尚何學說可求？我人幸生乾嘉之後，關於古書之校勘訓詁音釋句讀，皆已為諸先輩整理粗畢。此層工作，省力不少。諸先輩當時本意，蓋欲此層工作完畢之後，再進而求其義理……我人今日得食其賜，此最幸事。（讀書示例—荀子，專集之一〇三，冊廿四）。

以荀子一書為例，則孫仲容、劉師培、章太炎等人的校本為善。任公在提及研究陶淵明的詩文時，也特別强調板本的重要：

陶集蓋編自梁昭明太子蕭統。然北齊時已有異本，編次顚亂。其後傳鈔益多，譌謬不少，最著者如五孝傳及聖賢羣輔錄，全屬膺託，占全集三分之一。其他字句間各本異同極多，乃至有全句訛寫者。如讀山海經之「刑天舞干戚」，訛作「形夭舞千歲」，甚可笑也。故欲讀陶集，須薈萃諸善本，精勘一過。其中仍須有以意逆志之處。（「陶淵明」，專集之九六。頁四六）

可見任公不但重視目錄，同時又重視板本校勘。故此任公有國學入門書要目及其讀法、要籍解題及其讀法等作。而在論目錄板本校勘的問題中，我們又可顯明的看到：任公把重點完全放在「史」部。胡適寫過「一個最低限度的國學書目」一文，任公指出其中不少錯誤，而特別强調胡適「不該把史部書一概屏絕」。任公說：「我的主張，很是平淡無奇。我認定史部書爲國學最主要部分，除先秦幾部經書子書之外，最要緊的便是讀正史、通鑑、宋元明紀事本末，和九通中之一部分，以及關係史學之筆記文集等。」（評胡適之的「一個最低限度的國學書目」）

在任公討論國學入門的目錄學著作中，他尤其自負並重視的是他晚年編著的圖書大辭典。他編圖書大辭典的計劃本來很龐大，可惜只完成了極小的一部分。民國十四年，他五十三歲，那時他任京師圖書館館長，已很注意中國目錄學和圖書分類的問題，他認爲「不能應用杜威分類，以强馭中國書籍，致陷於削趾適履之弊。」（年譜頁六九〇）次年，他欲編著圖書館小史，因資料和參考書的缺乏一時不能下手。（年譜，頁七〇二）民國十六年春他寫信給子女們談述在京師圖書館各事及生活情形，說：

……（我）在編兩部書：一是中國圖書大辭典，預備一年成功；二是中國圖書索引，預備五年成功。兩部書成後，讀中國書眞大大方便了。關於編這兩部書，我要放許多心血在裏頭才能成。尤其是頭一年訓練出能編纂的人才，非我親自出馬不可……。（年譜，頁七二一。）

同年七月，任公致書北京圖書館再論及編纂圖書大辭典的事，以後也有過幾次同類的書信，他編寫圖書大辭典的計劃是不斷的擴大了。

北京圖書館大鑒，敬復者……（編纂中國圖書大辭典之建議）承年會通過，給予津貼……鄙人深感葷事會提倡文化之盛心，益當努力工作，以期速底於成……從本年八月起，當於每月中旬將前一月成績函達貴館……一年半以後，全書告成，當即……出版也。（民國十六年七月廿二日，致北京圖書館書。年譜七四二）

同年八月八日，又給北京圖書館一信：

此預算（編大辭典的預算）不過畧舉大概，其他辦法隨時變通，未能纖悉列入。例如關於專門書籍，或須於編輯員之外，隨時委託專家，贈以相當報酬。又如編輯員或須別賃寓所，供給其食宿費。又如海內各大藏家，或須專派人往抄其目錄……總之……鄙人自當負全責。兩年之內，最少亦將現存書之全部分及重要各表編成，俾此舉得告一段落。（同上引，頁七四三—四）

同年八月三十一日，任公把家藏書籍十餘萬卷及少數宋元善本編成飲冰室藏書目錄，供圖書大辭典編纂處之用，並進行訓練行政人員的版本智識和分類方法等事。（年譜頁七四六）

民國十七年六月十八日，任公寫了兩封信分別給袁守和、胡適之兩人，談編大辭典成績情形。給袁的信說：

守和足下，圖書辭典報告書前星期寄上，想已達，今由舍姪廷燦（任公自言：梁廷燦跟從他檢點書籍多年，廷燦於目錄學頗有興味，且極欲得圖書館新智識云云。〔年譜頁六九〇〕可見廷燦是任公編「中國圖書大辭典」時的得力助手。）親帶去成績若干冊，乞察收。（原注：內「書畫錄」一冊，趕鈔不及，或開會稍遲別補寄）此書編纂頗費苦心，其義例及方法皆迥然不襲前人，意欲為「簿錄界」開一新紀元，衍劉畧阮錄之正緒而適應於現代圖書館之用。公試一觀其畧定之稿（原注：所須改者尚極多），謂可達此目的否耶？（同上引，頁七六四）

任公對圖書大辭典的自負自信，於此可見。給胡適的信則說：

適之足下……僕自去秋受北京圖書館屬託，編纂中國圖書大辭典。一年以來，督率門人數輩，昕夕從事，雖審定之稿未及什之一，然頗感斯業之有益，興味引而彌長。竊不自揆，意欲使此書成後，凡承學之士欲研治某科之學，一展卷即能應其顧問，眎以資料之所在及其資料之種類與良窳。即一般涉覽者，亦如讀一部有系統的四庫提要，諸學之門徑可得窺也……今將稿本畧審定……其中簿錄之部：官錄及史志一册。史部：譜傳類年譜之屬一册。金石書畫部：叢帖之屬一册。史部雜史類：晚明之屬一册。比較可算已成之稿，雖應增改者仍甚多，自謂其組織記述批評皆新具別裁，與章實齋所謂橫通者迥別……此等工具之書編纂備極繁難，非有一人總攬全部組織不可；却絕非一人之精力所能獨任。現在同學數輩分工合作，寫卡片四萬餘紙，叢稿狼藉盈數篋……現在第一期工作已過（原注：以經驗之結果，知初枉費之工作極多），下半事從事於整理寫定……盼我公稍注意審查成績，估其價值，在會中力予主持（似應作「支持」），俾不致廢於半途……。（年譜，頁七六四—五。）

任公向袁守和胡適之竭誠的示意支持他完成大辭典的未竟之業。後來，他却因身體和人事上的問題而自行辭掉這工作。民國十七年八月廿二日，任公給女兒令嫻等的信說：

我辭了圖書館長以後，本來還帶着一件未了的事業，是編纂中國圖書大辭典，每年受美國庚款項下津貼五千元，這件事我本來做得津津有味，但近來廷燦屢次力諫我，說我拖着一件有責任的職業，常常工作過度，於養病不相宜……我再四思維，已決意容納廷燦的忠告，連這一點首尾，也斬釘截鐵的辭掉……。

（年譜，頁七六八—九。）

接着，任公並寫信給北京圖書館正式請辭編纂大辭典的委託，表示準備陸續歸還以往曾領受過的欵項。當然，任公的請辭，不止健康問題，而是另有其他原因的。正如他給袁守和的信所說：

弟決意辭圖書大辭典編纂津貼費，其主要原因如公函中所說，絕非藉詞推託，其副原因亦緣董事會分子變更已多，恐明年六月交成績時或遭挑眼，不如早自潔也。至於編纂工作，則並不停止。因茲事爲弟多年志願，且一年以來，結果良好，興味正濃，斷不肯拋棄也……所擬寄贈本館之成績稿……內中有四五種頗屬精心結撰……不失爲本館一種名譽紀念。（年譜頁七七〇）

任公雖說編纂工作並未停止，但以今存於飲冰室合集中的圖書大辭典簿錄之部（專集之八七，册十八）來看，則後來似乎並沒有什麽成績表現。事實上，他在辭此工作後不及五月便逝世，（民國十七年八月廿四正式請辭，十八年一月十九日逝世）加上健康不好，也難要求甚麽成績的。

今存的圖書大辭典簿錄之部，照任公原意實包括五類，一、官錄及史志，二、跋釋及鑑別，三、藏目及徵訪，四、部分別錄，五、載籍掌故。今存的大辭典簿錄之部却只有「官錄及史志」那部分。任公又沒有把中國圖書大辭典編纂的整套計劃或例署完整的寫出來，故此簿錄之部的第四項「部分別錄」，其內容大概如何也頗難推想，不知是否即按四庫總目般分經史子集別錄各書的提要。最少，我們據任公在民國十七年六月給胡適的信（已見前引），可見中國圖書大辭典經任公編寫完畢但今日未見刊印出來的還有下列幾種：史部譜傳類年譜之屬，和雜史類晚明之屬各一册。任公是一個史學家，由他來主持編寫一部大工具書——中國圖書大辭典，以他的博學和識見，如果年壽經濟等條件容許，這書的編成有可能比美四庫提要的。只可惜任公一生幾乎從未傾全力全時間由始至終的做過一件學術工作。

以下談談任公在中國佛教史方面的論著。

任公曾打算寫一部完整的中國佛教史，今存於專集中的佛學研究的論著達十八篇，就是佛教史的零篇斷章。他早年對佛教已有興趣。二十二三歲，任公的友人夏曾佑、黃遵憲、譚嗣同在佛學思想上都給予任公相當的影响。丁文江說：

先生（任公）所與交遊的諸人中，多半都是好佛學的，所以先生雖在百忙中，也不斷的致力於佛學。他在（光緒二十二年，一八九六）十二月給夏穗卿的信裏，自述學佛的情形：「超自夏間聞君說法，復次雁舟演述宗風，頗發大心……。」（年譜，頁三十四。）

任公生平頗致力於佛學，對佛教信仰很深，很提倡佛教。他曾寫「論佛教與羣治之關係」一文（文集之十，册四，頁四五至五二。文成於光緒廿八年）强調中國若需宗教信仰，則非提倡佛教不可，其故有六：一、佛教之信仰乃智信而非迷信；二、佛教之信仰乃平等而非差別；三、佛教之信仰乃入世而非厭世；四、佛教之信仰乃無量而非有限；五、佛教之信仰乃兼善而非獨善；六、佛教之信仰乃自力而非他力。此外，任公對友人之死，往往這樣開解自己：「世法無常，我佛不我欺也。死者解脫，生者難爲懷耳。」（年譜頁五四五）民國七年八九月間，任公因著述過勤，致患嘔血病甚久，病癒後，著述工作暫時停止，乃轉而好讀佛書。民國十一年，他在講學著述之餘，還常去聽歐陽竟無講佛學，自言聽此門功課用腦甚勞，致爲愛護他的張君勱所干涉。（以上參年譜頁五四六，六二四）這些都足見他信佛和好佛之深。

任公對佛學研究的論著已寫成文章刊佈的有中國佛法興衰沿革說畧等十八篇，（細目參專集之五一—六八，又參「年表」一九二〇年條，第三、四兩欄。）此外，他對釋伽牟尼和唐玄奘都有濃厚興趣，尤其後者。他曾想運用新方法和新資料去爲釋迦玄奘二人另作新傳，這在歷史研究法補編裏就曾詳細的論及。（參原書頁一〇八—一一一）讀任公的佛教史等論著，我們大致可得到他對後學在史料的選擇和運用的方法上的五點啓發：

一、辨僞：如辨理惑論、四十二章經和佛教的傳入時期等等。二、用新資料：多利用外國學人的研究成果，如印度佛教概觀一文，參考了英人勃雷涉 James Prinsep 和日本人井上哲次郎的研究觀點。三、利用新發現的文物，如石刻文字、古錢等。（參「印度佛教概觀」及「佛陀時代及原始佛教教理綱要」二文）四、歸納的研究法、歷史統計學，亦施諸佛教史的研究之上：如中國印度之交通一文，把三國末年至唐代中葉將近五百年的「求法」運動，分年代和地區把印度求法的僧人作一統計。（專集之五十七，頁二一—二三）五、以進化論觀點述佛教史，如佛典之翻譯一文，分翻譯的進化階段爲六；又如讀異部宗輪論述記一文：「佛教二千年來，循進化之公例，常爲不斷的發展，其最顯著之跡，則由小乘而進爲大乘也……。」

總的來說，任公對於：甲、近代史或現代史的研究，乙、板本校勘和目錄學史的研究，丙、佛教史的研究；他在這三方面都有他自己的一套見解，但在講中國歷史研究法補編時沒有論及，即是由於時間匆逼和他的健康影响的原故。因此在這裏補充一下。至於中國之武士道（光緒三十年寫成）王荆公（光緒卅四年寫成）先秦政治思想史（民國十一年寫成）等專史，都可算是「鼓吹政治新思想」的歷史論著。他寫中國的武士道是因爲泰西日本人批評中國的歷史爲不武的歷史；他寫王荆公往往以當世歐美政治比較論述，並且凡宋史所記有關荆公而汚衊之語他都別爲「考異」以糾正之，（參例言，及原書頁二七、五五、一一八、一二九、一三四、一三五、一三八、等處。）他對中國政治求新求改良的用心是很顯明的；他寫先秦政治思想史，目的在「藥現代時弊」，（原書序言）指出近世歐美政治多弊端，有待中國古代學說的補救，同時也不諱言中國政治和學說的弊端，顯然是中西文化的調和論。

第五章　史學方法論

任公的史學方法理論，大致上仍以創新疑古辨僞爲出發點，因此不能不推源於晚淸龔定庵魏默深等在考證學基礎上建設「經世致用」之學的常州學派。這一派人鑑於考證古典的工作幾乎全被前輩做完了，後起的人想開闢新田地只好走別的路；而晚淸政治現象最使人不滿，朝廷箝制學術思想的權威也陵替了，於是思想漸漸解放，對政治及社會的批評也漸漸起來，治古典工作的也以當前的政治現象爲主。任公的史學著作多有政治目的，其故在此。

龔魏之後繼之而起的爲廖季平康有爲，廖氏關於公羊的著述理論和康氏的新學僞經考孔子改制考，確實很刺激新思想的發生。加上晚淸民初西方新思潮的不斷輸入，這些西方新思潮難免有與中國固有思想衝突之處，因而一度引起了反孔的思潮、疑古的風氣。民國十五年，便產生了顧頡剛錢玄同等人的疑古派，而有了古史辨的出版。（任公的「中國歷史研究法」寫成於民國十一年，「研究法補編」則成於十五、六年之間）現在試看顧錢二氏的一番話。顧頡剛是胡適的學生，他說：

> 聽了適之先生的課，知道研究歷史的方法在於尋求一件事情的前後左右的關係，不把它看作突然的出現的。老實說，我的腦筋中印象最深的科學方法不過如此而已。我先把世界上的事物看成許多散亂的材料，再用了這些零碎的科學方法實施於各種散亂的材料上，就喜歡分析、分類、比較、試驗、尋求結果，更敢於作歸納、立假設、搜集證成假設的證據而發表新主張。（古史辨第一冊，「自序」頁九十五）

錢玄同則說：

我喜歡研究所謂「經」也者，但我是很「惑經」的。我在十二年前看了康有爲底僞經考和崔觶甫師的史記探源，知道所謂「古文經」是劉歆這班人僞造的、後來看了康有爲底孔子改制考……姚際恒底詩經通論和禮記通論，崔述底考信錄……乃恍然大悟，知道……「六經」底大部分固無信史底價值，亦無哲理和政論底價值……。（同上引頁六十九）

梁任公胡適在學術思想上互有影响，使人覺得有點意外的是顧頡剛提出的治史方法——把散亂的材料「分析、分類、比較……歸納、立假設」等等，竟和任公頗類似；而錢玄同對待古典的態度，很受康有爲等人的影响。顧頡剛批評經今文學派時曾說：「今文學派（案：實指康有爲崔適等少數人物）的長處，本在破壞僞經和僞古文……他們既揭發了僞經和僞古史一部分的眞相，便能引人去認識眞經和眞古史……。」（「當代中國史學」，第五章，頁四十三）而顧錢二氏的「疑古」態度不是沿着這一路向變來的嗎？胡適論治史要「大胆假設小心求證」，顧頡剛也說「立假設，搜集證成假設的證據」，而任公却亦曾說過：「對於史料，第一步只宜消極的發表懷疑態度，以免爲眞相之蔽。第二步，遇有旁生的觸發，則不妨換一方向從事研究，立假說以待後來的再審定。」（中國歷史研究法頁七三）可見任公和胡顧錢雙方的治史理論，常有相通或相互影响的地方。關於此點，在談論到任公的史學方法論時，筆者以爲是有交待的必要的。

一、料學的歸納法和歷史統計學

所謂科學的歸納法，是把同類的性質相同的史料搜集在一塊兒，藉此歸納出一個時代的思潮特點或制度或人物的某一方面的眞相；歷史統計學，最實用的也是歸納法，但統計學的主要資料是數目，如歷朝的人口數或南北朝隋唐的西行求法僧數，從歸納所得數目的多寡以觀察一件史事，便叫做歷史統計學。這兩種研究歷史的方法怎樣產生的呢？任公說：

現代所謂科學，人人都知道是從歸納研究法產生出來。我們要建設新史學，自然也離不了這條路。所以我舊著中國歷史研究法極力提倡這一點。最近所講演歷史統計學等篇，也是這一路精神……。（研究文化史的幾個重要問題，文集册十四，之四十，頁一。此文的寫成在民國十二年）

爲了使「歷史」能提升到「科學」的地位，故此在歷史研究上也採取了這些「科學」的方法。他曾舉出不少用歸納法研究歷史的例子，現畧舉兩條如下：「吾嘗研究六朝唐造象，見初期所造者大率爲釋迦像，次期則多彌勒像，後期始漸有阿彌陀像觀世音像等。因此可推見各時代信仰對像之異同。即印度教義之變遷亦畧可推見。」又說：「吾既因前人考據，知元代有所謂『也里可温』者，即指基督教，此後讀元史及元代碑版與乎其他雜書，每遇『也里可温』字樣輒乙而記之。若薈最成篇，當不下百條。試加以綜合分析，則當時基督教傳播之區域及情形，當可推得也。」（歷史研究法，頁六五）任公以爲，這樣的歸納研究，前淸治經學的，很多已能善於運用，如經傳釋詞、古書疑義舉例等書便是；用之於史的則較少，但趙翼廿二史劄記則頗有歸納研究的精神。而歸納研究的結果，往往極微末，這却正好表現了其中的科學精神來，如達爾文養鴿蒔果數十年，著書數十萬言，其結論不過是「物競天擇適者生存」八個字。

又如「近代學風之地理的分布」（文集之四十一，册十四，頁四十八）是以研究學者的產地爲主，所用的方法就是歸納的研究法，他歸納的結果發現下列幾個特點：一、淸以來一代學術幾全爲江浙皖三省獨佔，事實如此，但眞正原因何在？二、何故考證學盛於江南，理學盛於河北？三、何故直隸河南陝西淸初學者極多，中葉以後則闃如？四、何故湖南廣東淸初學者極少，中葉以後乃大盛？五、何故山西介在直隸陝西之間，當彼兩省極盛時，此乃無可紀述？六、何故湖北爲交通最便之區而學者無聞？何故……？這樣不斷的搜集資料作歸納的研究的方法，若擴而充之追溯到宋明以前各時代學風之地理的分布，則極有助於對中國學術風氣的瞭解。又例如：若要瞭解屈原到過的地方和放逐後常來往的地方有那些，就非要把屈原著作中所見的地名歸納起來探究不可。屈原著作中所見的地名如下：「今沅湘兮無波使江水兮安流」，「邅吾道兮洞庭」……（以上湘君）。「洞庭波兮木葉下」「沅有芷兮澧有蘭」……（以上湘夫人）「過夏首而西浮兮顧龍門而弗見」，「背夏浦而西思兮」，「唯郢路之遼遠兮江與夏之不可涉」（以上哀郢）……（參「屈原研究」，文集之三十九，册十四，頁五〇）其中說郢都，說江夏，是屈原原住的地方，放逐後常往來的則是洞庭湘水。這在今天固然是人所共知的，但如果沒有把屈原的作品作過歸納整理，怎能得這一斷案呢？

以下說說任公的「歷史統計學」。

歷史統計學，是用統計學的法則，用數目字來整理史料推論史蹟。這種治史方法其實應稱爲「史學上之統計的研究法」，因任公貪省便，故杜撰「歷史統計」這一名稱而已。這治史方法並非任公個人所發明，而是他和幾位友人如丁文江等曾用過這法子整理過一些史料，獲得頗滿意的結論或發現頗值得滿意的問題，覺得成績不壞，因此打算在史學界提倡這種研究方法的。任公說：

我們爲什麼想用這種方法研究歷史呢？我們以爲欲知歷史眞相，決不能單看……幾個大人物幾樁大事件便算完結。最要的是看出全個社會的活動變化。全個社會的活動變化，要集積起來比較一番才能看見。往往有很小的事平常人絕不注意者，一旦把他同類的全搜集起來，分別部居一研究，便可以發現出極新奇的現象而且發明出極有價值的原則。（歷史統計學，文集之三九，册十四，頁七〇）

統計學的作用是要觀其大較，故此常常須要利用「表」。譬如把廿四史裏面的人物分爲下列幾類：學者、文學家、政治家、軍事家、商賈以至大盜等等，每人看他本傳裏「某某人也」，因此研究某個時代多產某種人，某個地方多產某種人。於是把幾個統一的朝代——漢唐宋明做成了一個「歷史人物之地理分配表」（同上引，頁七二）結果便發現了幾個原則：一、首都所在地人物往往特多。二、南北升降之跡甚顯著。三、原則上升降皆以漸，然亦有突進者。例如四川在前漢，不及百分之二，後漢忽升至百分之六。四、人物分配日趨平均，爲最顯著的現象。任公並提出好幾個他曾有意做而未做的歷史統計表，如：歷代戰亂統計表、異族同化人物表、地方統治離合表、歷代著述統計表、歷代水旱統計表等等。他自行批評這種「歷史統計學」的研究方法，說：

我並非說這是研究史學的唯一好方法，但我敢說最少也是好方法中之一種。因爲史家最大任務是要研究人類社會的「共相」和「共業」。而這種「觀其大較」的工作實爲「求共」的絕妙法門。所以我們很喜歡他。加以現存的史料實在豐富，越發獎勵我們工作的興味。但是這種工作是很麻煩很勞苦的……。（同上引，頁八〇。任公寫此文在民國十一年）

任公用歷史統計方法做成的文字又有「中國史上人口之統計」（文集之十，册四，頁三十五）兼用歷史統計和歸納方法寫成而又很出色的一篇文字是中國地理大勢論。（同上引，頁七七至一〇一） 上舉兩篇文字都寫於光緒二十八年，（一九〇二，三十歲） 是在他提倡「歷史統計學」之前二十年。可見他很早便已懂得運用這種治史方法，但具體的成爲方法理論並運用得較純熟和竭力提倡，却在二十年後他五十歲之時。

試看他的中國地理大勢論。爲了說明「全國文明自黃河起點而傳佈於四方，以及帝王實力也以黃河流域爲範圍」這一理論，文中附有黃河流域國都表，（同上引，頁七九） 歸納統計了由三皇五帝至明清各朝代的建都所在，很有力的證明歷代王霸定鼎在黃河流域者最佔多數；又有揚子江流域國都圖，（同上引，頁八一） 列舉六朝、南宋明之建都於揚子江流域者，除明太祖外，大率都是創業未就，或敗亡之餘苟安旦夕的朝代。又有歷代革命軍及割據所憑藉地理表，（同上引，頁九一—九七） 歸納統計自漢以來用兵之地，任公歸納統計所得的結論是：「除直隸甘肅山西三處，多由西北異種乘藉竊據，其主動不專由我民族外，自餘則唯山東江蘇安徽河南湖北爲最能舉事之地。此其故何也？黃河揚子江兩流域勢力使然也……。」又說：「大抵中國地理開化之次第，自北而南。三代以前，河北極盛……六朝以後，江南亦駸駸代興焉。」

任公治史好用歸納統計，加以他論史常常注意當前的政治形勢，故他好以中西史事相比較。如說到周語：「防民之口甚於防川」，左傳子產不毀鄉校和欒武子的重視衆人的意見，任公便說：「可知吾先民對於『多數取決之制度』作何等觀念。多數取決爲現代議會政治一鐵則……欒武子之言謂兩善相均則從衆。果能如此，眞可以出理想的好政治。獨惜言之易而行之難耳。」（先秦政治思想史，專集之五十，册十三，頁三一） 又如以儒道法墨四家思想和歐陸政治比較：「試取譬於歐陸各國會席次，則道家其極左黨，法家其極右黨，儒家則中央黨，而墨家則中央偏右者也。」（同上引，頁六五）其他在論及制度、民權問題等等，也常以中國相比較以論述。再如論及顏習齋時，說：「他（顏元）的唯習主義，和近世經驗學派本同一出發點，本來與科學精神極相接近。」（近三百年學術史第十章，頁一二三）諸如此類的比較論述，成爲任公史學論的特色，自然有時會難免牽强附會的。

三、史料的搜集

任公論歷史研究很重視史料。但在討論這問題時，應先交待一下他對編寫史書其中一個觀點。爲了達到「求得歷史事實眞相」和「史事無所缺畧」的目的，「寧繁無畧」是任公編史書的一貫態度。他寫歐洲戰役史論，自序說：

> 左傳通鑑爲亘數百年千餘年之通史，紀事以年爲緯，諸（戰）役之遠因，在數年前者既已別見，讀者得循是以識其故。今吾爲專書，非遠溯補述，何以竟端委。且吾之爲此，非以希藏山之業也，吾自託於遒鐸，爲國人周知四國之助云爾。是故寧蕪無漏，寧俚毋晦，此篇帙之所以滋也。（專集之三十，册第八）

爲了詳細交待前因後果以及歷史的背景和四隣的關係，簡潔固然可貴，但任公却担心過於求簡以至史事隱晦，難資今鑑，故主張「寧蕪無漏，寧俚無晦」。萬季野著明史稿自述著書的旨趣：「昔人於宋史已病其繁蕪，而吾所述將倍焉。非不知簡之爲貴也，吾恐後之人務博而不知所裁，故先爲之極使知吾所取者有可損……」任公很贊同此說（同上引。並參歷史研究法，頁四十六—七），同時又說：

> （著史）必須用極耐煩工夫，在事實自身上旁推反勘，才可以得着眞相。換一句話說，他們（萬季

野、吳炎、潘力田等）的工作十有七八費在史料之蒐集和鑑別，他們所特別致力者雖在明史，但這種研究精神，影响於前清一代史學界不少，將來健實的「新史學」，恐怕也要在這種研究基礎上才能發生呢。（近三百年學術史，第八章，頁八七）

任公非常推重吳炎潘力田在明史資料方面的搜集和鑑別，認爲潘力田有國史考異之作以爲對資料的鑑別去取，以輔助明史的編纂，這樣的「用科學精神治史」，是最值得效法的。任公著中國歷史研究法，全書共六章，其中說史學對史料的需要甚於其他科學、以及搜集鑑別史料的方法等問題的，佔去兩章，相當於全書的三分之一。他對史料的重視可見。

任公指出搜集資料的途徑有二：（一）在文學紀錄以外的，又分下列五項：甲、現存的實蹟及口碑：如辛亥革命五四運動等，躬親其役或目覩其事的人，猶有存者則採訪而得其口說。乙、實蹟的部分存留者：如山西大同雲岡石窟的佛像。丙、已湮之史蹟全部意外發現者。丁、原物之實存或再現者：如古器物度量衡、兵器、符璽、玉石、貨幣、陶瓷等的發現。戊、實物之模型及圖影，如漢唐的服裝髮飾，可於唐宋畫或古代殉葬之陶製明器中稍見其大概。（二）文字紀錄的史料，亦分下列七項：甲、舊史。乙、關係史蹟之文件，如各家著錄墨蹟、唐人寫經、函牘和行狀家傳墓文之屬。丙、史部以外之羣籍。丁、類書及古逸書輯本。戊、古逸書及古文件之再現，如西晉時發現汲冢竹書，以至光緒卅四年在敦煌之發現古簡牘及寫本書卷等。己、金石及其他鏤文。庚、外國人著述。

史料搜集之後怎樣選擇和利用呢？最重要的當然是對史料眞僞和價値高低的分別。這點在下節再說。現在只討論一下他利用廢棄的史料的方法：

我們要明白一件事物的眞相，不能靠單文孤證便下武斷。所以，要將同類或有關係的事情網羅起來貫串比較，愈多愈妙。比方做生物學的人，採集各種標本，愈多愈妙。我們可以用統計的精神作大量觀察，我們可以先立出若干種「假定」，然後不斷的蒐羅資料，來測驗這「假定」是否正確，若能善用這些法門，眞如韓昌黎所說的「牛溲馬勃，敗鼓之皮，兼收並蓄，待用無遺。」許多前人認爲無用的資料，我們都可把他廢物利用了。（治國學的兩條大路，文集之卅九，冊十四，頁一一三）

他說先立假定再找資料等話，似乎是行不通的。筆者不同意此說。不過，史料之爲物，往往有單舉一事，覺其無足輕重無甚意義，大量搜集同類的資料比而觀之才會發現其中可能別有天地，另有我們忽畧了的問題。因此之故，當時治史者很多都甚重視史料的搜集和鑑別，以至考辨史書的眞僞，輯集佚書和疑古風氣盛極一時。於是，任公發覺過分重視史料引致的流弊了。他說：

研究上古史打筆墨官司，自從唐人劉知幾疑古惑經以後，很少人敢附和。現在可附和他了不得。這並不是不好，其實和校勘輯佚無異。譬如鄭玄箋注的毛詩三禮已夠研究了，反從太平御覽冊府元龜去輯鄭注尙書和易經，以爲了不得……推求以上諸風氣，或者因受科學的影響……大題目讓前人做完了，後學只好找小題目以求新發明，原不問其重要與否……一般學者爲成小小的名譽方便起見，大家都往這方面發展……老是往這條捷徑走，史學就永無發展……作小的考證和鉤沉輯佚考古，就是避難趨易，想徼倖成名……我從前著中國歷史研究法不免看重了史料的搜輯和別擇，以致有許多人跟着往捷徑去。我很懺悔……

（歷史研究法補編，頁一六七—八）

如果只注意於史料的辨僞，只停在考訂輯佚之上，決不能有輝煌的史學成就。無論任何學問，都不能以取巧的方法而會有大成績的。故只偏於考訂辨僞的史學，是病態的史學。眞想治中國史，必須不避艱困，勤勤懇懇的跟隨從前大史家的作法，用心做出大部的整個的歷史來。任公晚年能修正前說，作出上述的補救時弊的說法，是難能可貴的。

三、考據與辨僞

歷史論著，必須出之以公平的心。故任公生平治史服膺英名相格林威爾的一句話：「勿失吾眞相！」（Paint me as I am）（見中國四十年來大事記，專集之三，冊二，頁二）任公論史常說要「求得眞事實」也是此意。治史者搜集得所需要的史料後，要能選擇，考據與辨僞也是選擇的方法。這裏所說的「考據」和「辨僞」畧有分別。考據主要指對史事是非的分別，辨僞主要指對史料或史書眞僞的分別。任公說：「凡發言不可不求其論據於歷史。」（中國歷史上革命之研究，文集之十五，冊五，頁卅一）一言一語，一字一句都有實據可以稽考，必要時我們能有根據的指出其來源，這就是考據。我們不妨再以任公的一段話予以說明：

凡研究一種客觀的事實，須先要知道他「的確是如此」，才能判斷他爲什麼如此。文獻部分的學問多屬過去陳跡，以譌傳譌失其眞相者甚多。我們總要用很謹嚴的態度子細別擇，把許多僞書和僞事剔去，把前人的誤解修正，才可看出眞面目來。（治國學的兩條大路，文集之三九，冊十四，頁一一三）

「把前人的誤解修正」，如果屬於剔去「僞書」的便是「辨僞」，如果屬於剔去「僞事」的便是「考據」。僞什麽要辨僞呢？因爲研究歷史必須根據史料以考求其原因結果，假使根據的史料是僞造的豈非枉然？任公曾著古書眞僞及其年代，指出辨僞和考證年代有三個重要的原因：甲、史蹟方面引致的後果有四：一、進化系統紊亂，二、社會背景混淆，三、事實是非顚倒，四、由事實影响於道德及政治。乙、思想方面：一、時代思想紊亂，二、學術源流混淆，三、個人主張矛盾，四、學者枉費精神。丙、文學方面：一、時代思想紊亂進化源流混淆，二、個人價值矛盾學者枉費精神。（專集之一〇四，册廿四，頁二—十四）

可見任公很重視考據和辨僞。雖然如此，他却很客觀，不存門戶之見，而只求實事求是，故能不爲考據所有。他認爲淸代考據學派中的惠棟一派（吳派）抱着「凡古必眞凡漢皆好」是有所蔽，他認爲江藩和阮元以「凡學說出於漢儒者皆爲遵守，其有敢指斥者則目之爲信道不篤」的治學態度去提倡「漢學」，只配得上「功罪參半」四字。任公說：

（惠棟、江藩、阮元）篤守家法，令所謂「漢學」者壁壘森固旗幟鮮明，此其功也。膠固盲從褊狹，好排斥異己，以致啓蒙時代之懷疑的精神批評的態度，幾夭閼焉，此其罪也。……夫不問眞不眞，唯問漢不漢，以此治學，安能通方？（淸代學術概論，第十節，頁二四—二五）

唯問眞不眞，是任公重考據的實事求是的精神。他有他自己的師承而不存門戶之見，重考據而不爲考據所有。這樣的治史態度是難能可貴的。

但是如果徒事繁瑣的考證，則只能達到辨別史料眞僞和細碎史事的辨正之上，終夠不上稱爲史學，並難免「破碎害道」之譏。對於這點，任公自然是看到的：

吾非謂治史者宜費全部精神於考證……夫吾儕治史，本非徒欲知有此事而止。既知之後，尚須對此事運吾思想騁吾批評。雖然，思想批評必須建設於實事的基礎之上，而非然者，其思想將爲枉用，其批評將爲虛發……吾國宋明以降，學術日流於誕渺，皆由其思想與批評非根據於實事，故言愈辨而誤學者亦愈甚也……吾儕今日……務求得正確之史料以作自己思想批評之基礎。且爲後人作計，使踵吾業者，從此得節嗇其精力於考證方面，而專用其精力於思想批評方面。斯則吾儕今日對於斯學之一大責任也。（歷史研究法，頁九九）

治史，絕不是止於考據；考據不過是「史學」的工具。爲了求得歷史眞事實，不能不藉賴考據。但歷史的目的是將過去的眞事實予以新意義或新價值以供現代人的資鑑。故此，求得正確的歷史事實之後，須運用自己的思想去分析批評。「譬如電影，由許多呆板的影片湊合成一個活動的電影，一定有他的意義及價值。合攏看，是活的；分開看，是死的。吾人將許多死的影片組織好，通上電流使之活動，活動的結果，就是使人感動。研究歷史，也同做電影一樣。」（歷史研究法補編，頁五）故須把考據的結果運用組織，寫成有意義的有生命的可供現代人活動之資鑑的史學著作。

考據的文字往往很繁冗瑣屑，怎樣運用之於歷史著作之上呢？如王懋竑的朱子年譜，裏面有不少的考證文字，王氏在年譜之外另做一部考異，說明某事爲什麽擺在某年，兩種傳說那種是眞。這是司馬光編通鑑而另撰通鑑考異的辦法。此外，較普通的方法是把考證的話附在正文中，用夾注或低二格，或用案語把考證過的問題說明。任公著王荆公一書，凡宋史所記有關荆公而汚衊之語，任公都別爲「考異」以糾正，這仍然是司馬光王懋竑的老辦法。

任公很重視史料，故對史料可靠性的辨別也極注意。史料越多，古書眞僞的辨別就越需要，辨僞學可說是由「佛經目錄」產生出來的：

他們（佛教的人士）對於佛經的僞書非常注意。東晉的道安編佛經目錄，把可疑的佛經另外編入一門，叫做疑經錄……所以後來編佛經的都很注意僞書了。隋衆經目錄……分別五例，第四例是疑僞，專收可疑或確僞的佛經，也是依道安的成例……。（古書眞僞及其年代，頁三七—八）

任公辨別僞書的方法分爲：甲、從傳授統緒上辨別。乙、從文義內容上辨別。現表列如左：

甲、從傳授統緒上辨別

一、從舊志不著錄而定其僞或可疑。
二、從前志著錄後志已佚而定其僞或可疑。
三、從今本和舊志說的卷數篇數不同而定其僞或可疑。
四、從舊志無著者姓名而定後人隨便附上的姓名是僞。
五、從舊志或注家已明言是僞書而信其說。
六、後人說某書出現於某時而那時人並未看見那書，從這點上可斷定那書是僞。
七、書初出現已發生許多問題，或有人證明是僞造，證明那書是僞。
八、從書的來歷曖昧不明而定其僞。

乙、從文義內容上辨別

- 一、從字句罅漏處辨別
  - 子、從人的稱謂上辨別。
  - 丑、用後代的人名地名朝代名。
  - 寅、用後代的事實或法制。
- 二、從抄襲舊文處辨別
  - 子、古代書聚斂而成的。
  - 丑、專心作僞的書剽竊前文的。
  - 寅、已見晚出的書而勦襲的。
- 三、從佚文上辨別
  - 子、從前已說是佚文的，現在反有全部的書，可證其僞。
  - 丑、在甲書未佚以前，乙書引用了些，至今猶存，而甲書的今本却沒有，或不同於乙書所引的話，可知甲書今本是假的。
- 四、從文章上辨別
  - 子、名詞。
  - 丑、文體。
  - 寅、文法。
  - 卯、音韻。
- 五、從思想上辨別
  - 子、從思想系統傳授家法辨別。
  - 丑、從思想和時代的關係辨別。
  - 寅、從專門術語和思想的關係辨別。
  - 卯、從襲用後代學說辨別。

（右表參據古書眞僞及其年代第四章製成）

除古書眞僞及其年代之外，任公在近三百年學術史的第十四章也花了十四頁的篇幅（原書頁二四七—二六一）敍述淸代學者在辨別僞書方面的成績。他對史料辨僞方面也很有貢獻，除了提出的方法之外，辨別秦以前歌謠的眞僞、對古詩十九首和蘇李詩的考辨，都有相當的貢獻。（參「中國之美文及其歷史」，專集之七四，册十六，頁三，一二二等處。並參葛天民「全漢詩種類篇數及其作者年代眞僞表」敍例，同上，頁一三五。）

結論

任公在歷史觀念的革新上，不但標明了「史須爲國民而作」的目的，並重新畫定了歷史應包括的範圍，這是他第一點的貢獻。其次，爲了期待一本好的適合現代人需要的中國通史的產生，他不斷的努力嘗試，重新檢討舊史學的優劣，提出對本紀列傳和表志的創新方法，也是值得我們重視的。第三，在專史方面——如文化史傳記年譜等的著作和理論方面，他留給我們很可參考應用的成績。第四，在史學方法的理論上，很能兼舉實例以鼓勵誘發後學踏進治史的門徑。這是成功的方面。但在所謂「歷史統計學」和過分重視史料（不過任公後來已有修正。見前）等方面，似乎仍有可議之處。任公的治史新方法，有些地方難免如何炳松所說：（但何氏之說並非專爲針對任公而發）「頗受歐化潮流之激盪……對於西洋史學原理之接受……呈飢不擇食、活剝生吞之現象……彼曾習統計學者，以爲研究歷史應用『統計法』焉；彼曾學生物學者，以爲研究歷史應用『進化說』焉……。」（通史新義，頁十一）譬如「歷史統計學」，絕不足以盡史學之能事，這方法充其量可以探討出物質狀況或人類行爲的外表而已，如果我們要探討某朝代的帝王或人物在某一制度設施下的內心動機，這目的又豈是用「歷史統計學」所能達到？

總言之，任公在「史學方法論」等方面，似乎難免當日風氣的影響，也難免有瑕疵。

但是，任公是現代學術史上影響很大的人物。他在文藝上鼓蕩了一支像生力軍似的散文家，把懨懨無生氣的桐城古文粉碎。他在史學上的造詣雖然並不很湛深，考據也不太細密，但因他對史學方法和研究方面的提倡鼓吹，所以他在史學界有着另一方面的大貢獻。很多學者的影響都是短促的，廖平過去了，康有爲過去了，顧頡剛過去了，但梁任公的影響仍未過去；很多的學者，他們的影響和勢力是狹窄的，限於一部分的或某一方面的，任公的影響却是廣泛的、普遍的、無遠不屆的、無地不深入的、無人不受到的。賓四師曾經說過：「任公過去了，後輩的人雖不及親見其人或親聽他講學，但仍難免受他影響——因爲前輩的人受任公影響的太多了，而這些前輩的人裏有不少却是後輩的人的老師。」可見任公影響的深遠和普遍。雖然，有人未免要諱言之。張蔭麟說：

方戊戌前後，任公之在文界，何啻旭日中天？一篇之出，百數十人爭誦。……以言學術，世人於任公毀譽參半。任公於學，所造最深者唯史。而學人之疵之者亦在是。以爲其考據之作，非稗販東人，則錯誤紛出，幾於無一篇無可議者。實則任公所貢獻於史者，全不在考據。任公才大工疏，事繁騖博，最不宜於考據。晚事考據者，狥風氣之累也。……（任公）所撰記事之巨篇，若春秋戰國載記歐洲戰役史論，元氣磅礡，銳思馳騁，奔磚走石，飛眉舞色，使人一展卷不復能自休者，置之世界史著作之林，以質而不以量言，若吉朋、麥可萊、格林、威爾斯輩，皆瞠乎後矣。曾試自操史筆之人，讀此等書而不心折者，眞無目矣。（張蔭麟文集，民國四十五年出版，頁四五八—四六〇，「跋梁任公別錄」）

任公才氣磅礴，他在史學上的貢獻不在考據，而在文筆的深入人心，以及善於鼓舞和指示後輩以治史的門徑。張蔭麟說他才大工疏，也確是如此。我們試舉一例看。任公流寓日本，特別注意朱舜水在中日文化交流上的問題，寫成朱舜水年譜。這使中國的史學界中不少人士也注意到朱舜水這個人，如近人梁容若寫成了「朱舜水與日本文化」一文，敍事的細密顯然勝於任公，梁容若並寫了「讀梁任公著朱舜水年譜」，指出：

（任公所著舜水年譜）其中實有疏失，不能踐其所言者，或注以待考，而檢之東籍，不難知其原委者。蓋先生（指任公）之學，造端博大，早歲政談分其晷，事功奪其業。晚年欲從容著述，而復迫於年事，遺書中或綱舉目張，而未及殺青；或斐然成篇，而有待矜練。先生有趙翼錢大昕之精勤，而無其環境與壽考，乃一己之不幸，亦中國史學界之不幸也。（中國文化東漸研究，民國四十五年，頁六七）

可見任公的貢獻，其實主要在開創史學的研究風氣。他是首倡「史界革命」和「新史學」的人（參中國近代史論叢第一輯第一册，史料與史學導論）只可惜他所處的時代，軍閥割據，內戰不已，使他難得比較安寧的環境以從事研究工作。這是任公「新史學」的理想未符衆望的主要原因。雖然這樣，受任公影響啓發的史學家，其某方面的成就却往往勝於任公。

胡適，就是非常顯明的受任公的影響。光緒三十年（一九〇〇）他十四歲在上海讀書的時候，是任公文章最有勢力的時代，胡適在四十自述裏說：

梁先生的文章，明白曉暢之中，帶着濃摯的熱情，使讀的人不能不跟着他走，不能不跟着他想。有時候，我們跟他走到一點上，還想望前走，他倒打住了，或是換了方向走了。這種時候，我們不免感覺失望。但這種失望也正是他的大恩惠，因爲他……把我們帶到了一個境界，原指望我們感覺不滿足，原指望我們更朝前走。跟着他走，我們固然得感謝他；他引起了我們的好奇心，指着一個未知的世界叫我們自己去探尋，我們更得感謝他。我個人受了梁先生無窮的恩惠……第一是他的「新民說」，第二是他的「中國學術思想變遷之大勢」。……中國學術思想變遷之大勢給我開闢了個新世界，使我知道四書五經之外中國還有學術思想。（香港世界文摘出版社本，一九五四年出版，頁五七—五九）

胡適讀了任公這些文章，引起了很大的興趣，引起了一點「野心」：想把任公未做完的學術思想變遷之大勢中的幾章補作，「這一點野心就是我（胡氏自稱）後來做中國哲學史的種子。」雖然胡適不少方面受任公的影響，他的成就却絕不比任公遜色。

不特胡適的中國哲學史是受任公的啓發，其他不少史學著作也是直接或間接的受任公的影響而完成的。如金毓黻的中國史學史。

近人梁啓超晚年喜治史學，嘗論及中國史學史之作法，謂其目的有四：一曰史官，二曰史家，三曰史學之成立與發展，四曰最近史學之趨勢。（綿案：見歷史研究法補編分論三。）……其弟子姚名達欲依梁氏所示，撰成一書，稿本畧具，尚未刊行。今輯是稿，前無所承……謹依劉（知幾）章（學成）之義例，緯以梁氏（任公）之條目，犆加詮次，以為誦說之資……。（金著「史學史」導言）

其篇目內容，稽之任公在歷史研究法補編所說及的「史學史的做法」一節（頁一五一至一六八）就確是「緯以梁氏之條目犆加詮次」而成的。至於任公弟子姚名達，除了依乃師的指示撰成史學史稿本外，姚氏又撰有邵念魯年譜等書。如邵念魯年譜，有「譜前」「譜後」等項目，就是受任公的理論影響的。

再如蕭公權的中國政治思想史，

……第四編論近代維新思想，最見精采，其享譽國際有由來矣。意者，蕭氏蓋深有得於梁任公之學，其論任公思想極爲明白扼要，平允適妥，能見其大，能窺其蘊。其治中國政治思想史，或即受任公影響歟？即以文章言之，作者固胎息飲冰室文集也。（牟潤孫師「記所見之二十五年來史學著作」，一九六六年，星島日報創刊廿五週年紀念論文集，龍門書店發行）

都有受任公影響啓發的痕迹。（其他受任公影響者尚多，不盡舉。）事實上，任公的中國歷史研究法等論著，對後輩研究歷史的指示，講解詳明，除獨特見解理論之外，每附舉例證以作具體的說明，最便於啓發初學者的興趣。所以，任公在史學上的啓蒙之功，（參魏應麟「中國史學史」末章）確非任何史家所能及的。

（一九六八年四月十三日完成，一九七一年三月修改。羅炳綿，於九龍荔枝角。）

附錄：「梁啓超對中國史學研究的創新」年表

年分	重要事項	著作	備註
一八五九年 咸豐九年己未（翌年，英法聯軍逼北京，焚圓明園）	達爾文發表物種原始的理論。		此年之前（一八五八）康有爲生。（參郭湛波近五十年思想史補編，龍門書店出版，頁九九）
一八七三年 同治十三年癸酉	正月廿六日，任公生。		任公出生後六年，一八七九年（光緒五年己卯）嚴復卒業歸國。
一八八四年 光緒十年甲申	任公十二歲。三十自述：「十二歲，應試學院，補博士弟子員……家貧無書可讀，惟有史記一，綱鑑易知錄一，王父日以課之，故至今史記之文，能成誦八九。父執有愛其慧者，贈以漢書一，姚氏古文辭		三十自述一文見飲冰室文集之十一，頁十五，於此可見任公史學的基礎早已頗有根柢。受史記影響之深，和他早年熟讀史記有很大關係。康長素始演大同義。

	類纂一，則大喜，讀之卒業焉。」		
一八八五年 光緒十一年乙酉	十三歲，始治段王訓詁之學。大好之。		按：任公是年學於廣州之呂拔湖先生。翌年，學於佛山陳梅坪先生。十五歲，學於廣州之石星巢先生。任公頗佩服石氏，自云：「此老舊學尚好，吾十五六時之知識，大承得自彼也。」（年譜，頁十二）。
一八九〇年 光緒十六年庚寅	十八歲。始見瀛環志畧及上海製造局譯出各書。交陳通甫（禮吉），請學於康南海。翌年，始讀明儒學案二十四史文獻通考等書。翌年，南海講學於廣州之長興里，新學僞經考刊成。		任公是年手批四庫提要六十或八十冊。又，任公自云：「啓超本鄉人，瞢不知學，年十一遊坊間，得張南皮之輶軒語、書目答問，歸而讀之，始知天地間有所謂學問者。」（年譜，頁十、十六）
一八九二年 光緒十八年壬辰	二十歲。章太炎肄業杭州詁經精舍，俞樾爲山長。	讀書分月課程（專集六九。此書乃任公推本康南海之	任公著述已發表者，此文似爲最早之作。

		意而寫成。賓四師近三百年學術史附表列於光緒廿年，與專集所署年月稍異。）	
一八九四年 光緒二十年甲午 （中日之戰）	年二十二。六月，中日甲午戰爭發生。憂憤時局，與夏穗卿汪穰卿書信往還，討論救時問題，提倡「新學」。翌年，和議成。公車上書，請變法維新。		是年七月，康南海新學僞經考被劾禁燬。翌年，嚴復刊佈論世變之亟等文字（王栻嚴復傳，周振甫嚴復詩文選）。譚嗣同遊京師始交任公。
一八九五年 光緒廿一年乙未	二十三歲。見國事日非，慷慨激昂越甚。	隨南海開「强學會」於北京，担任中外公報的編輯。	任公報紙宣傳的文字，自本年始。（參張朋園梁啓超與淸季革命，頁二五四）
一八九六年 光緒廿二年丙申	年廿四。七月，在上海出版時務報。始交黃公度（遵憲）、馬相伯（良）、馬眉叔（建忠）。年譜又云：「先生（任公）所與交遊的諸人中，多半是好	撰變法通議（文集卷一），批評秕政，以爲救弊之法，在廢料舉，興學校。	馬眉叔馬氏文通，嚴又陵所譯天演論均以是年脫稿，未出版之先，即持其稿以示任公。（年譜，頁卅三）按：年譜此說似誤。赫胥黎天演論最早刻本爲光緒廿一年三月（一八九五

	佛學的，所以先生雖在百忙中，也不斷的致力於佛學。」（頁三、四）		年四月）味經售書處刻本。（見王栻：嚴復傳。）譚嗣同在南京成仁學。
一八九七年 光緒廿三年丁酉	廿五歲。五月，任公輯西政叢書。此外並進行創設不纏足會、印經世文新編，倡設女學堂於上海等「新學」運動。（年譜）	史記貨殖列傳今義、春秋中國夷狄辨序、讀日本書目志書後等。（文集卷二）	嚴復致書任公規勸數事。任公復書，承認自己下筆爲文，有時確很草率。此外他們又討論到保教、傳教（孔教）等事。（年譜）
一八九八年 光緒廿四年戊戌	戊戌政變。任公廿六歲。康梁出走。嚴復始譯原富、羣學肄言。譚嗣同卒。	讀春秋界說，公車上書請變通科舉摺（文集三）。戊戌政變記（專集一）。	三十自述云：「八月政變，六君子爲國流血，南海以英人仗義出險，余（任公）遂乘日本大島軍艦而東。」
一八九九年 光緒廿五年己亥	廿七歲。稍能讀東文，思想爲之一變。任公取日本名字吉田晉，其與內地知交通函多用此名。（年譜八七）嚴復譯穆勒自由論。濰縣商人初售安陽甲骨。	任公與羅孝高合編和文漢讀法一書（年譜八六）。此外有：論中國人種之將來、論學日本文之益、東籍月旦（文集卷四）。自由書（專集二）。	三十自述云：「己亥七月，復與濱人共設高等大同學校於東京……其年美洲商家同志始有維新會之設……冬……十一月……道出夏威夷島……創夏威夷維新會……居夏威夷半年。」

一九〇〇年 光緒廿六年庚子 （八國聯軍）	廿八歲。與南海意見漸殊（年譜一二三）。陳寶箴卒。其時北方拳亂正甚。嚴復始譯穆勒名學，原富論畢。	立憲法議、少年中國說、中國積弱溯源論。（文集五）	是年夏，任公居檀香山，七月以勤王事急返國。事敗後往新嘉坡晤南海。八月遊澳洲。（年譜九九）
一九〇一年 光緒廿七年辛丑	廿九歲。是年，任公始號飲冰子（年譜一四七、一五〇）。開辦廣智書局於上海。 康南海成中庸注孟子微等書。章太炎訄書刊於蘇州。	中國史敍論、清議報一百冊祝辭、南海先生傳、堯舜爲中國中央君權濫觴考、盧梭學案等。（文集卷六）中國四十年來大事記（一名李鴻章）（專集三）。（參年譜一四六）	任公遊澳半年。是年四月，復返日本。冬，清議報停刊，改辦新民叢報。（年譜一四三）
一九〇二年 光緒廿八年壬寅 （日俄戰起）	卅歲。開始著中國通史一書，欲藉此助愛國思想之發達。正月，新民叢報出版；十月，新小說出版。（年譜、三十自述）黃公度（遵憲）與任公通訊頻密，思想見解，多與任公相同（年譜一五四、一五	論中國學術思想變遷之大勢、新民議、新史學、釋革、保教非所以尊孔論、中國專制政治進化史論、論小說與羣治之關係、中國史上人口之統計、論佛教與羣治之關係、中國地理大勢論、格致學沿革考	任公因反對保教主張的原故，和南海發生很大的誤會（年譜一五三）。是年任公著述甚多，影響較大者：論中國學術思想變遷之大勢、新史學、新民說諸文。

	九）嚴復爲編譯局總辦，始譯孟德斯鳩法意、羣學肄言。又譯甄克思社會通銓。康南海成大同書。是年，任公始交蔣觀雲（智由）。（年譜一七二）	畧、三十自述、生計學學說沿革小史、進化論革命者頡德之學說、天演論初祖達爾文之學說及其畧傳（文集七—一三）。新民說、張博望班定遠合傳、趙武靈王傳。（專集卷四、五、六）又有新中國未來記等（專集八九—九四，又參年譜一六三）。	
一九〇三年 光緒廿九年癸卯	卅一歲。任公與康南海誤會加深。（參年譜一七五）劉鐵雲藏龜印佈。	論中國國民之品格（文集十四）。新大陸遊記、新英國巨人克林威爾傳（集廿二，十三）。	正月，遊歷美洲。十月，復返日本。
一九〇四年 光緒卅年甲辰	康有爲欲使人暗殺西太后張之洞。（年譜一九八）	中國歷史上革命之研究，中國法理學發達史、中國成文法編製之沿革得失、余之生死觀（文集十五—十七）。袁崇煥傳、中國之武士	據年譜（二〇一）又有中國歷史上革命之研究等。又按：文集十六有中國近世秘史序，疑非任公之作。中國歷史上革命之研究列舉中國不適於革命的事實，以反對革命，引起民報

		道、中國國債史、子墨子學說（專集七、廿四、廿五及卅七）。	的反駁。
一九〇五年 光緒卅一年乙巳	任公卅三歲。黃遵憲卒。六月，重編本飲冰室文集出版。此書較何擎一前輯本材料增多。（年譜二〇五）嚴復赴英倫晤孫中山。	開明專制論、世界史上廣東之地位（文集十七、十九）。 德育鑑（專集廿六）。	影響較大者爲德育鑑一書。據年譜二〇六又有：節本明儒學案等。開明專制論係反駁民報之攻擊而作。（張朋園梁啓超與淸季革命頁二〇七）
一九〇六年 光緒卅二年丙午	任公仍居橫濱，主持新民叢報事。乙巳丙午間，爲立憲與革命論爭辯最烈時。新民叢報代表立憲派。嚴復在滬講演政治學。法意譯竟。	是年，任公所爲政論文章甚多。（年譜二二一）此外有歷史上中國民族之觀察（專集四一）。	年譜把開明專制論列入本年作。與文集稍異。
一九〇七年 光緒卅三年丁未	卅五歲。李端棻卒。七月，新民叢報停刊。	是年，任公爲文甚少。惟著國文語原解一書，頗足反映他的思想和史觀。	參年譜（二二二）。文集二十。
一九〇八年	任公卅六歲。十月，光緒	撰有中國古代幣材考（文	據年譜，又有中國國會制度私

光緒卅四年戊申	帝與西后先後崩逝。任公欲與馬良等辦政聞社，清廷諭令查禁，任公便專心從事著述工作。嚴復譯名學淺說。	集二〇）。王荊公（專集二七）。	議。
一九〇九年 宣統元年己酉	是年，意態蕭索，生活困窘，專以讀書著述爲業。張之洞卒。	散文有論時事者數篇（參文集二〇，年譜三〇八）。此外有管子傳（專集二八）。	
一九一〇年 宣統二年庚戌	卅八歲。正月，國風報出版。	是年，任公的著作大都是論時事的散篇文章（年譜三二九；文集二一——二五）。此外，有雙濤閣日記（專集二九）。	文集册十六，頁卅九至六三，有任公不少詩作，均寫於宣統元年至三年。
一九一一年 宣統三年辛亥	二月，遊台灣。八月，武昌革命起。九月，任公再返日本。十一月南北議和成。	是年著述仍多爲討論時事的文章。（年譜三七八；文集二七）	

一九一二年 民國元年壬子	四十歲。二月十二日，清帝宣佈退位。歲杪，庸言報出版。	討論時事之文章仍多。（年譜四一三；文集二八）	十二月，張君勱、藍志先所輯梁任公演說集第一輯出版。
一九一三年 民國二年癸丑	四月，任公與友人修禊於萬牲園。七月，二次革命爆發。九月，任公就職爲司法總長。十月，袁世凱被選爲大總統。	散篇文章多爲論時事者。（年譜四二八；文集三十、三十一）	
一九一四年 民國三年甲寅	四十二歲。二月，任公爲幣制局總裁，十二月辭職。	歐洲戰役史論、清史商例初稿（專集卅、卅一）。此外，多有關幣制等文章。（文集三二）。	是年冬，任公假館北京西郊清華學校，對於從事政治生涯頗有感悔。（年譜四四三）
一九一五年 民國四年乙卯	是年，上海廣智書局停辦。正月十八日本向中國提出廿一條。日五月九日，承認日本提出關於廿一條件的最後通諜。楊度、嚴復、劉師培等發起籌安會於北京，鼓吹帝制。任公	任公應聘爲中華書局大中華雜誌主任撰述，編著時局小叢書（目錄見年譜四四六）。有吾今後所以報國者（文集三三），讀了可見任公年來厭棄政治生活的情形。此外有關時事、	正月以來，任公避地天津，從事著述事業。

	爲異哉所謂國體問題者攻之。十二月，任公從事倒袁運動。廿五日，雲南宣佈獨立。	對日本外交問題等文字（年譜四六四；文集卅二、卅三）。	
一九一六年 民國五年丙辰	四十四歲。任公的父親蓮澗(祥徵)卒。蔡松坡卒。貴州、廣西、廣東、浙江、四川、湖南依次宣佈獨立。六月六日，袁世凱憂憤卒。七日，黎黃陂就大總統職。	九月，盾鼻集出版（專集卅三，此書輯錄是年任公所爲各種文電而成）。其他有關國事的文字亦多。（年譜五〇四，文集三四，專集卅二）此外有番禺湯公傳、新會譚公傳、邵陽蔡公傳等（文集三四）。	
一九一七年 民國六年丁巳	四十五歲。七月十九日段內閣成立，任公爲財政總長；十一月，辭職。是年七月一日，張勳擁宣統復辟。八月十四日，政府宣佈對德奧宣戰。（年譜五〇九）	多整理幣制、整頓財政的文字。是年，任公題跋碑志最多。（年譜，文集三四、三五、四四上）	

一九一八年 民國七年戊午	正月，任公發起組織「松社」以提倡講學風氣。十月，國內和平統一運動起，南北名流有和平促進會之組織。十一月，歐戰告終。是月，始與胡適交遊（年譜五五〇）。十二月杪，任公與蔣方震、丁文江及張君勱等由滬乘船歐遊。是爲任公此後致力教育事業的起點。	春夏間，任公屏棄百事，專力於中國通史之作，數月間成十餘萬言。至八九月間以著述過勤，致患嘔血病甚久。通史之作也因此擱筆。	自去臘以來，任公治碑刻之學甚勤，故是歲所爲金石跋、書跋、書籍跋亦多。（年譜五四一，文集四四上，四四下）綿按：專集有太古三代載記、紀夏殷王業、春秋載記、戰國載記、地理及年代、志語言文字、志三代宗教禮學（冊十二，之四三—四九）當即中國通史之作的一部分。
一九一九年 民國八年己未	四十七歲。九月，任公與張君勱蔣方震等組織的新學會出版解放與改造雜誌。	歐遊心影錄（專集廿三）。此書絕大部分成於是年，爲任公歐遊途中，隨時隨地記其經歷觀察及感想的文字。	文集卅五有解放與改造發刊詞。是年，任公始自謂「近來讀書已用眼鏡，噫，垂垂老矣？」（年譜五六三）。
一九二〇年 民國九年庚申	四十八歲。三月五日，任公抵上海，歐遊完畢。此後，任公對於國家問題和	著成墨經校釋及清代學術概論（原題前清一代思想界之蛻變）（專集三四，	關於佛教的文字，專集又有中國佛法興衰沿革說畧、印度佛教概觀、佛陀時代及原始佛教

	個人事業完全改變其舊日的方針和態度。盡力擺脫政治活動，用全力從事教育及著述。是年，任公有著中國佛教史的計畫，故關於這方面的著述甚多。（年譜五九三）	三八）。此外有老子哲學、孔子、老孔墨以後學派概觀、佛教之初輸入、翻譯文學與佛典、佛典之翻譯、讀異部宗輪論述記、說四阿含舍、說六足發智、說大毗婆沙、讀修行道地經（專集三五、三六、四十、五二、五九至六五）	教理綱要、佛教與西域、又佛教與西域、中國印度之交通（亦題爲千五百年前之中國留學生）、佛教教理在中國之發展、那先比丘經書、佛家經錄在中國目錄學之位置、見於高僧傳中之支那著述。（之五一、五三—五八，六六—六八）以上各篇均未著明寫作年月。但年譜有列其中數篇於是年著作者。
一九二一年 民國十年辛酉	四十九歲。四月，湖南宣佈省自治，八月，湘鄂戰事起。秋，應天津南開大學之聘講中國文化史。十月廿七日（農曆九月廿七）嚴復卒。	墨子學案（專集三九，是書爲任公去歲在清華講「國學小史」之一部分刪訂而成者）、中國歷史研究法（專集七三）此外有自由講座制之教育、從發音上研究中國文字之源、陰陽五行說之來歷、及其他有關時事與代人捉刀的書	中國歷史研究法，專集署十一年寫成。但此書爲中國文化史稿的一部分（年譜六〇八），應完成於是年爲合。（又：專集八六有中國文化史〈社會組織篇〉著作年月署：民國十六年）。又，是年，任公開始與兒子翻譯英學者韋爾思之世界史綱（

		函文字（年譜六〇八—九；文集三六、三七）。	年譜六〇一，六一一，六四〇）。
一九二二年 民國十一年壬戌	五十歲。二月，楊維新輯梁任公最近演講集出版。五月，奉直戰終。六月，徐世昌下野，黎元洪就大總統職。	十月，任公著大乘起信論考證一書成。（年譜六一零）是年著述，幾全爲講演的文章。有中國韻文裏頭所表現的情感、中學國史教本改造案並目錄、情聖杜甫、評胡適中國哲學史大綱、科學精神與東西文化、五十年中國進化論、屈原研究、歷史統計學、什麼是文化（文集三七—三九）作文教學法（專集七十）。先秦政治思想史（一名中國聖哲之人生觀及其政治哲學）（專集之五十）	是年四月起，任公應各學校及團體之請爲學術講演多次。十一月，因講學過勞，在南京患心臟病，但講演迄未全停。
一九二三年	一月，由南京北返天津養	國學入門書要目及其讀	是年，任公擬輯清儒學案一書

民國十二年癸亥	病，但旋發起創辦文化學院。四月，養病於北京西郊之翠微山。九月起在清華講學。十月，與同志發起「戴東原二百年生日紀念會」。是年春夏間，張君勱丁文江因人生觀、科學與玄學的問題引起學術界的論戰。（參年譜六四四）	法、陶淵明、朱舜水年譜（專集七一，九六，九七）。治國學的兩條大路、對於舊著中國歷史研究法之修補及修正、人生觀與科學（對於張丁論戰的批評）、黃梨洲朱舜水乞師日本辯、戴東原傳、戴東原哲學、戴東原著述纂校書目考、清代通史序、顏李學派與現代教育思潮（文集卅九—四十一）。	未果（年譜六三一，六四一）。又曾欲為釋迦一文（傳記）。（亦見年譜六四〇）。
一九二四年 民國十三年甲子	五十二歲。夏穗卿（曾佑）卒。任公夫人卒。四月，印度詩人泰戈爾來華。七八月間，任公致書師範大學史地學會商討國史教本問題。（年譜六六二）。十一月杪，段祺瑞就臨時執政職於北京。	中國之美文及其歷史、中國近三十年學術史、桃花扇註（專集七四、七五、九五）。明清之交中國思想界及其代表人物、近代學風之地理的分佈、說方志，非唯（文集四一）亡友夏穗卿先生（文集四四上）	愛妻、摯友均於今年逝世，故是年為任公精神最痛苦之一年。他生平最講樂觀，最講趣味，今年却不能自勝了。（參年譜六六五）

一九二五年 民國十四年乙丑	五十三歲。三月十二日，孫中山先生逝世。五月，五卅慘案起。九月，任公至清華主持研究院事。是年，任公爲京師圖書館館長。	是年，任公題跋碑志甚多（文集四四上下）。此外有關時事的文字亦頗多（文集四二）。	桃花扇注，專集署去年作。年譜（六八〇）則謂今年注成。
一九二六年 民國十五年丙寅	五十四歲。一二月間，任公患便血病甚劇。是年，美國耶魯大學贈任公以名譽博士。十二月，病體漸痊，再恢復其講學著述的忙碌生活。	中國歷史研究法補編、荀子正名篇、中國考古學之過去及將來、先秦學術年表、莊子天下篇釋義、荀子評諸子語彙解、韓非子顯學篇釋義、尸子廣澤篇、呂氏春秋不二篇合釋、淮南子要畧書後、論六家要旨書後、史記中所述諸子及諸子書最錄考釋、漢志諸子畧考釋、漢志各書存佚眞僞表（專集九九、一百、一百一，七六	任公雖患病，仍不忘中國通史的編著，有意與兒子梁思永、思莊共同完成此平生素志。（年譜六九六）又，任公曾欲編著圖書館小史（年譜七〇二）。

		—八五）。王陽明知行合一之教（文集四三）。	
一九二七年 民國十六年丁卯	五十五歲。三月，康南海逝世。任公便血病時發時愈，但仍工作不息。六月，王國維投昆明湖卒。是年，任公致力編著中國圖書大辭典。	中國文化史（社會組織編）、圖書大辭典（簿錄之部）、中國圖書大辭典金石門叢帖類初稿、書法指導、儒家哲學、古書眞僞及其年代（專集八六，八七，一百二—一百四）。曾剛父詩集序（文集四三）。南海先生七十壽言、公祭康南海先生文（文集四四上）	是年春，時局變動甚劇，但任公仍表示要盡力完成中國通史之作。（年譜七一六，七二五）。又，學校讀經問題、爲什麽要注重敍事文字等文（文集四三）未署寫作年月。
一九二八年 民國十七年戊辰	五十六歲。六月，辭脫清華研究院事。九月，開始著辛稼軒年譜，未幾，痔疾發。十月，稿未成而疾大作，遂成絕筆。	辛稼軒年譜（專集九八）。此外有記蘭畹集、靜春詞跋等短文數篇（文集四四下）。	
一九二九年 民國十八年己巳	五十七歲。一月十九日，病逝於北平協和醫院。	有沁園春・己巳送湯佩松（文集四五下）。	

宋儒春秋尊王要義的發微與其政治思想（上）

陳慶新

目錄

兩宋「春秋學」概述

一

自漢以來，儒者都把經學看做治國平天下，經世濟民的學問。漢書儒林傳說：「六學者，王教之典籍。先聖所以明天道，正人倫，致至治之成法也。」到了宋代，這信念更堅强了。當神宗告訴王安石，人們都以爲他只知經術，不懂世務的時候，王安石回答說：「經術者，所以經世務也。果不足以經世務，則經術何賴焉。」〔註一〕王安石對經學的態度，正足以代表宋儒對經學的態度。

統計宋史藝文志的記載，宋儒所著的經部書，以春秋類爲最多。春秋是孔子據魯史刪訂而成的，後世雖尊爲經，其實是一部編年體的史書，備載二百四十二年周室興衰的史實，又寓有褒貶義，可爲後世施政的借鏡。孔子說「我欲載之空言，不如見之於行事之深切著明也。」〔註二〕用心可謂良苦，後人批評政治得失亦多引以爲據。宋儒要發表和宣傳自己的政治主張，又爲「述而不作」的傳說觀念所束縛，自然便想到借古聖人的口來說話，「春秋學」爲此大大的興盛起來。

宋儒之所以能夠借春秋來發表自己的政治見解，褒貶時事，是有其客解因素存在着的。唐中葉以前，說春秋的都以從一師之說，守一家之言，執一傳釋經相標榜。傳的束縛太大了，要借經來發表一點自己的意見很不容易。肅、代之世，啖助、趙匡、陸淳倡議打破春秋專門之學的傳統，主張集三傳之說來解經。他們不獨對三傳提出了激烈的批評，啖助說：「左氏得（周、晋、齊、宋、楚、鄭）此數國之史，……又廣采當時文籍，故兼與子產、晏子及諸國卿佐家傳，並卜書、夢書，及襍占書、縱橫家、小說、諷諫等，襍在其中。故敍事雖多，釋意殊少，是非交錯，混然難證。」「公年、穀梁，初亦口授。後人據其大義，散配經文，故多乖謬，失其綱統。」（註三）更進一步否定關於三傳作者的傳統說法，趙匡說：「邱明者，蓋夫子以前賢人，如史佚、遲任之流，見稱於當時耳。焚書之後，莫得詳知。學者各信胸臆，見傳及國語俱題左氏，遂引邱明爲其人。……且左傳、國語，文體不倫，序事又多乖刺，定非一人所爲也。……自古豈止有一邱明姓左乎？何乃見題左氏，悉稱邱明。」「（公、穀）二傳雖不記事跡，然其解經密於左氏，是知必孔門後之門人也，但不知師資幾世耳。……先儒或云公羊名高，子夏弟子也，或云漢初人。或曰穀梁亦子夏弟子，名赤，或曰秦孝公同時人，或曰名俶，字元始。皆爲强說也。」（註四）攻傳的不合經，最好的辦法是先攻作傳的人非受經於孔子，三傳舊日崇高的地位於是動搖了。不過，啖助、趙匡、陸淳並沒有全然抹煞三傳的存在價值，正正相反，三傳的價值，他們是肯定的。啖助說，左氏「博采諸家，敍事尤備，能令百代之下，頗見本末。因經以求意，經文可知。」公羊、穀梁「大指亦是子夏所傳，故二傳傳經，密於左氏。穀梁意深，公羊辭辨，隨文解識，往往鉤深。」（註五）那麼，他們又何以要抨擊三傳，動搖它們的地位呢？這一點，啖助自己已說得很明白，他說：「先儒各守一傳，不肯相通，互相彈射，仇讎不若，詭辭迂說，附會本學。鱗襍米聚，難見易滯，益令後人不識宗本。因註迷經，因疏迷註，黨於所習，其俗若此。老氏曰：『大道甚夷，而人好徑。』信矣！故知三傳分流，其源則同，擇善而從，且過半矣。」〔註六〕原來抨擊三傳的目的，是爲了不方便他們摭采三傳之說解釋春秋。

韓昌黎對玉川子盧仝「春秋三傳束高閣，獨抱遺經究終始。」（註七）的態度很是讚賞，好像唐人已開始捨棄三傳治春秋的了。細考其時有關春秋的著述，却未見有眞正棄傳從經的。啖、趙、陸三氏抨擊三傳最烈，可沒有否定三傳價值的意思。剛好相反，他們「春秋學」方面最大的貢獻——疏通發明春秋義例，更是建立在三傳的基礎上。

治春秋眞正棄傳從經，自宋儒開始。啖、趙、陸三氏雖然無意摒棄三傳，但對三傳的掊擊，影响是深遠的，可稱爲緩進派；而另一方面，有些學者如玉川子盧仝，高唱「春秋三傳束高閣」的論調，正式提出「棄傳從經」的主張，可稱爲急進派，兩相結合，到宋代也就滙成了這股變古之風。

宋代學術，以胡安定、孫明復爲先河。治春秋的，多師事孫氏。蘇子由批評他們「謂孔子作春秋，畧盡一時之事。不復信史，故盡棄三傳，無所復取。」（註八）眞德秀爲劉夙春秋講義寫序，說：「昌黎公寄玉川子詩有春秋三傳束高閣之語，學者疑之，謂未有舍傳而可求經者，今觀著作劉公講義，一以聖筆爲據依。」（註九）朱彝尊經義考謂，張砥治春秋三十年，成書三十萬言，託司馬光獻給皇帝，希望廢三傳而行其書。（註一〇）葉夢得著書抉摘三傳是非，主於信經不信傳，名爲春秋讞。四庫總目提要批評道：「古引春秋以決獄，不云以決獄之法治春秋。名書以讞，於義既爲未允；且左氏、公羊、穀梁皆前代經師，功存典籍，而加以推鞫之目，於名尤屬未安。」（註一一）由此可見宋儒對三傳輕視，摒棄程度之一斑。

宋儒棄傳從經治春秋，自有他們的理由，木訥子趙鵬飛說：「世之說者例以爲非傳則經不可曉，嗚呼！聖人作經之初，豈意後世有三家者爲之傳耶？若三傳不作則經遂不可明邪，聖人寓王道以示萬世，豈故爲是不可曉之義，以罔後世哉？顧學者不沈潛其意而務於速得，得其一家之學已爲有餘，而經之明不明不問也。愚嘗謂

學者當以無傳明春秋，不可以有傳求春秋。謂春秋無傳之前，其旨安在，當默與心念矣。」〔註一二〕

當然，冠冕堂皇的理由，不過是他們藉以擺脫三傳束縛的口實，春秋經文異常簡單，沒有傳的規範，也就可以隨意解釋，假孔子的名批評時事，宣傳自己的政治主張了。這一點，清人倒看得很明白，一針見血的道了出來：「宋自孫復以後，人人以臆見說春秋。惡舊說之害己也，則舉三傳義例而廢之；又惡左氏所載證據分明，不能縱橫顚倒惟所欲言也，則併舉左傳事蹟而廢之。譬諸治獄，務燬案牘之文，滅證佐之口，則是非曲直乃可惟所斷而莫之爭也。」〔註一三〕

沒有三傳的束縛，宋儒說春秋自由多了，强解經意以就己說，是常見的事，自己以爲是「仲千載聖人未明之意。」〔註一四〕孫明復說春秋，着重尊王之義，言多緣事而發，以深刻爲主，甚至謂春秋有貶無褒。時人亦以爲過激。常佚譏道：「明復爲春秋，猶商鞅之法，棄灰於道者有刑，步過六尺者有誅。」〔註一五〕後人以爲「過於深求，而反失春秋之本旨者，實自復始。」〔註一六〕胡文定春秋傳成於「南渡之後，故感激時事，往往借春秋以寓意，不必一一悉合經旨，」〔註一七〕提要指孫明復「名爲尊王而務爲深文巧詆」胡文定「牽合時事，動乖經義」〔註一八〕。此外，如劉原父「頗出新意」〔註一九〕，劉夙、劉翔兄弟「三傳凡例外，自出新義」的〔註二〇〕，更是不勝枚舉了。

平心而論，宋儒摒棄三傳，以至曲解春秋，是有其不得已的苦衷的。惟其如是，他們才能暢所欲言地攻擊時事，才能順利地發表他們的政治見解。從他們春秋類的著述中，我們不難體會，學術與實際生活、與兩宋政治，是有着緊密聯繫的。

二

宋儒春秋說中，討論和譏刺所及的範圍極廣。「尊王」、「攘夷」是兩宋「春秋學」的重心，也是當時政治理論的中樞，當於下文再詳細討論。這裏先提出幾個問題，是宋儒時常提及的。

（甲）「王道」的提倡。歷來，中國儒者都憧憬着一個理想社會的實現，這理想社會，就是孔子所提出的「大同」社會。傳說中的堯、舜時代，是這理想社會的藍圖。止是，「大同」社會的實現是遙而且遠的事情，在大道既隱，天下爲家的時候，不能不退而思其次，但求達到「小康」。「王道」的施行，被認爲是回復「小康」社會的階梯。宋儒以爲孔子著春秋的目的，就在彰明「王道」，以垂萬世法。

劉絢問孔子何爲作春秋，伊川曰：「由堯、舜至於周，文質損益，其度極矣，其法詳矣。仲尼參酌其宜，爲萬世王制之所折衷，此作春秋之本意也。觀其告顏子爲邦之道可見矣。」（註二一）又曰：「春秋百王不易之法，三王以後，相因既備，周道衰而聖人慮後世聖人不作，大道墜，故作此一書。此義門人皆不得聞，惟顏子得聞。嘗語之曰：行夏之時，乘殷之輅，服周之冕。樂則韶、舞（疑爲「武」之誤）是也。此書乃文質之中，寬猛之宜，是非之公也。」（註二二）

王晳云：「昔者仲尼以聖人之才識，歷國應聘而卒老不遇，知天命之不與己也。於是崇聖業，讚易道，定禮樂，删詩書，表先王之舊章，總皇極之彝訓，闡君臣父子之義，原治亂興衰之道，足以垂世教，傳之無窮；然於己之才識則未能盡發明之也，故作春秋託之行事以盡焉。則司馬遷所記孔子之言曰：『我欲載之空言，不若見之行事之深切著明也。』此仲尼修春秋之本意也。噫，夫經制可以定天下，則春秋之經制備矣；至誠可以贊元化，則春秋之至誠深矣；執經制，推至誠，則承天治民，純正萬事，體道德而維之以禮法，本仁義而振之以權綱，尊君與賢，旌善黜惡，王道之權衡，太平之事業也，此仲尼之道，與其才識舉見之於春秋矣。後之諸儒，不原聖人本意，但舉一端以爲之說。公羊曰：『撥亂世反諸正。』又云：『制春秋之意以俟後聖。』何休以爲知漢當繼大亂之後，故作撥亂之法以授之。何其迂哉！夫否泰治亂如循環，然否亂之極必有王者興，固天命也。仲尼豈知數百年後劉氏定天下，興漢室乎！且聖人大典將垂萬世以爲法，又豈止一漢朝乎！若以衰世論之，則可以撥亂而歸正；若以治世言之，則可以潤色，乎王道無施不可也。孟子曰：『孔子作春秋而亂臣賊子懼。』此亦據當世而言爾，若專爲誅亂臣賊子使知懼，則尊賢旌善之旨闕矣。董仲舒曰：『孔子知時之不用、道之不行，是非二百四十二年之中，以爲天下儀表，貶諸侯，討大夫，以達王事而已。』若此則仲尼祖述堯、舜之道無以明矣。壺遂曰：『孔子之時，上無明君，下不得任用，故作春秋垂空文以斷禮義，當一王之法。』若此則春秋之文皆紀實事，不得謂之空文；又聖人作經，義貫今古，亦何必當一王之法乎！杜預以爲『孔子曰，文王既沒，文不在茲乎』，此制作之本意也。孔子之出此言者，以遭時之難，謂已得文王之道，有文王之文，不當不垂於後世，故云然，然亦通謂諸經，未必指春秋而言也。文中子曰：『聖人在上則賞罰行，在下則褒貶作。』夫褒貶，聖人所以代賞罰也，是又不見聖人推至誠，明大道之旨，而一經之作專在賞罰也。啖助謂『春秋救周之敝，革禮之薄，以夏道爲本，不全守周禮』，則褒貶善惡斷以聖人之義不該之矣。趙氏謂『春秋大要二端而已：常典也，權制也。』春秋據周禮，其典禮所不及者，則聖意窮其精理以空褒貶，尊王室，正陵僭,舉三綱,提五常,又言有帝王簡易精淳之道,此得春秋之宗指,優於數賢之說也,但不及聖人不欲託空言,故屬之行事之意爲不悉耳。備舉數賢之說,餘不足論也。且聖人之說一以貫之,數賢之說皆舉一端爾,總而通之,會歸其本意,則春秋之義全矣。」〔註二三〕

伊川說較晦澀。王氏直謂仲尼著春秋,乃「王道之權衡,太平之事業」。

仲尼具有聖人之才識,奈何天命不與,其道未得施行。故「王道」的施行,有待秉承天命的王者興起;而施行「王道」,正是王者的責任。王氏前文已約畧言及,孫莘老論述更詳盡。

隱公「元年,春,王正月」條,莘老云:「元年不謂之一年,正月不謂之一月者,欲示人君體元居正之法也。夫元者,氣也,天地生成之德也。建子之月,羣陰方壯,萬物未萌,而一元之氣潛伏於黃鐘之宮,於時已有生成萬物之心。及其發而成功,則生之爲春夏,成之爲秋冬。聖賢居無位之時,萬物未蘇,羣生未安,聖賢處衆人之下,亦已有生成及民之心;及其發而成功,則舒之爲禮樂,慘之爲政刑。是故爲天子者,體天地生成之德,則可以生成天下之民物;爲諸侯者,體天地生成之德,則可以生成一國之民物。故易之道,備於三才,而元首於四德。春秋褒善貶惡以爲萬世之法,而即位之初必稱元年者,蓋以此也。夫正者,方直之名,大正之道也。上爲天子,下爲諸侯,所言必正言,所行必正行,所近必正人,法令之行必以其正也,賞刑之出必以其正也,造次動靜莫不一於正者,居正之謂也。然而元者生成之本也,春者天之所爲,生成之始也。以春次元者,言春非元無以發爲生成之德也。王者天下之本,正者王之所爲而政教之始也。以正次王者,言正非王無以施爲,政教之道也。是故王者必正其天下之政教,而上奉乎天,故以王次春焉;諸侯必正其一國之政教而上奉乎

王，故以公即位次正焉，此天子諸侯體元居正大義也。」〔註二四〕

在帝制時代，人君被認爲是天地的根本，政治的轄心，故漢儒董仲舒云：「三畫而連其中謂之王。三畫者，天地與人也；而連其中者，通其道也。取天地與人之中以爲貫而參通之，非王者孰能當？」〔註二五〕莘老「正者王之所爲」，「王者必正其天下之政教，而上奉乎天」之說，是有其歷史淵源的。所謂「言必正言」、「行必正行」、「近必正人」、「法令之行必以其正」、「賞罰之出必以其正」、「造次動靜莫不一於正」，就是「王道」，是宋儒對人君的期望。

「王道」的效用至巨，它可以把社會從至亂導向至治。謝湜云：「孟子曰，孔子作春秋而亂臣賊子懼，蓋以王道明於春秋也。順天理物，天王之事，春秋首王正，先王，人所以尊天王也，而君道立矣。尊法施教，諸侯之事也，春秋顯忠勤，斥僭亂，所以正諸侯也，諸侯正而臣道立耳。事物在所辨治也，春秋審是非，正得失而辨治之道明，功罪在所升絀也。春秋原善惡，正褒貶，而升絀之道行，宗族在所親睦也。春秋謹尊卑，篤恩義，而親睦之道於是乎在矣。內外在所防閑也，春秋發姦慝之情，著禍亂之原，而防閑之道於是乎在矣。歲時在所變調也，春秋明天地之災，形陰陽之變，而變調之道於是乎在矣。非特此也，美順正，誅暴橫，所以律兵戎，貴德賤力，先義後利，所以屈夷狄，春秋之道深且備矣。夫欲天理明，人倫正，紀綱立，僞不汨眞，邪不害正，捨春秋何以哉！春秋者，以大中之道，斷列國行事而著之言也。夏尚忠，商尚質，周尚文，三代一時之政也，春秋損益去取百王不易之道也。」〔註二六〕

明天理、正人倫、立紀綱、正眞僞、別邪正，回復夏、商、周三代之政，「王道」的效用何等偉大啊！

人君「順天理物」，施行「王道」是理所當然的。上天恐其有失，故常降災異以示警戒，使不敢遠離「王道」。

王哲云：「春秋書災異以記其變，若日食星隕地震山崩之類，此天地之變者也；霜雹火災水旱螽螟之類，此天地之災者也；特日月之食及數之常躔次所定無毫釐之差，然春秋何以書日食同之災變乎？夫日者至陽之精，至明之體，人君之象也，因其虧食即同之災變而書者，蓋聖人假此以示訓，謂日之高明猶有侵食之者，況人君乎？欲使人君覩之而知自戒懼爾。是故月食不書，獨取日義而書之也。其星隕地震山崩則非常之變也，餘則常行之災也。非常之變人君所當懼，常行之災，人君所當憂，大要在德政而已！」（註二七）

春秋之言「王道」，早經漢儒肯定，其中以董仲舒縷述至爲詳盡。兩宋「春秋家」於此並無獨特的發明。然而每一儒者均有其政治理想與抱負，他們都熱切地盼望着「道王」的施行，使社會回復「小康」。故此，儘管北宋儒者說春秋首重「尊王」，南宋儒者說春秋特重「攘夷」，而宣揚「王道」的思想却貫徹於各家著述中。

（乙）關於王位繼承問題的討論。自太祖匡胤死，弟匡義繼立，這問題的討論便在儒者中展開。其後，仁宗、高宗、寧宗都沒有子嗣，建儲問題引起人們的注意，討論也就更加熱烈。

舊說謂匡胤受太后命，以爲幼兒主天下，是致亂之道，故有「金匱之盟」遺命傳位匡義。（註二八）其後，朝臣勸時君建儲，對此多予稱美。范鎮上仁宗疏，便說：「陛下獨以祖宗後裔爲念，是爲宗廟之慮至深且明也。昔太祖舍其子而立太宗，天下之大公也；眞宗以周王薨，養宗子於宮中，天下之大慮也。願以太祖之

心，行眞宗故事。拔近屬之尤賢者優其禮秩，置之左右與圖天下事，以繫億兆人心。」（註二九）

爲勸建儲而稱美太祖，原屬權宜之計，本無可厚非。惟是「金匱之盟」與傳統嫡長子繼承的宗法制度，是背道而馳的。當太宗以傳位廷美之意徵詢趙普時，趙普就說：「大祖已誤，陛下豈容再誤！」（註三〇）

宗法制度的破壞，足以防碍政治秩序的穩定，春秋時代，宋殤之弒（註三一）就是一個很好的例子。爲此宋儒對「兄終弟及」的說法大肆抨擊，以圖維持和鞏固「嫡長子繼承」的宗法制度。

謝湜於隱公四年「宋公、陳侯、蔡人、衛人伐鄭」條云：「父子相傳，天下之正也。與夷幼，宣公以位傳穆公，蓋不得已而爲之也。穆公季年，公子馮長矣，穆公襲宣公之迹，且又致國乎與夷，是以私心害天下之正也，是以小讓啓爭奪之源也。」（註三二）隱公三年「葬宋穆公」條，公羊傳云：「宣公謂繆公曰：『以吾愛與夷，則不若愛女，以爲社稷宗廟主，則與夷不若女，盍終爲君矣。』宣公死，繆公立。繆公逐其二子莊公馮與左師勃，曰：『爾爲吾子，生毋相見，死毋相哭。』與夷復曰：『先君之所爲不與臣國，而立國乎君者，以君可以爲社稷宗廟主也。今君逐君之二子，而將致其國與夷，此非先君之意也。且使子而可逐，則先君逐臣矣。』繆公曰：『先君之不爾逐，可知矣。吾立乎此，攝也。』終致國乎與夷。莊公馮弒與夷。故君子大居正。宋之禍，宣公爲之也。」穀梁無傳，左氏云：「宋宣公可謂知人矣。」（註三三）謝氏棄左氏，而修正公羊的說法，以爲宣公所以傳位穆公，是因爲與夷幼的關係，猶匡胤之傳位匡義，是不得已的事，絕對不可以仿效。葉夢得的態度較謝氏爲烈，他駁左氏云：「宋宣公不立其子而立其弟，宋之亂卒至於弒君爭國者，宣公之爲也。其命之可謂非義，而反以義與之，謂之知人，宜其不足與論隱桓之事矣。」（註三四）

楊時於定公十四年「衛世子蒯聵出奔宋」條，云：「衛世子蒯聵得罪於靈公而奔宋，已而之晉趙氏。靈公怨其出奔也，謂少子郢曰：『我將立若爲後。』靈公卒，夫人立郢爲太子。曰：『此靈公命也。』郢曰：『有亡人之子輒在，不敢當。』於是衛人立輒爲君。昔有公儀仲子之喪，舍其孫而立其子。子游問諸孔子，孔子曰：『否，立孫。』則世子而立嫡，禮也。然則郢之讓，輒之立，正也。」〔三五〕公羊、穀梁無傳，楊氏說特明「立子立嫡」之義。

儲君的策立，既關係着國家安危，所以當早日決定，以免身後引起紛爭。

黃仲炎於昭公二十二年「王子猛卒」條，曰：「按，經書王子猛卒，則知上文書王猛者，文闕也。……春秋書劉子、單子以王猛居於皇，入於王城。尹氏立王子朝以見王之冢嗣不能早定，而劉、單、尹氏，皆非重臣碩輔，各以私意立君，爲宗社之禍也。向使景王能爲身後之謀，早定世子之位，選擇賢佐，寄以柱石，如漢武帝所以任霍光者，則晏駕之後，安有庶孽爭讓之禍哉？」〔註三六〕於三傳外別出新意，用明建儲之重要。

（丙）關於「濮議」的討論。宗室子得承皇位，都想追崇生父。英宗也想崇奉濮王，結果引起了軒然大波——「濮議」。當時的「春秋家」，也都參與了論戰。

謝湜於文公二年「大事於太廟，躋僖公」條，云：「魯人奉閔爲君，則僖公嘗爲閔之臣矣。奉僖繼閔之後，則僖公嘗爲閔之子矣。僖雖閔庶兄，以兄繼弟，其始雖不順，然國人奉以繼閔，則閔爲之父，僖爲之子，其位不可易也。文公恭修大事而升僖公位於閔上，是乃以子先父，以臣先君，以閨門之私恩廢朝廷大義也。父子易位而尊卑失序矣。」〔註三七〕僖公爲閔公庶兄，繼閔公而立爲魯君。僖公死，文公從夏父弗忌「新鬼大，故鬼小。先大後小，順也。」〔註三八〕之說，躋僖公神位於閔公前。本來這與英宗追崇濮王之事，性質完全不同，「春秋家」却借題發揮，藉以攻擊韓琦、歐陽修等尊濮王爲「皇考」的主張。

司馬光等反對尊濮王爲「皇考」的一派，聲勢浩大。韓琦、歐陽修的支持者却寥寥無幾，在「春秋家」中就止劉原父一人。〔註三九〕而且，躋僖公的事，本與封建禮制不合。三傳斥爲逆祀，是符合春秋的精神的。定公八年，春秋云：「從祀先公。」從祀就順祀的意思。穀梁云：「貴復正也。」原父善以新意解春秋，至此亦無以爲說了。

（丁）關於新法的抨擊。爲了應付外族的壓迫，解決內部的貧乏，神宗擢用王安石，推行新法，結果遭到了司馬光爲首的舊黨激烈的反對。在行動上，他們採取不合作的態度；在理論上，他們指新法變更祖宗法度，予以嚴厲的抨擊。

據宋史藝文志，王安石有左氏解一卷，旨在辨明左氏爲六國時人，陳振孫疑非安石所撰。〔註四〇〕王氏新法的理論，主要見於新經周禮義。〔註四一〕晁公武說他「以其所創新法盡傳著之，務塞異議者之口。」〔註四二〕由於不屬本文範圍，暫且不論。

歐陽修是反對王安石施行新法的，但他却不以爲祖宗之法不可變。仁宗慶曆年間的改革，他是一個有力的支持者，他曾經鼓吹改良主義的思想。在三年無改問一文中，他云：「傳曰『三年無改於父之道，可謂孝矣』，信乎？曰，是有孝子之志焉，蹈道則未也。……事親有三年無改者，有終身而不可改者，有不俟三年而改者，不敢私其所私也。衰麻之服，祭祀之禮，哭泣之節，哀思之心，所謂三年而無改也。世其世，奉其遺體，守其宗廟，遵其教詔，雖終身不可改也。國家之利，社稷之大計，有不俟三年而改者矣。禹承堯舜之業，啓嗣之無改焉，可也；武王繼文之業，成王嗣之無改焉，可也。使舜行瞽之不善，禹行鯀之惡，曰俟三年而後改，可乎？不可也。凡爲人子者，幸而伯、禹、武王爲其父，無改也。雖過三年，忍改之乎？不幸而瞽、鯀爲父者，雖生焉，猶將正之，死可以遂不改乎？文王生而事紂，其死也，武王不待畢喪而伐之，敢曰不孝乎？至公之道也。魯隱讓桓，欲成父志，身終以弒。春秋譏之，可曰孝乎？私其私者也。故曰，凡子之事其親者，盡其心焉爾。」〔註四三〕

當然，歐陽修這一番議論，是爲了配合慶曆改革的推行而發的，王安石施行新法以後，他是再不會重唱舊調的了。

沒有「春秋家」是支持新法的，他們對新法的抨擊都異常激烈。

劉原父於成公元年「作丘甲」條，云：「魯不務廣德而務廣力，不務益義而務益兵。以王者之制論之，則作丘甲之罪大矣。王者之制，諸侯不得擅賦其民，擅稅其民。稅，爲足食也；賦，爲足兵也。足食足兵，民信之矣。然而不得擅者，先王之稅既足以食矣，先王之賦既足以用矣，今不循先王而以意爲准，必亂之道也，是以聖人禁之。」〔註四四〕左氏無傳。公羊云：「譏始丘使也。」穀梁云：「夫甲非人人之所能爲也，丘作甲，非正也。」劉氏於公、穀之外，別出新意，以譏當時爲整理稅收而推行的方田均稅法，和爲鞏固國防而施行的保甲法、保馬法。

孫莘老於昭公五年「舍中軍」條，云：「魯次國，制當二軍，而襄十一年頓作一軍，至是二十餘年，民不勝其弊，於是舍其中軍。作三軍，非禮，當書；舍中軍又書之者，蓋罪其擅興作勞民，民不勝其勞，又舍之。始謀之不詳，則終處之無法。作三軍非禮，雖舍之未得爲正也。」〔註四五〕左氏云：「初作中軍，三分公室而各有其一。季氏盡征之，叔孫氏臣其子弟，孟氏取其半焉；及其舍之也，四分公室，季氏擇二，二子各一，皆盡征之，而貢於公。」公、穀均以爲貴復正。孫氏不從左氏，又修正公、穀之說，也是針對當時的新法而發的。

直到南宋，春秋家對新法的批評還未止息，止是較北宋諸儒客觀多了。

呂祖謙於左昭四年「鄭子產作丘賦，國人謗之」條，云：「鄭，小國也。中立乎晉楚强國之間，前後數年，從晉不從楚，從楚不從晉，不過但供一邊貢賦而已，則小國尚可支持。到楚靈王方無道，晉平公衰弱，又不能與之校。鄭以蕞爾之小國事兩霸主，朝廷貢賦與平時所貢之物已添了一倍，所以子產不得已作丘賦。當時其他諸侯亦莫不貢兩霸主貢賦，何故其他諸侯皆能供而不至作丘賦，何獨鄭不能供而作丘賦？須是推原子產所以作丘賦之意。蓋子產爲政，常欲使鄭國整齊有餘，不使到闕乏地位，所以不恤人之謗而作之。大率子產爲人必欲要就窄狹中却示其寬裕，衰弱中却示其强大，子產之規模多是如此。是以有得力處，有不得力處。其他諸國則是到闕乏時逐旋爲之。子產不肯教國中有困乏之患，於是寧甘心受謗而不顧，所以多取於民……」〔註四六〕變法的苦衷，呂氏是體會到的。可是，如果我們因此就以爲他主張或支持變法，那就錯了。於左昭二十九年「晉趙鞅、荀寅帥師城汝濱，遂賦晉國一鼓鐵，以鑄刑鼎」條，呂氏云：「以左氏所載，當是時春秋之末，所謂周室法度尚在，……使諸侯常守周室之法度，必可長久。緣春秋諸侯，國自爲政，不用先王之法。如魯作丘甲，用田賦；如鄭之鑄刑書，作丘賦；如晉之鑄刑鼎。舉三事論之，當時諸國已自不用先王之法。所謂先王之法，不過藏之書府而已。所以其漸到戰國之時，敢去其籍， 大抵先王法度本末具在， 不可得而變。」〔註四七〕彈的還是舊黨的老調，堅持先王法度之不可或變。

（戊）關於朋黨的抨擊。北宋仁宗時候，由於地域不同、經濟背景不同、思想不同，引致了以范仲淹、呂夷簡爲首的南北官僚的衝突，後人稱之爲慶曆黨爭。神宗時，因爲新法的推行，又引起了新、舊黨之爭。黨與黨間相攻訐，互相排斥。「春秋家」亦多有所依附。

孫莘老於莊公十二年「宋萬弒其君捷，及其大夫仇牧」條，云：「春秋死難之臣三人而已。……然而孔子書之無異文者，蓋孔子曰：『以道事君，不可則止。』又曰：『既明且哲，以保其身。』事君而至於殺身，孔子不爲也。事君之日久，則君必信我，而言必用也；然小人猶在於朝，而君猶任於小人，則其道必不行，其言必不信矣。道必不行，言必不信，猶在其位，是苟祿者也，非以道事君者也。苟祿而事君，固位而見殺，孔子又何褒乎？三人者之謂善， 乃孔子爲不能死君者設爾， 非孔子之所謂善也。孔子之謂善，以道事君，不可則止者也，既明且哲以保其身者也。」〔註四八〕舊黨反對新法的施行，所以新黨得勢時，每予罷免；到舊黨得勢，新黨自亦難以立足。孫氏於新法有異議，曾經爲安石貶謫，故有這偏激的言論。

呂祖謙於左襄二十五年「太史書曰崔杼弒其君」條，亦有相似的言論：「大抵君子守正果堅，則小人雖有如此凶威虐焰，終不能移奪。……且以本朝論之，自太祖、太宗、眞宗以來，朝廷之上養成一箇愛君憂國，犯顏逆耳底風俗，故一時忠臣輩出。當時如青苗，如市易，如保甲，如戶役，爭者殆未以一二計，固不可悉數。

止以一事論之，李定以資淺入臺而宋敏求從之而去，李大林繼之又去，蘇頌又去。黜者相踵而爭者方切，當是時天下有三舍人之號。齊之三太史即我宋之三舍人。人觀三太史之事，當知文、武、成、康涵養風俗之所致；觀三舍人之事，當知我祖宗涵養風俗之所致。學者不可不知。」〔註四九〕譏諷的對象，雖然是韓侂胄，但同情舊黨的被排擠，及對新法的施行，是很明顯的。

朋黨的形成，並不是國家之福。這是動亂的根源，更足以導至權力的下移。到了南宋，「春秋家」看得很清楚。胡文定於隱公元年「祭伯來」條，云：「人臣義無私交，大夫非君命不越境，所以然者，杜朋黨之原，爲後世事君而有二心者之明戒也。惟此義不行，然後有藉外權如繆留之語韓宣惠者、交私議論如莊助之結淮南者、倚彊藩爲援以脅制朝廷如唐盧携之於高駢、崔胤之於宣武、昭緯之於邠岐者矣。經於內臣朝聘告赴皆貶而不與，正其本也。豈有誣上行私自植其黨之患哉！」〔註五〇〕於成公六年「取鄟」條，又云：「犯上干主，其罪可救；乖忤貴臣，禍在不測，故臣子多不憚人主而畏權臣。如漢谷永之徒，直攻成帝，不以爲嫌；至於王氏，則周旋相比，結爲朋黨而人主不之覺，此世世之公患也。歸父家遺緣季氏也，朝吳出奔因無極也，王章殺身忤王鳳也，鄭侯寄館避元載也。惟殺生在下，而人主失其柄也。是以黨與衆多，知有權臣而不知有君父矣。」〔註五一〕二帝北狩與宋室南渡的慘痛教訓，激起了國人復仇的決心，也引起了他們對內部問題的省察。歷時數十年的黨爭自然遭到猛烈的抨擊。

（己）關於權臣擅國的抨擊。兩宋權臣擅國的事情，屢有發生，甚至有迫帝內禪，擅主廢立的。這在宋儒看來，眞是罪不容誅了。

謝湜於昭公二十六年「尹氏、召伯、毛伯以王子朝奔楚」條，云：「子朝之亂，皆權臣爲之也。子朝之立，尹氏主之；子朝奔也，尹氏、召伯、毛伯左右之。故前書尹氏立子朝，後書尹氏、召伯、毛伯以子朝奔楚，所以著權臣之亂也。」（註五二）公、穀無傳，謝氏據左氏發揮，指出權臣爲禍亂的根源。

黃仲炎於昭公二十五年「公孫於齊，次於陽州」條，云：「魯政逮於季孫，四世矣。魯之人民知有季氏而不知有其君，與夫諸侯之國知有季孫而不知有魯侯者亦久矣。始於僖公，成於成襄，不能蚤正而預慮，及至昭公寄命意如之手，身如羈旅，受人指麾，去亡國無幾矣。」（註五三）季氏僭於公室，昭公想把他去除。事敗，逃往齊國。黃氏推源禍始，以譏史彌遠的專擅。

趙鵬飛於昭公七年「季孫宿卒」條，云：「人之幸莫大於有子。人孰不有子？生不肖子，不愈于無乎？……季氏之有宿，自當時觀之，奪公室之權，執魯國之命，君制於己，臣聽於下，無敢違忤，其亦尊矣。自今評之，不免爲逆臣。以成季文子之後而有逆臣，庸爲季氏之福乎？極宿之罪，則外干不忠之誅，內蒙不孝之戮。其死於牖下誠幸，而魯與季友何不幸也。其子意如至於逐魯君，廢國儲，然其鎡基皆起於宿。」（註五四）三傳於此無傳。趙氏綜觀季孫宿的行事，從而作出了批評。他對權臣的態度，亦於此可見。

三

宋儒爲了褒貶時事，宣傳自己的政治主張，至於捨棄三傳，用自己的理論解說春秋，超出了傳統「春秋學」的範圍，因而遭到比較保守的學者們的非議。

蘇子由對時人仿效孫明復說春秋，已頗有微辭。（註五五）到了劉弇，態度變得激烈了，他反對時人以個人的好惡喜怒說春秋，動輒乘違經旨。他云：「公天下之好惡者，莫大乎好惡之心不存。好惡之心不存，於是褒貶可寄而眞好惡見矣。春秋之爲經，非釀好惡者也，非致喜怒者也，非私予奪者也。爲孔子者，得尺寸之柄效乎當世，則春秋亦無事於作矣。」（註五六）接着，他對時人提出了批評，云：「學者之於春秋，患在求之太過，拘之太甚。求之太過則精理失，拘之太甚則流入於峭刻而不知變。於此有一言而盡者，道而已矣。有兩言而盡者，公與恕而已矣。故曰，聖人之言如江河，諸儒訴沿妄入畎澮；聖人之心如日星，諸儒糾紛雲障霧塞。此亦學者之大患也。」（註五七）

朱元晦未嘗註春秋，但曾經明白地表明了他對春秋的態度。當談及春秋時，他說：「熹便不敢似諸公道聖人於一字半字上定去取。聖人只是存得那事在，要見當時治亂興衰。如一部左傳，載得許多事，也未知是與不是，但是道理也是如此。」又說：「孔子亦何嘗果有意說，用某字使人知勸，用某字使人知懼，用某字有甚微詞奧義使人曉不得，只以褒貶榮辱人；不過如今之史書，直書其事，善者惡者了然在目，觀之者知所懲勸。故亂臣賊子有所畏懼而不犯耳。近世說春秋太巧，皆失聖人之意。」（註五八）春秋，在朱子看來，不過一部直書其事的史書而已。

稍後，程公說仿史記體裁，撰春秋分記。自謂「事雖因左氏，而義皆本諸聖經；又旁采公、穀及諸子說，粗且要者附正其下。」（註五九）干脆以治史的方法來治春秋了。

呂大圭據朱子說發揮，走到另一個極端——反「褒貶說」的路上去。他說：「春秋因魯史而成文者也，史之所有，聖人因之；其所無者，不能以意度也。史之所述，聖人定之，其所闕者，不敢以强補也。聖人作經以示萬世，固未嘗有一毫私意參於其間，而顧欲竊褒貶之權以自尊乎？且魯一國也，夫子匹夫也。夫子因一國之史而欲以律天下之君大夫，則是私魯也。以匹夫之微而欲以竊天子之刑賞，則是私己也。聖人宜不爲是也。……後世因其所錄之實而得其可以褒、可以貶之義可也。謂其借褒貶以代賞罰，某爲善，吾字之；某爲惡，吾名之；某有功，吾爵之；某有過，吾奪之，則聖人決不如是也。聖人之筆如化工，洪纖高下，要亦使之各得其所而已，豈曰容私意於其間哉？春秋非聖人所自作，亦非聖人不能作。學者誠知春秋非聖人所自作也，則夫名稱爵號予奪紛紛，譬若法家用法刻覈瑣細者，其說不可用也。誠知春秋非聖人不能作也，則夫歸之赴告策書，諉之魯史舊文，而聖人精微之意，或未之講者，其說不可盡從也。」〔註六〇〕

孔子修春秋，不必如孫明復等想像中的字字有褒貶，但要說春秋止是一部史書，未寓有褒貶義，那又未必符合事實。呂氏一反春秋寓褒貶的說法，顯然是宋儒「字字褒貶」說的一大反動。他以爲春秋止是一部經孔子筆削，去煩剔蕪的史書，後世從它所錄史實，體會它的褒貶義是可以的，若以爲它某一字有褒義，某一字有貶義，那就不是孔子的意思了。

自唐劉知幾以史視春秋〔註六一〕，後人亦多從之，惟宋「春秋家」不以爲然。程伊川說：「後世以史視春秋，謂褒貶善惡而已，至於經世之大法則不知也。春秋大義數十，其義雖大，炳如日星，乃易見也；惟其微辭隱義，時措從宜者爲難知也。或抑或縱，或與或奪，或進或退，或微或顯，而得乎義理之安，文質之中，寬猛之宜，是非之公，乃制事之權衡，揆道之模範也。」〔註六二〕這番話並不僅僅代表他個人的見解，而是孫明復以下兩宋「春秋家」的共同主張。直到南宋末年，家鉉翁還堅持這個態度，批評以春秋爲編年體史書的論調。他說：「春秋非史也，謂春秋爲史者，後儒淺見不明乎春秋者也。昔夫子因魯史修春秋，垂王法以示後世。魯史，史也；春秋則一王法也，而豈史之謂哉？陋儒曲學以史而觀春秋，謂其間或書或不書，或書之詳，或書之畧；或小事得書，大事缺書，遂以此疑春秋。其尤無忌憚者，至目春秋爲斷爛朝報，以此誤天下後世，有不可勝誅之罪。由其不明聖人作經之意，妄以春秋爲一時記事之書也。」又云：「史者備記當時事者也，春秋主乎垂法不主乎記事。如僖公二十八年晉文始霸，是歲所書者皆晉事；莊九年齊桓公入，是歲所書者皆齊事；隱四年衞州吁弒君，是歲所書者皆衞事；昭八年楚滅陳，是歲所書皆陳事；有自春徂秋止書一事者，自今年秋冬迄明年春夏，閱三時之久僅書二三事者；或一事而累數十年，或一事而屢書特書；或著其首不及其末，或有其義而無其辭，大率皆予奪抑揚之所繫，而宏綱奧旨絕出語言文字之外，皆聖人心法之所寓，夫豈史之謂哉！蓋晉乘、楚檮杌、魯春秋，史也。聖人修之則爲經，昧者以史而求經，妄加擬議，如蚓蝸伏乎塊壤，烏知宇宙之大江海之深，是蓋可憫不足深責也。」〔註六三〕

在衆人都反對以史視春秋的時候，朱子等獨持異議，把春秋拉到與史書相仿的地位，是有他們的不得已處的。矯枉必須過正，從史學的角度看春秋，也許看的更眞，更接近孔子的意思。

呂大圭在春秋或問中，對三傳及宋儒許多偏激失實的說法，提出了批評。如宣公二年「晉趙盾弒其君夷皐」條，公羊無傳，左氏、穀梁均謂趙穿弒靈公，趙盾爲正卿，亡不越境，反不討賊，故晉太史董狐以弒君罪歸之。宋儒多從左氏、穀梁說。謝湜云：「弒逆，趙穿爲之也。書曰趙盾者，穿，盾之族也。晉國之權，皆歸於盾，盾苟無不臣之心，則穿安敢肆爲大逆哉？今也入諫不聽，亡不越境，聞難而反，反不討賊，然則穿之逆，盾之由也。春秋推原首惡而歸之趙盾，所以爲萬世法也。」〔註六四〕呂氏以爲不然，云：「趙穿弒君，大惡也；盾不討賊，不能爲君復讎而失刑於下，二者輕重不較可知。就使盾爲可責，然穿焉得免也？今免首罪爲善人，使無辜者受大惡，此決知其不然也。若曰盾不討賊，有幸弒之心，與自弒同，故寧舍穿而罪盾，此乃逆詐用情之史，矯激之爲爾，非孔子以王道治人之法也。孔子患舊史是非錯亂而善惡不明，所以修春秋。就令舊史如此，其肯不正之乎？此可知其繆也。然則夷皐孰弒？曰，孔子所書趙盾是也。」〔註六五〕從史學的觀點批評左氏、穀梁及諸儒，雖然未必屬實，惟亦可備一說。

又如桓公三年「有年」條，左氏無傳，公、穀無褒貶義。伊川云：「書有年，紀異也。人事順於下，則天氣和於上。桓弒君而立，逆天理，亂人倫，天地之氣爲之繆戾，水旱凶災乃其宜也。今乃有年，故書有異。宣公爲弒君者所立，其惡有間，故大有年則書之。」〔註六六〕謝湜、胡文定等說均據此引申。呂氏一反其說，云：「或謂桓宣不宜年，其有年者異也。……此爲求之過矣。夫桓宣固不宜有年矣，而聖人豈樂天下之無年哉？然以桓宣之春秋二年書有年，則其他年之歉亦可知也。天理不僭，信哉！」〔註六七〕

程子的說法，以意爲之，是有欠妥之處的，呂氏批評他求之太過，也是事實。但與此同時，呂氏却又陷進另一泥沼裏去。他以爲孔子於桓宣之春秋書有年，是表示止這兩年五穀熟，它年都歉收的意思，故孔子據事直書。可是，假若該說能夠成立，春秋十二公除桓宣外，諸公之世，孔子未嘗書有年，豈不年年都失收了？

以史視春秋的「春秋家」，人數極少，止是兩宋「春秋學」的一條小支流，影响亦極微薄，不能扭轉兩宋借春秋以申己說的風氣。而且，大勢所趨，即朱子亦往往感激時事，借春秋以寓意。如閔公元年「季子來歸」條，左氏云：「公及齊侯聯盟於落姑，請復季友也。……季子來歸，嘉之也。」杜註：「閔公初立，國家多難，以季子忠賢，故請霸主而復之。」公羊云：「喜之也。」穀梁云：「貴之也。」對季子都有稱美的意思。朱子惡韓侂胄的專擅，故爲深刻之說以貶之，云：「此人亦多可疑，諸家各言季友來歸爲聖人美之之辭，據看此一句，止是著季氏所以專國爲禍之基。季友之罪與慶父不爭多，但歸後能平難，魯人歸之，故如此說。況世執魯之大權，人自是畏之，史官書得如此好，孔子因而存此，蓋以見其執權之漸耳。」〔註六八〕他的學生張洽綜合漢唐及宋儒之說，爲春秋集義，衞宗武序云：「其間如論楚之救鄭，既不書救，又貶稱人，以見夷狄之不足進；至吳之救陳，既不書師復，不書人，以見世變之益可哀。他如公如京師，而繼之以伐秦，而謂臣禮之僅存者不可廢，臣禮之不專者可爲貶，而兩寓其旨。於葬蔡景公而繼之以宋災故，而謂用變例以迭書，慮中國之淪胥於夷而三致其意。」〔註六九〕可見所謂以史視春秋並不是不借春秋褒貶時事，不借春秋發表自己的政治主張；止是與他家比較，程度畧有不同而已。

四

兩宋「春秋學」到了清代，遭到了異常激烈的批評，摒棄三傳是最不可饒恕的罪狀，至於它在政治上曾起過的作用，却被忽畧了。兩宋春秋類著述特多，有着客觀的因素，主要是它宜於批評時事，但淸儒却片面地歸究於「空言易騁」的緣故〔註七〇〕。提要批評趙鵬飛「以無傳明春秋，不可以有傳求春秋」〔註七一〕的說法，云：「夫三傳去古未遠，學有所受，其間經師衍說，漸失本意者固亦有之，然必一舉而刊除，則春秋所書之人無以核其事，所書之事無以核其人。即以開卷一兩事論之：元年春王正月不書即位，其失在夫婦無嫡庶之閑，苟無傳文，雖有窮理格物之儒，殫畢生之力，據經文而沈思之，不能知聲子仲子事也。鄭伯克段於鄢，不言段爲何人，其失在母子兄弟之際，苟無傳文，雖有窮理格物之儒，殫畢生之力，據經文而沉思之，亦不能知爲武姜子莊公弟也。然則舍傳言經，談何容易！」（註七二）

清儒所以堅持據傳言經的緣故，是因爲宋儒「務爲深文巧詆」，「動乖經義」，「出新意解春秋」。（註七三）這樣下去，春秋的微言大義將告泯滅，孔子的深意亦不可復見，春秋再不是經，止是儒者的文集而已。三傳雖然各有缺點，到底在一定程度上保存着孔子的意思，以三傳作根據，總比摒棄三傳可靠得多，提要云：「依據舊傳，雖嫌墨守，要猶愈於放言高論，逞私臆而亂聖經。」（註七四）自經學觀點來看，不是沒有理由的。

清儒站在經學立場，對兩宋「春秋學」肆意貶斥，是必然的。現在，經學時代已經過去了，我們自然不應再囿於舊日成見，對兩宋「春秋學」加以輕蔑。平心而論，宋儒對春秋的貢獻，遠遠凌駕歷代學者之上。「漢學家」的成績，止是在章句、訓詁方面，並未能賦予春秋以活潑潑的生命。宋儒却不然，一部千多年的古書，在他們手裏復活了；一份「斷爛朝報」與兩宋三百二十年的歷史血肉相聯地結合起來。經學既是經世之學，止要能用之於現實社會，是否孔子本意，是否孔子主張，又有甚麼關係？朱子生於南宋，他對當時的「春秋學」非無批評，但他却肯定了時人的成績，他批評孫明復發微說：「雖未能深於聖經，然觀其推言治道，凜凜然可畏，終得聖人意思。」〔註七五〕評胡文定春秋傳謂：「有牽强處，然議論有開闔精神。」〔註七六〕把已僵化了的春秋，給予新生命，正是經學精神的開展。「漢學家」以章句、訓詁的成績與之比較，是微不足道的。

宋儒不但止在文字上，復活了春秋的精神，更把它貫澈到日常的行動中。蕭子荆以蔡京將爲宋王莽，誓不復仕。〔註七七〕程公說出仕邛州，値吳曦之亂，棄官攜所著書，匿安固山中。〔註七八〕呂大圭由興化遷知漳州，未行而元兵至，沿海都制置蒲壽庚舉城降，大圭抗節遇害。〔註七九〕這都是以春秋精神貫澈到生活實踐的具體表現。

註一：李燾續資治通鑑長編（以下簡稱續長編），拾補，卷四。

註二：司馬遷史記太史公自序引自春秋緯。

註三：陸淳春秋集傳纂例（以下簡稱纂例），卷一「三傳得失議第二」。

註四：陸淳纂例，卷一「趙氏損益義第五」。

註五：陸淳纂例，卷一「三傳得失議第二」。

註六：陸淳纂例，卷一「啖氏集傳集注義第三」。

註七：韓昌黎全集，卷五。

註八：蘇轍春秋集解，「引」。

註九：朱彝尊經義考，卷一八八。

註十：朱彝尊經義考，卷一八〇。

註一一：四庫總目提要（以下簡稱提要），卷二七。
註一二：趙鵬飛春秋經筌序。
註一三：提要，卷二七。
註一四：朱彝尊經義考，卷一八〇。
註一五：晁公武昭德先生郡齋讀書志（以下簡稱書志），志一下。
註一六：提要，卷二六。
註一七：提要，卷二七。
註一八：提要，卷二六。
註一九：提要，卷二六。
註二〇：朱彝尊經義考，卷一八八。
註二一：引自李明復春秋集義（以下簡稱李氏集義），綱領上。
註二二：引自李氏集義，綱領上。
註二三：王晳春秋皇綱論，「孔子修春秋」條。
註二四：孫覺春秋經解（以下簡稱經解），卷一。
註二五：董仲舒春秋繁露，卷一一，「王道通」。
註二六：李氏集義，綱領上。

註二七：王晳春秋皇綱論，「災異」條。
註二八：事見李燾續長編，卷二。
註二九：宋史，卷三三七，范鎮傳。
註三〇：李燾續長編，卷二二。
註三一：宋宣公舍太子與夷，立弟穆公。穆公襲宣公之迹，立殤公與夷。後華督弒殤公，立穆公子馮，是為莊公。事見左傳隱公三年及桓公元年。
註三二：引自李氏集義，卷三。
註三三：左氏說見隱公三年。
註三四：葉夢得春秋讞，卷一。
註三五：引自李氏集義，卷四八。
註三六：黃仲炎春秋通說，卷一一。
註三七：引自李氏集義，卷二六。
註三八：左傳，文公二年。
註三九：案：劉原父曾寫了一篇為兄後議，支持追崇濮王為皇考。見公是集，卷四一。
註四〇：陳振孫直齋書錄解題，卷三。
註四一：宋史藝文志題王安石新經周禮義二二卷，提要謂「外間實無傳本」，「惟永樂大典中所載最夥。」

今提要作周官新義十六卷。

註四二：晁公武書志，志一上。

註四三：歐陽文忠公外集，卷一〇，「經旨」。

註四四：劉敞春秋意林（以下簡稱意林），卷下。

註四五：孫覺春秋經解（以下簡稱經解），卷一三。

註四六：呂祖謙左氏傳說，卷一〇。

註四七：呂祖謙左氏傳說，卷一五。

註四八：孫覺經解，卷五。

註四九：呂祖謙左氏傳說，卷八。

註五〇：胡安國春秋傳，卷一。

註五一：胡安國春秋傳，卷一九。

註五二：引自李氏集義，卷四五。

註五三：黃仲炎春秋通說，卷一一。

註五四：趙鵬飛春秋經筌，卷一三。

註五五：蘇轍春秋集解，「引」云：「予少而治春秋，時人多師孫明復，謂孔子作春秋，畧盡一時之事，不復信史，故盡棄三傳，無所復取。」又提要云：「先是劉敞作春秋意林，多出新意；孫復作春秋尊王發微，更舍傳以求經，古說於是漸廢。……轍以其時經傳並荒，乃作此書以矯之。」

註五六：朱彝尊經義考，卷一八三。

註五七：朱彝尊經義考，卷一八三。

註五八：引自李氏集義，綱領，卷中。

註五九：程公說春秋分記原序。

註六〇：呂大圭春秋或問，卷第二，「春秋褒貶論」。

註六一：劉知幾史通外篇，論「古今正史」，春秋爲所論之一。又「惑經」云：「夫子所修之史，是曰春秋」。

註六二：朱熹二程全書（以下簡稱程書），伊川經說，卷之四，「春秋傳序」。

註六三：家鉉翁春秋解說「讀春秋序」。

註六四：引自李氏集義，卷三〇。

註六五：呂大圭春秋或問，卷一五。

註六六：程書，伊川經說，卷之四。

註六七：呂大圭春秋或問，卷五。

註六八：引自李氏集義，卷一七。

註六九：衞宗武張氏春秋集註序。

註七〇：提要，卷二七。
註七一：趙鵬飛春秋經筌自序。
註七二：提要，卷二七。
註七三：提要，卷二六。
註七四：提要，卷二七。
註七五：朱彝尊經義考，卷一七九。
註七六：朱彝尊經義考，卷一八五。
註七七：提要，卷二六。
註七八：提要，卷二七。
註七九：提要，卷二七。

上編　北宋中央集權制度的强化與春秋尊王要義的發微

唐帝國由於版圖遼濶，始則設六都護，繼則置十節度，以控制外族，鞏固邊防。在軍事力量上，因而外重內輕，遂召致安史之亂。安史亂後，因循未能改革，終於形成藩鎮割據的局面。五代十國即是這個局面的延續和擴大。

宋太祖趙匡胤受部下擁戴而得以黃袍加身，即位後對五代兵變的教訓，自然印象深刻，要維持長久安定的統治，中央集權制度的加强勢所必然。

宋太祖把兵權收歸中央，削除藩鎮，在北宋初期當然沒有問題。軍事上的勝利，建立了宋帝國的聲威。北方的遼，西方的夏，雖時有蠢動，並未構成嚴重禍患。眞宗時，强榦弱枝政策的破綻露出了，滁州、揚州、黃州等江淮重防，全無武備。〔註一〕仁宗時，西夏事起，屢戰不利，中央集權的弊端更加明顯。御史中丞賈昌朝便上言道：「自西羌之叛，士不練習，將不得人。以屢易之將，馭不練之兵，故戰則必敗，此削方鎮太過之弊也。」〔註二〕

收兵權，削藩鎮，對邊防鞏固不利是客觀的事實，為此，强榦弱枝政策遭到非議可以想見。但唐末軍閥割據和五代兵士變亂的教訓，太嚴重太深刻了，趙氏政權決不放手把兵權交與武人，重建藩鎮。於是，北宋政權面對着一個現實的問題：維持中央集權制度？還是充實邊防，加强地方力量？因着先天因素，北宋士大夫多贊同前者而反對後者。眼看强榦弱枝政策受到非議，他們不得不為它找尋理論根據，使它深入人心。孫明復及以後北宋「春秋家」所以特重發明春秋尊王要義，原因多基於此。

一　孫明復春秋尊王要義的發微

春秋大義數十，尊王要義在北宋特見彰顯。首先發明這要義的是孫明復，他爲春秋作的傳，就名之爲春秋尊王發微，特別標明「尊王」的思想。

孫復，字明復。（九九二——一〇五七）全祖望云：「宋世學術之盛，安定、泰山爲之先河。」（註三）安定是下文將要提到的胡瑗，泰山就是孫明復。據宋志，胡氏有春秋口義五卷，宋世已佚。孫氏有春秋尊王發微十二卷，及三傳辨失解，惟辨失解已佚，止發微留傳下來。胡氏「治經不如復」（註四），而「春秋學」又爲孫氏特長，故宋儒治春秋，受孫氏影响最大。

歐陽修對孫氏發微評價甚高，他說：「先生治春秋，不惑傳注，不爲曲說以亂經。其言簡易，明於諸侯大夫功罪，以考時之盛衰，而推見王道之治亂，得於經之本義爲多。」（註五）永叔與孫氏治春秋的態度相近，容有過譽處。他指出發微兩大特點——「不惑傳註」、「明於諸侯大夫功罪，以考時之盛衰」，誠有一定的正確性。而孫氏匡時論政，於推見治亂過程中彰顯春秋尊王要義，則未嘗道及，大約因爲昔人治經皆是如此，所以不必特別指出吧。

無可懷疑，強榦弱枝政策在北宋前期和中期有着一定現實意義，爲求社會的進步和安定，以孫明復爲首的「春秋家」都給以熱烈支持。遼夏的威脅動搖人們對這政策的信心，他們便藉解釋春秋喚起人們對唐末動亂的回憶，指出中央政府黯弱，權力下移武人手中的可怕結果。他們並非置遼夏於不顧，一意放棄邊防。其時遼夏雖有威脅，與中國時有戰事發生，惟彼此互有勝敗，權衡輕重，中央權力的集中和鞏固更爲重要。且兵權集中央，亦非不可以抵禦外侮，在當時「春秋家」看來，或許更堅强有力。

孫氏發微，是宋儒發明尊王要義的第一部春秋類著述，論說似不如其後諸家精密。可能是受唐孫郃〔註六〕影响，議論異常偏激。以爲凡春秋所書，都是惡事，爲孔子所貶。孫郃惡朱温篡唐，故有「春秋無賢臣」之論；孫明復生於宋世，亦云「春秋有貶無褒」，他對五代戰亂的厭惡，可以想見。發微的尊王要義，就是藉着對春秋故事不斷貶斥的消極形式表現出來。

於隱公元年條，孫氏藉討論孔子著春秋的目的，道明他著書的宗旨，云：「孔子之作春秋也，以天下無王而作也，非爲隱公而作也。然則春秋之始於隱公者非他，以平王之所終也。何者？昔者幽王遇禍，平王東遷，平既不王，周道絕矣。觀夫東遷之後，周室微弱，諸侯强大，朝覲之禮不修，貢賦之職不奉，號令之無所束，賞罰之無所加，壞法亂紀者有之，變禮亂樂者有之，弒君戕父者有之，征服四出，蕩然莫禁，天下之政，中國之事皆諸侯分裂之。平王庸暗，歷孝逾惠，莫能中興，播蕩陵遲，逮隱而死。夫生猶有可待也，死則何所爲哉！……春秋自隱公而始者，天下無復有王也。」〔註七〕

對周室陵遲的哀痛，也就是對唐室黯弱的哀痛，歷史的回憶，將會喚起時人的儆醒。尊王之旨，無待明言，而義自見。

尊王與國家的統一

孫氏認識到，沒有以天子爲首的堅强有力的中央政府，國家難以獲得統一。故此，他認爲維持天子崇高的地位是必須的，天子地位絕不應等同於諸侯。隱公七年「天王使凡伯來聘」條，云：「威王不能興衰振治，統制四海以復文武之業，反同列國之君，使凡伯來聘，此威王之爲天子可知也。」（註八）三傳無說。孫氏別出新意，責威王以明天子地位之重要，不可妄自貶損。

桓公五年「蔡人、衛人、陳人從王伐鄭」條，又云：「威王以蔡人、衛人、陳人伐鄭，鄭伯叛王也。其言蔡人、衛人、陳人從王伐鄭者，不使天子首兵也。……威王親伐下國惡之大者，曷爲不使首兵？天子無敵，非鄭伯可得伉也。故曰蔡人、陳人從王伐鄭以尊之。尊威王所以甚鄭伯之惡也。」（註九）公羊云：「從王，正也。」穀梁云：「爲天王諱伐鄭也。鄭，同姓之國也。在乎冀州，於是不服，爲天子病矣。」都沒有特別强調天子的地位，孫氏「天子無敵」說，在申明天子地位的無尚尊崇。

僖公二十八年，踐土之盟，周襄王與會，天子尊嚴受到嚴重損害，地位降至與諸侯同列。孫氏以爲這是盟主晉文公之罪，痛予貶斥。同年「公會晉侯、齊侯、宋公、蔡侯、鄭伯、衛子、莒子，盟於踐土」條，云：「踐土之盟，襄王在是也。不書者，不與晉文致天子也。晉文既攘强楚，不能朝於京師，廟獻楚俘以警夷狄，反以乘勝之衆，坐致衰陵之主，盟諸侯，於是甚矣。」（註一〇）公羊無傳，穀梁云：「諱會天王也。」據穀梁的意思，經不書天王，是爲晉文公諱，孫氏但取穀梁會天王說，一反其義，謂不書天王，是「不與晉文致天子」，再次申明天子地位的尊崇。

春秋諸侯盟會的事情屢屢發生，這是中央政府權力不足以統制四海的緣故。隱公元年「公及邾儀父盟於蔑」條，孫氏云：「盟者亂世之事，故聖王在上，闃無聞焉。斯蓋周道陵遲，衆心離貳，忠信殆絕，譎詐交作，於是列國相與，始有歃血要言之事爾。凡書盟者，皆惡之也。」〔註一一〕三傳無貶義，以爲儀父書字，有稱美意。孫氏謂中央政府權力倘足以統制中國，諸侯自不必盟會；今諸侯屢盟、屢會，中央政府之陵遲，良可嘆惜！

春秋時代，也有霸主喊出尊天子的口號，可惜的是大都假尊天子之名以自封殖。莊公十三年「齊人滅遂」條，孫氏云：「此威公滅遂也。其稱人者，以其救中國之功未見，滅人小國，貪自封殖，貶之也。何哉？威公貪土地之廣，持甲兵之衆，驅逐逼脅，以強制諸侯。懼其未盡從也，約之以會，要之以盟，臨之以威，束之以力；有弗狥者，小則侵之伐之，甚則執之滅之，其實假尊周之名以自封殖爾。故……稱人以切責之。」〔註一二〕公羊無傳，穀梁云：「（遂），微國也。」孫氏說顯然有感於唐末藩鎮假勤王爲名，攻掠土地爲實而發。

諸侯強大，功業昭著，時有不臣之心，天子的崇高地位因此受到動搖。孟子謂：「五伯者，三王之罪人也；今之諸侯，五伯之罪人也。」〔註一三〕孫氏力主尊王，對霸主自然沒有好評。僖公九年「諸侯盟於葵丘」條，云：「威公圖伯，內帥諸侯，外攘夷狄，討逆誅亂，以救中國，經營馳驟，出入上下三十年，勞亦至矣。然自服強楚，其心乃盈，不能朝於京師，翼戴天子，興衰振治以復文武之業。前此五年，致王世子於首止，今復致宰周公於葵丘，觀其心也，盈已甚矣。」〔註一四〕公羊云：「桓之盟不日，此何以日？危之也。

何危爾？貫澤之會，桓公有憂中國之心，不召而至者江人黃人也。葵丘之會，桓公震而矜之，叛者九國。」董仲舒伸其義云：「其後矜功，振而自足，而不修德。故楚人滅弦而志弗憂，江黃伐陳而不往救；損人之國而執其大夫，不救陳之患而患陳不納；不復安鄭而必欲迫之以兵，功未良成而志已滿矣。故曰管仲之器小哉。」〔註一五〕穀梁云：「桓盟不日，此何以日？美之也。爲見天子之禁，故備之也。葵丘之盟，陳牲而不殺，讀書加於牲上，壹明天子之禁。曰：毋雍泉，毋訖糴，毋易樹子，毋以妾爲妻，毋使婦人與國事。」公羊婉惜桓公霸業極盛而轉衰，穀梁美桓公明天子之禁，都與孫氏說大相逕庭。

封建秩序破壞的哀痛

要維持和恢復中央政府的權力，封建秩序的重整是必須的。僖公五年「晉人執虞公」條，孫氏云：「五等之制，雖其國家宮室車旗衣服禮儀之有差，而天子命之，南面稱孤，皆諸侯也。其或有罪，方伯請於天子，命之執則執之，不得專執也。……春秋之世，諸侯無小大，唯力是恃，力能相執則執之，無復請於天子，故孔子從而錄之，正以王法。」〔註一六〕三傳都以書晉人執虞公爲罪虞，沒有譏晉侯專執的意思。孫氏罪晉侯，以引起人們對封建秩序的重視。

封建秩序的破壞是雙方面的。莊公元年「王使榮叔來錫桓公命」條，孫氏云：「賞，所以勸善也；罰，所以懲惡也。善不賞，惡不罰，天下所以亂也。威弑逆之人，莊王生不能討，死又追錫之，此莊王之爲天子可知也。」〔註一七〕公羊云：「其言桓公何？追命也。」解詁云：「不言天王者，桓行實惡，而乃追錫之，尤悖天道。」穀梁云：「禮有受命，無來錫命。錫命，非正也。生服之，死行之，禮也；生不服，死追錫之，不正甚矣。」孫氏據公穀義發揮，直謂天子賞罰不明，乃亂之根源。

孫氏議論有所偏重，他不是沒看到諸侯強大，直接引致了封建秩序的崩潰，但他不以爲這會比天子失賞罰更重要。

關於諸侯強大，引致封建秩序的破壞，孫氏亦嘗言及。隱公十一年「滕侯、薛侯來朝」條，孫氏云：「諸侯朝天子，禮也；諸侯朝諸侯，非禮也。斯皆周室不競，干戈日尋，以大陵小，小國不得已而爲之爾。是故齊、晉、宋、衛未嘗朝魯，而滕、薛、邾、杞來朝，奔走而不暇也。齊、晉、宋、衛未嘗來朝魯者，齊、晉盛也，宋、衛敵也；滕、薛、邾、杞來朝，奔走而不暇者，土地狹陋，兵衆寡弱不能與魯伉也。」（註一八）此條公羊但述其事，未及褒貶義。穀梁據周禮「凡諸侯之邦交，歲相問也，殷相聘也，世相朝也。」（註一九）說，云：「天子無事，諸侯相朝，正也。考禮修德，所以尊天子也。」孫氏不深於禮學，止顧闡發他的尊王思想，棄穀梁說而不用，故葉夢得批評他「雖概以禮論當時之過，而不能盡禮之制，尤爲膚淺。」（註二〇）

唐室黯弱，固導致了藩鎮的割據；節度使跋扈，也加促了唐帝國的滅亡。孫氏生於宋世，若假春秋爲寓，對唐室肆意批評，難免有影射譏評宋帝的嫌疑；且因着經文的束縛，論題在一定程度上受到了限制，因此，發微中對天子爲首中央政府的過失，批評不見嚴厲，矛題大都指向諸侯大夫身上。文公十四年「晉人納捷菑於邾，弗克納」條，孫氏云：「邾文公二子，大子貜且立，捷菑奔晉，故晉人納捷菑於邾。或曰趙盾也，或曰郤缺也。邾人亂焉，晉人以庶奪嫡，亂人之國，此王法所誅也。故曰晉人納捷菑於邾，弗克納以疾之。」（註二一）左氏云：「邾文公元妃齊姜，生定公；二妃晉姬，生捷菑。文公卒，邾人立定公，捷菑奔晉。……晉趙盾以諸侯之師八百乘，納捷菑於邾。邾人辭曰：『齊出貜且長。』宣子曰：『辭順而弗從，不祥。』乃還。」公羊云：「晉郤缺帥師革車八百乘，以納接菑於邾婁，力沛若有餘，而納之。邾婁人言曰：『接菑，晉出也；貜且，齊出也。子以其指，則接菑也四，貜且也六。子以大國壓之，則未知齊晉孰有之也。貴則貴矣，雖然貜且也長。』郤缺曰：『非吾力不能納也，義實不爾克也。』引師而去之。故君子大其弗克納也。」解詁云：「大其不以己非奪人之是。」穀梁云：「是郤克也，其曰人何也？微之也。何爲微之也？長轂五百乘，緜地千里，過宋、鄭、滕、薛、夐，入千乘之國，欲變人之主，至城下然後知，何知之晚也。弗克納，未伐而曰弗克，何也？弗克其義也。捷菑，晉出也；貜且，齊出也。貜且正也，捷菑不正也。」綜觀三傳，左氏與公羊說近，有美晉人改過從善之意。孫氏惡諸侯自持强大，壞禮制，亂秩序，故從穀梁說發揮。

桓公五年「大雩」條，孫氏云：「雩，求雨之祭，……謂之大者，雩上帝也。天子雩於上帝，諸侯雩於山川百神。魯，諸侯也，雩於山川百神，禮也；雩於上帝，非禮也。噫，是時周室既微，王綱既絕，禮樂崩壞，天下蕩蕩，諸侯之僭者多矣，舉於魯則諸侯僭之從可見矣。」（註二二）穀梁無傳，公羊不及褒貶義，左氏但云：「書不時也。」

隱公三年「葬宋穆公」條，孫氏又云：「禮，天子崩稱天命以謚之，諸侯薨請謚於天子，大夫卒受謚於其君，大行受大名，小行受小名，所以懲惡而勸善也。東遷之後，其禮遂廢。諸侯之葬也，不請謚於天子，皆自謚之。非獨不請謚於天子，皆自謚之，而又僭稱公焉，故孔子從而錄之，正以王法。」（註二三）此條，公穀皆云：「危不得葬也。」穀梁沒有說明何以危不得葬的理由，公羊批評的是宣公捨與夷立穆公的事。孫氏說有感於藩鎮的僭越，深深爲之慨嘆。

襄公八年「季孫宿會晉侯、鄭伯、齊人、宋人、衞人於刑丘」條，孫氏云：「刑丘之會，公在晉也。晉侯不與公會而與季孫宿會者，襄公微弱，政在季氏故也。晉爲盟主，棄其君而與臣，何以宗諸侯？此晉侯之惡亦可見矣。」〔註二四〕公羊無傳。穀梁云：「見魯之失正也，公在而大夫會也。」孫氏據穀梁所述事，引申發揮，譏晉侯身爲盟主，不能維持封建秩序，捨魯君而與大夫會。

襄公二十五年「齊崔杼弒其君光」條，又云：「晉再合諸侯，將伐齊。齊人懼，弒莊公以求成。晉侯許之，八月己巳，諸侯同盟於重丘是也。……齊人弒莊公以求成，逆之大者。晉侯不能即而討之，以成齊國之亂，曷以宗諸侯？宜乎大夫日熾，自是卒不可制也。故先書崔杼之弒，以著其惡。」〔註二五〕據左氏，崔杼娶東郭姜，莊公與之私通，崔杼因而惡莊公。莊公嘗乘晉之難伐晉，崔杼恐晉報復，弒莊公以悅於晉。穀梁云：「莊公失言，淫於崔氏。」與左氏部份相合。公羊無傳，解詁於「諸侯同盟於重丘」條，云：「起諸侯欲誅崔杼，故詳錄之。」何休說未知何據，孫氏說與解話異趣，然可能受何氏啓發。

在封建社會裏，惡莫大於弒君。桓公弒隱公而立，孫氏深痛惡絕。桓公六年「子同生」條，云：「同，世嫡，威公子，其日子同生者，無父辭也。威弒逆之人，罪當誅絕，故以無父之辭會之，所以甚威公之惡也。」〔註二六〕公羊云：「子同生者孰謂？莊公也。何言乎子同生？喜有正也。未有言喜有正者，此其言喜有正何？久無正也。子公羊子曰，其諸以痛桓與！」穀梁云：「疑，故志之。時曰，同乎人也。」莊公母文姜曾與齊襄有染，穀梁疑莊公非桓公子。公羊以爲隱桓之禍，生於無正，子同生，春秋書之，是喜有正的緣故。孫氏說異公、穀，有過苛處，但他對弑逆的痛恨，也於此可見。

因着封建秩序的破壞，中原板蕩，孫氏遂借春秋故事予以貶斥。隱公二年「鄭人伐衛」條，孫氏云：「孔子曰，天下有道，則禮樂征伐自天子出；天下無道，則禮樂征伐自諸侯出。自諸侯出，蓋十世希不失矣；自大夫出，五世希不失矣。夫禮樂征伐者，天下國家之大經也，天子尸之，非諸侯可得專也；諸侯專之猶曰不可，況大夫乎？吾觀隱、威之際，諸侯無小大，皆專而行之；宣威以下，大夫無內外，皆專而行之，其無王也甚矣。故孔子從而錄之，正以王法。凡復、伐、圍、入、取、滅，皆誅罪也。」〔註二七〕三傳無說。

僖公二十八年「曹伯襄復歸於曹」條，孫氏又云：「三月，晉侯入曹，執曹伯畀宋人。此言曹伯襄復歸於曹者，晉文赦之也。晉文執之，曷爲晉文赦之？春秋亂世，强侯執辱小國之君，無復天子命，執之赦之，自我而已。」〔註二八〕左氏以爲曹伯賄賂筮史，責晉侯之滅同姓，晉侯於是釋曹伯。公羊則謂曹伯能悔過，願從霸者征伐，故得歸於曹。穀梁云：「復者，復中國也。天子免之，因與之會。其曰復，通王命也。」孫氏說異於三傳，藉以明藩鎮僭亂之罪。

諸侯、大夫專征伐要予以貶斥，强侯執弱君要予以貶斥，諸侯與諸侯相勾結更要予以貶斥。隱公七年「齊侯使其弟年來聘」條，孫氏云：「列國相聘，非禮也。斯皆東遷之後，諸侯横恣，連衡自固以相比周，乃有玉帛交聘之事爾。是故大國聘而不朝，小國朝而不聘。小國力弱可致，大國地廣兵衆，不可得而屈也，故但使大夫來聘，結歡通問而已。凡書者，皆惡之也。」〔註二九〕三傳無說。藩鎮强大，本已成爲中央的威脅，聯合起來，爲禍彌深，故孫氏惡之尤甚。

權力下移的衰痛與儆醒

封建秩序破壞的主要緣因，在春秋是諸侯、大夫，在唐季，是節度使的强大，統治階級權力的下移。對這局面的產生，孫氏感到深深的哀痛。襄公三年「同盟於雞澤」條，云：「先言公會單子、晉侯、宋公、衞侯、鄭伯、莒子、邾子、齊世子光，己未同盟於雞澤；次言陳侯使袁僑如會，戊寅叔孫豹及諸侯之大夫陳袁僑盟者，此諸侯既盟而陳袁僑至也。諸侯既盟而陳袁僑至，無盟可也。己未諸侯盟，戊寅大夫又盟，是大夫彊，諸侯始失政也。……孔子曰：『祿之去公室五世矣，政逮於大夫四世矣。』孔子之言，非獨魯也，滔滔者天下皆是。」〔註三〇〕左氏云：「楚子辛爲令尹，侵欲於小國。陳成公使袁僑如會，求成。晉侯使和組父告於諸侯。秋，叔孫豹及諸侯之大夫，及陳袁僑盟，陳請服也。」杜註：「其君不來，使大夫盟之，匹敵之宜。」公羊云：「曷爲殊及陳袁僑？爲其與袁僑盟也。」解詁云：「陳、鄭、楚之與國。陳侯有慕中國之心，有疾，使大夫會諸侯。」穀梁云：「諸侯盟，又大夫相與私盟，是大夫張也。故雞澤之會，諸侯始失正矣。大夫執國權，曰袁僑，異之也。」據左氏與公羊解詁，陳袁僑會諸侯，是國難當前，陳侯有疾的緣故。諸侯使大夫與之盟，爲的是彼此匹敵，與諸侯失政沒有密切關係。孫氏痛唐季藩鎭强橫，從穀梁義發揮，以爲當時政治之鑑誡。

襄公十六年「三月公會晉侯、宋公、衞侯、鄭伯、曹伯、莒子、邾子、薛伯、杞伯、小邾子於溴梁，戊寅大夫盟」條，又云：「案：三年公會單子、晉侯、宋公、衞侯、鄭伯、莒子、邾子、齊世子光，己未同盟於雞澤，陳侯使袁僑如會，戊寅叔孫豹及諸侯之大夫及陳袁僑盟，言諸侯之大夫，此直曰戊寅大夫盟，不言諸侯之大夫者，雞澤之會，諸侯始失政也，至溴梁則又甚矣。溴梁之會，政在大夫也，政在大夫故不言諸侯之大夫，不言諸侯之大夫者，大夫無諸侯故也。」（註三一）公、穀與孫氏說近。

襄公二十七年「七月辛巳豹及諸侯之大夫盟於宋」條，再云：「溴梁之會，諸侯會也，而曰戊寅大夫盟者，大夫無諸侯也。此會叔孫豹，會晉趙武、楚屈建、蔡公孫歸生、衞石惡、陳孔奐、鄭良霄、許人、曹人於宋，秋七月辛巳豹及諸侯之大夫盟於宋，宋之會，大夫會也。大夫會而言辛巳豹及諸侯之大夫盟於宋者，不與大夫無諸侯也。噫，天下之政，中國之事，諸侯專之猶曰不可，況大夫乎？故宋之盟，不與大夫無諸侯也。宋之盟，不與大夫無諸侯者，孔子傷天下之亂，疾之甚也。」（註三二）公羊云：「曷爲再言豹？殆諸侯也。曷爲殆諸侯？爲衞石惡在是也。曰，惡人之徒在是矣。」穀梁云：「溴梁之會，諸侯在而不曰諸侯之大夫，大夫不臣也，晉趙武恥之。豹云者，恭也。諸侯不在而曰諸侯之大夫，大夫臣也。其臣，恭也。晉趙武爲之會也。」公、穀說未能對孫氏有所束縛，這是一個最好的例證。孫氏一再爲統治階級權力下移表示哀痛，目的在喚起宋人對該問題的儆醒。

孫氏未曾直接論及統治階級權力下移的緣因，他只就諸侯土地的私相予奪提出了批評。批評的動機大概有兩點：一，諸侯土地爲天子所封，土地所有權名義上仍歸天子所有，諸侯間土地的私相予奪侵犯了天子的權益，與尊王之旨相牴牾；其次，藉着土地兼併，諸侯强大起來，也威脅到天子的地位。

隱公八年「三月鄭伯使宛來歸祊，庚寅我入祊」條，孫氏云：「祊，鄭邑，天子所封，非魯土地，故曰來歸。……先言歸而後言入者，鄭不可歸，魯不可入也。鄭人歸之，魯人受之，其罪一也。」（註三三）公羊云：「其言入何？難也。其日何？難也。其言我何？言我者非獨我也，齊亦欲之。」穀梁云：「名宛所以貶鄭伯，惡與地也。入者，內弗受也。曰入，惡入者也。邴（按：祊，公、穀均作邴。）者，鄭伯所受命於天子而祭泰山之邑也。」

桓公元年「鄭以璧假許田」條，孫氏云：「許田者，許男之田也，天子所封，不可假也。鄭與許接壤，故鄭伯以璧假其田。二國擅假天子之田，自恣若此，然猶愈乎用兵而取也。故曰：鄭伯以璧假許田。」（註三四）公羊云：「其言以璧假之何？易之也。易之則其言假之何？爲恭也。曷爲爲恭？有天子存則諸侯不得專地也。許田者何？魯朝宿之邑也。諸侯時朝乎天子，天子之郊，諸侯皆有朝宿之邑焉。」穀梁云：「假不言以，言以非假也。非假而曰假，諱易地也。禮，天子在上，諸侯不得以地相與也，無田則無許可知矣。不言許，不與許也。許田者，魯朝宿之邑也。邴者，鄭伯之所受命而祭泰山之邑也。用見魯之不朝於周而鄭之不祭泰山也。」

成公八年「晉侯使韓穿來言汶陽之田，歸之於齊」條，孫氏云：「汶陽之田，齊所侵魯地也，故二年用師於齊取之。晉侯使韓穿來言歸之於齊，非正也。魯之土地，天子所封，非晉侯所得制也；晉侯使歸之於齊，是魯國之命制在晉也。故曰晉侯使韓穿來言汶陽之田歸之於齊以惡之。」（註三五）公羊云：「來言者何？內辭也，脅我使我歸之也。曷爲使我歸之？案之戰，齊師大敗。齊侯歸，弔死視疾，七年不飲酒食肉。晉侯聞之，曰：『嘻！奈何使人之君七年不飲酒不食肉，請反其所取侵地。』」穀梁云：「於齊，緩辭也，不使盡我也。」

隱公八年條，孫氏說與穀梁近，桓公元年條，與公、穀均近，譏諸侯土地私相予奪之義或許較難體會；成公八年條，說異公、穀，其義顯而易見。

莊公四年「紀侯大去其國」條，孫氏云：「大去其國者，身與家俱亡之辭也。案：元年齊師遷紀、郱、鄑、郚；二年紀季以酅入於齊，齊肆吞噬，信不道矣。紀侯守天子土，有社稷之重，人民之衆，暗懦齷齪，不能死難，畏齊强脅，棄之而去，此其可哉？身去而國家盡爲齊有？故曰紀侯大去其國以惡之。」〔註三六〕左氏云：「紀侯大去其國，違齊難也。」杜註：「違，辟也。」公羊云：「大去者何？滅也。孰滅之？齊滅之。曷爲不言齊滅之？爲襄公諱也。春秋爲賢者諱，何賢乎襄公？復讎也。」穀梁云：「大去者，不遺一人之辭也，言民之從者四年而後畢也。紀侯賢而齊侯滅之，不言滅而曰大去其國者，不使小人加乎君子。」

攻人之國，奪人土地，罪固不容誅；諸侯守天子土，不戰而逃，失職棄民，增强侯之幅員，長霸主之氣焰，罪尤不可恕，故孫氏譏紀侯甚於齊襄。

尊王與夷夷

春秋大義數十，其中最重要的：一是尊王，一是攘夷。孫氏特重尊王，於攘夷之義，間亦有所發揮。止是，他談攘夷，也是爲了尊王的緣故，或許這是因着其時政治環境的關係吧。威脅着北宋的外族，北邊有遼，西邊有夏。宋與遼的戰爭，以太平興國四年、五年，雍熙三年及景德元年最爲激烈。除景德元年，遼人先行進犯外，都是太宗的主動出擊，目的在於解除北邊的威脅，可惜都沒有成功。景德元年，遼人入侵，眞宗親征，結果宋遼約爲兄弟之國。宋與夏的戰爭，是時斷時續，勝負迭見。由此觀之，其時夷狄之於力圖穩定、富强的北宋政權，實是一個嚴重的威脅。孫氏及其後北宋「春秋家」，於攘夷之義，均甚重視，其緣因乃基於此。攘夷與尊王，並不矛盾，宋帝國要獲得穩固，必須去除西、北邊境的威脅，必須征服遼、夏。為此，要提倡尊王，就不能不提倡攘夷。攘夷，為的是尊王。從另一面說，攘夷亦須有堅强有力的中央政府領導，始能奏效。

孫氏提倡攘夷以尊王的思想，也是從他對周室陵遲哀痛的消極形式表現出來的。

莊公十年「荊敗蔡師於莘，以蔡侯獻舞歸」條，孫氏云：「荊為中國患也久矣，自方叔薄伐之後，入春秋，肆禍復甚，聖王不作故也！」〔註三七〕明白道出夷狄肆虐是「聖王不作」的緣故。

僖公四年「楚屈完來盟於師，盟於召陵」條，又云：「夫楚，夷狄之鉅者也。乘時竊號，斥地數千里，恃甲兵之衆，猖狂不道，創艾中國者久矣。威公帥諸侯，一旦不血刃而服之，師徒不勤，諸侯用寧，迄威公之世，截然中國無侵突之患，此攘夷狄救中國之功，可謂著矣。故孔子曰：『管仲相威公，霸諸侯，一正天下，民到於今受其賜，微管仲，吾其被髮左衽矣。』是故召陵之盟，專與威也。孔子揭王法，撥亂世以繩諸侯，召陵之盟，專與威非他，孔子傷聖王不作，周道之絕也。夫六月、采芑、江漢、常武美宣王中興，攘夷狄救中國之詩也。使平惠以降，有能以王道興起如宣王者，則攘夷狄，救中國之功在乎天子，不在乎齊威管仲矣！此孔子所以傷之也。」〔註三八〕公羊云：「屈完者何？楚大夫也。何以不稱使？尊屈完也。曷為尊屈完？以當桓公也。其言盟於師，盟於召陵何？師在召陵也。師在召陵則曷為再言盟？喜服楚也。何言乎喜服楚？楚有王者則後服，無王者則先叛，夷狄也，而亟病中國。南夷與北狄交，中國不絕若線。桓公救中國而攘夷狄，卒怗荊，以此為王者之事也。」穀梁云：「楚無大夫，其曰屈完何也？以其來會桓，成之為大夫也。其不言使，權在屈完也。則是正乎？曰非正也，以其來會諸侯，重之也。來者何？內桓師也，於師前定也。於召陵得志乎桓公也。得志者不得志也，以桓公得志爲僅矣。」公、穀於召陵之盟，同罪楚而美齊桓，孫氏亦然。惟孫氏之所以美齊桓，是傷「聖王不作，周道之絕」的緣故。最後，他還說：「使平惠以降，有能以王道興起如宣王者，則攘夷狄，救中國之功在乎天子，不在乎齊威、管仲矣！」言下不勝感慨。

僖公二十八年「晉侯、齊師、宋師、秦師及楚人戰於城濮，楚師敗績」條，再云：「噫，東遷之後，周室既微，四夷乘之以亂中國，盜據先王之土地，戕艾先王之民人，憑陵寇虐，四海洶洶，禮樂衣冠蓋掃地矣，其所由來者，非四夷之罪也，中國失道故也。是故吳、楚因之，交僭大號，觀其蠻夷之衆，斥地數千里，馳驅宋、鄭、陳、蔡之郊，諸侯望風畏慄，唯其指顧奔走之不暇，卿（向）非齊威、晉文繼起，盟屈完於召陵，敗得臣於城濮，驅之逐之，懲之艾之，則中國幾何不胥而夷狄矣。故召陵之盟、城濮之戰，專與齊威、晉文也。孟子稱仲尼之徒，無道威、文之事，此言專與齊威、晉文者，其實傷之也。孔子傷周道之絕，與其攘夷狄救中國一時之功爾。召陵之盟、城濮之戰，雖然迭勝强楚，不能絕其僭號以尊天子。使平惠以降，有能以王道興起如宣王者，則是時安有齊威、晉文之事哉！此孔子之深旨也。」（註三九）公羊云：「此大戰也，曷爲使微者？子玉、得臣也。子玉、得臣則其稱人何？貶。曷爲貶？大夫不敵君也。」穀梁無傳，孫氏說與前條同，再爲周室黯弱、攘夷重任寄望於强侯而深深慨歎。

昭公四年「夏，楚子、蔡侯、陳侯、鄭伯、許男、徐子、滕子、頓子、胡子、沈子、小邾子、宋世子佐、淮夷會於申」條，孫氏云：「中國自宋之會，政在大夫，諸侯不見者十年，此書楚子、蔡侯、陳侯、鄭伯、許男、徐子、滕子、頓子、胡子、沈子、小邾子、宋世子佐、淮夷會於申者，楚子大合諸侯於此也。楚子得以大合諸侯于此者，威、文既死，中國不振，喪亂日甚，幅裂橫潰，制在夷狄故也。故自是天下之政，中國之事，皆夷狄迭制之，至於平丘、召陵之會，諸侯雖云再出，尋復叛去，事無所救，不足道也。」〔註四〇〕公、穀無傳。周室靡弱，諸侯强大，攘夷之責，寄諸强侯，孫氏已深感忿激。逮强侯既死，中國不振，天下之政，制於夷狄，孫氏當然倍加感慨。

哀公十三年「公會晉侯及吳子於黃池」條，孫氏又云：「黃池之會，其言公會晉侯及吳子者，主吳子也。黃池之會，不主晉侯而主吳子者，蓋晉侯不能主諸侯故也。吳自栢舉之戰，勢橫中國，諸侯小大震栗，皆宗於吳，晉侯不見者二十四年，此不能主諸侯可知也。故黃池之會，吳子主焉，不言公會吳子、晉侯者，不與夷狄主中國也；不與夷狄主中國者，存中國也。案：吳，定四年入楚，哀六年伐陳，夏叔還會柤，七年公會鄫，八年伐我，十年公會伐齊，十一年公會伐齊，十二年公會槖皐，皆曰吳以狄之，此稱子，復舊爵也。噫，吳、楚之君，狂僭之惡，罪在不赦，故宜終春秋之世貶之，孔子不終春秋之世貶之者，傷聖王不作，中國失道之甚也。卿（向）使聖王興，百廢修，萬物遂，則九州四海皆將重譯襁負其子而至矣，又安有奔軼狂僭、肆誅伐、專盟會之事哉？此孔子之深旨也。」〔註四一〕公羊云：「吳何以稱子？吳主會也。吳主會則曷爲先言晉侯？不與夷狄之主中國也。其言及吳子何？會兩伯之辭也。不與夷狄之主中國，則曷爲以會兩伯之辭言之？重吳也。曷爲重吳？吳在是則天下諸侯莫敢不至也。」穀梁云：「黃池之會，吳子進乎哉？遂子矣。吳，夷狄之國也。祝髮文身，欲因魯之禮，因晉之權，而請冠端而襲，其藉於成周，以尊天王，吳進矣。吳，東方之大國也，累累致小國以會諸侯，以合乎中國，吳能爲之，則不臣乎？吳進矣。王，尊稱也。子，卑稱也。辭尊稱而居卑稱，以會乎諸侯，以尊天王。吳王夫差曰：『好冠來。』孔子曰：『大矣哉，夫差未能言冠而欲冠也。』」二傳皆以吳爲夷狄，應予貶斥，不使之主中國；惟其能慕中國禮義，霸諸侯，尊周室，故美之。孫氏說與二傳異，以爲吳稱子，復舊爵，是孔子傷聖王不作，中國失道的緣故。

孫氏發微未曾積極地正面提出尊王的措施和辦法，發微中的尊王思想都是從對周室衰靡，中國不振的概歎中消極地表現出來。在發微中，他藉着對周天子地位貶損的哀痛，申明天子地位之崇高；藉着對封建秩序破壞的感慨，提醒人們對封建秩序的重視；藉着對春秋時代統治階級權力下移的批評，引起宋人對唐季節度使拔扈的回憶，於重建屏藩問題提出了警告；藉着對吳、楚肆虐的悲悼，指出王室黯弱的可怕結果。哀公十四年「西狩獲麟」條，可看作該書的總結。「狩未有言其所獲者，此言西狩獲麟，何也？傷之也。孔子傷麟之見獲與？孔子傷聖王不作，中國遂絕，非傷麟之見獲也。然則曷爲絕筆於此？前此猶可言也，後此不可言也。天子失政，自東遷始；諸侯失政，自溴梁始。故自隱公至於溴梁之會，天下之政，中國之事，皆諸侯分裂之；自溴梁之會至於申之會，天下之政，中國之事，皆大夫專執之；自申之會，至於獲麟，天下之政，中國之事，皆夷狄迭制之。聖王憲度禮樂，衣冠遺風舊政，蓋掃地矣。中國淪胥，逮此而盡。前此猶可言者，黃池之會，晉、魯在焉；後此不可言者，諸侯泯泯，制命在吳，無復中國，天下皆夷狄故也。是故春秋尊天子貴中國，貴中國所以賤夷狄也，尊天子所以黜諸侯也。尊天子黜諸侯，始於隱公是也；貴中國賤夷狄，終於獲麟是也。嗚呼，其旨微哉！其旨微哉！」（註四二）

註一：宋史，卷二九三，王禹偁傳。

註二：宋史，卷二八五，本傳。

註三：宋元學案，卷一序。

註四：宋史，卷四三二，孫復傳。

註五：歐陽文忠公集，卷二六。

註六：孫部著春秋無賢臣論一卷，今存。

註七：孫復春秋尊王發微（以下簡稱發微），卷一。

註八：孫復發微，卷一。

註九：孫復發微，卷二。

註一〇：孫復發微，卷五。

註一一：孫復發微，卷一。

註一二：孫復發微，卷三。

註一三：孟子告子下。

註一四：孫復發微，卷五。

註一五：董仲舒春秋繁露，卷三「精華」。

註一六：孫復發微，卷五。

註一七：孫復發微，卷三。
註一八：孫復發微，卷一。
註一九：周禮大行人。
註二〇：朱彝尊經義考一七九。
註二一：孫復發微，卷六。
註二二：孫復發微，卷二。
註二三：孫復發微，卷一。
註二四：孫復發微，卷九。
註二五：孫復發微，卷九。
註二六：孫復發微，卷二。
註二七：孫復發微，卷一。
註二八：孫復發微，卷五。
註二九：孫復發微，卷一。
註三〇：孫復發微，卷九。
註三一：孫復發微，卷九。
註三二：孫復發微，卷九。

註三三：孫復發微，卷一。
註三四：孫復發微，卷二。
註三五：孫復發微，卷八。
註三六：孫復發微，卷三。
註三七：孫復發微，卷三。
註三八：孫復發微，卷五。
註三九：孫復發微，卷五。
註四〇：孫復發微，卷一〇。
註四一：孫復發微，卷一二。
註四二：孫復發微，卷一二。

二 胡安定門人對尊王要義的補充

胡瑗（九九三——一〇五九），字翼之，學者稱爲安定先生。據宋史藝文志，胡氏著春秋口義五卷，早已失佚。他的春秋說，今止能自其門弟子著述中，得其梗概。

胡氏弟子，惟孫莘老、程伊川傳春秋行於世。莘老春秋經解自序云：「（經解）其說是非褒貶，則雜取三傳及歷代諸儒，唐啖、趙、陸之說，長者從之；其所未聞，即以安定先生之說解之云。」伊川說春秋，多以意爲主，惟間亦喜引胡氏語，或據其義引申。

孫覺，字莘老。（一〇二八——一〇九〇）據宋史藝文志，莘老著春秋經解十五卷，又春秋學纂十二卷，春秋經社要義六卷。經社要義已佚。提要以爲學纂即經解之別名。（註一）

程頤，字正叔，世稱伊川先生。（一〇三三——一一〇七）據宋史藝文志，有春秋傳一卷。見於朱元晦所輯二程全書。程氏弟子衆多，「春秋學」以謝湜、劉絢最得其意，亦各有著述。湜有春秋義二十四卷；絢之傳則散見程氏雜說及李參所錄程氏學中，惟其間孰爲程說，孰爲劉說已不能辨。今義、說、學三書均佚，衆說散見於李明復春秋集義。學者欲窺程氏一系「春秋學」，端賴李氏是書。

孫明復以後，北宋儒者說春秋，亦多重尊王之義。提要謂莘老經解，「大旨以抑霸尊王爲主」。（註二）伊川云：「孔子之時，周室雖微，天下諸侯，尚知尊周爲義。故春秋之法，以尊周爲本。」（註三）尊周，也就是尊王。

春秋尊王發微首重尊王之義，惟其說粗畧，伊川嘗批評云：「孫大概惟解春秋之法，不見聖人所寓微意，若如是看，有何意味乎？」（註四）職是之故，其後諸家說春秋，多予修正補充。

莘老、伊川二氏傳春秋，各具特色。前者論說嚴謹，後者氣象宏偉，今以其同游於安定，議論相近，而謝湜劉絢多得程氏旨意，師友淵源之學，昭若日星，故合而論之。

尊王理論的强化

經過孫明復闡述，尊王爲春秋大法，已獲宋儒一致承認。僖公五年「公及齊侯、宋公、陳侯、衞侯、鄭伯、許男、曹伯、會王世子於首止」條，伊川云：「春秋之法，尊君而卑臣，抑强而扶弱。君道弱矣，必扶而尊之；臣道强矣，必抑而卑之。豈特懲當世之變亂，蓋將以明天地之大義也。」（註五）

但是，何以要尊王？尊王的緣因何在？孫明復未嘗道及，至莘老、伊川始畧言一二。

隱公三年「天王崩」條，莘老云：「天王者，天下之尊名也。天王在上而四海之廣，萬民之衆，下至一草一木一蟲一魚，得遂其生而不失其所者，天子之賜也。天下被其賜而無以爲之報者，則推尊之曰天王焉。蓋天者，悠久廣大，物無不覆，天下所載而生也。故其生而存也，則天下蒙其利澤，而凡生之理皆是也；其沒而亡也，則天下失其覆載而將不得其所焉。故其生則天下歡呼而歌頌之，其死則天下潰裂而慟哭之。」（註六）似有意闡明尊王的緣由，惜其理論欠充份，說服力不强。

伊川春秋傳自序云：「天之生民，必有出類之才起而君長之。治之，而爭奪息；道之，而生養遂；教之，而倫理明，然後人道立，天道成，地道平。」明確指出民之不可無君，並隱約暗示了王與天的關係。到他的弟子謝湜，說的更爲透徹。

隱公元年「春，王正月」條，謝氏云：「春秋首書天時而繼以周之王政者，以明王者所建，本諸天而建諸人也。王者與天同德，其所爲所行與天同道，……故王之所爲，天之所爲也；王之所行，天之所行也。欲保國不可以不奉天，欲奉天不可以不尊王。諸侯事王如天而保國安民之道得於此矣。」〔註七〕發揮師說，以爲「王者所建，本諸天而達諸人」，强調王與天的關係，從而推出「欲保國不可以不奉天，欲奉天不可以不尊王」的結論。天命思想的產生，不是自宋儒開始，固然亦不是自程氏、謝氏開始，程、謝二氏以之與尊王思想相結合，是爲了把尊王思想强化的緣故。其實，奉天還在其次，尊王主要是爲了保國。隱公四年「衞州吁弒其君完」條，謝氏云：「以一國奉一人，慮患之道詳，防患之制備。故一人之勢常尊，其體常安。降及後世，分義不明，法制不立，履霜不以爲戒，故一人之勢常卑，其體常危，而匹夫或得肆害於其君，此弒逆之禍所以見於春秋也。」〔註八〕尊王爲了防患，爲了保國，其義甚明。

孫、程諸氏也一再申明天子地位之尊崇。

莊公元年「王使榮叔來錫桓公命」條，莘老云：「春秋書王必曰天，所以別吳、楚之僭號，表天下之無二，且推尊之明無與上也。其不書王者三，范甯所謂舊史有詳畧，夫子因而不革者也。」〔註九〕

成公元年「王師敗績於茅戎」條，程氏學〔註一〇〕云：「王師敗績於茅戎，不言戰者，王者至尊，天下無敵，書曰王師敗績於茅戎，自敗也。王者不能以義征四方，迺徼戎以致敗，豈不曰自取之乎？聖人立法以垂

後世，示之以意而已，一書王師敗績于茅戎，而尊王之義與王自取敗之道，咸得而見矣。」（註一一）

又桓公五年「蔡人、衞人、陳人從王伐鄭」條，伊川云：「王師於諸侯不書敗，諸侯不可敵王也；於夷狄不書戰，夷狄不能抗王也。」（註一二）

成公、桓公兩條，受安定說影響，極爲顯明。胡氏於後條云：「不書王師敗績於鄭，王者無敵於天下；書戰，則王者可敵；書敗，則諸侯得禦，故言伐而不言敗。茅戎書敗者，王師非親兵，致討取敗而書之。」（註一三）力主王師「不書敗」，至茅戎之書敗，則强謂非王親兵。伊川說與之吻合，程氏學則修正而使之更完滿。他們對天子地位之尊崇，較孫明復說，尤爲鮮明。

莊公六年「王人子突救衞」條，莘老云：「春秋之法，有褒則有貶，有善則有惡。褒一善所以使善者勸，貶一惡所以使惡者畏，無空言也。天王者，天下之至尊，而道德之所從出。其善者衆，不可以一善褒，蓋褒者有貶之辭也。天王可以褒，則亦可以貶矣。故春秋之義，天王無褒，非無善也，其善者一褒不足以該之也；天王無貶，非無惡也，天王之位，非爲惡者居之，雖有惡不加貶焉，所得責天王備而預爲之嫌也。」（註一四）明確提出春秋之義，於天王無褒貶，始自莘老。尊王思想，至此達到了最高峯。

鞏固封建秩序的鼓吹

秩序的鞏固與封建社會的安定有着密切的關系，北宋「春秋家」自孫明復始便着意提出，以引起人們的重視。安定門弟子於此，討論較泰山尤爲深入。

隱公元年「王正月」條，伊川云：「平王之時，王道絕矣，春秋假周以正王法。隱不書即位，明大法於始也。諸侯之立，必由王命，隱公自立，故不書即位，不與其爲君也。法既立矣，諸公或書或不書，義各不同，既不受命於天子，以先君之命而繼世者，則正其始，文、成、襄、昭、哀是也；繼世者，既非王命，又非先君之命，不書即位，不正其始也，莊、閔、僖是也；桓、宣、定之書即位，桓弒君而立，宣受弒賊之立，定爲逐君者所立，皆無王無君，何命之受？故書其自即位也。」〔註一五〕

隱公四年「衞人立晉」條，謝氏云：「衞弒州吁已四月矣，嗣子未定，國無所託，國人逆公子晉於邢而立之。書衞人，衆辭也；書立，不當立也。晉不稱公子，絕之也。公子晉於次當立，其立也，國人之所同欲也。春秋以爲不當立而絕其公子者，以其不命於王也。國，天子之國；位，天子之位，然則列國皆王臣也。是以正朔命令不敢自專，禮樂征伐不敢自出，而況繼世傳位而可以擅立者哉！衞人以晉於次當立，而不復請命於王，是國人可以立君也。晉以公子受國人之立而不復聽命於王，是公子可私受人之立也。王命，天下之大本也，國人不得而私立人之君，公子不得而私受人之立。王命不行而天下之大本亂矣，故春秋之法，立雖正，非王命則在所治；受立雖順，非王命則在所黜。」〔註一六〕

同條，莘老又云：「孟子謂天子能薦人於天，不能使天與之天下；諸侯能薦人於天子，不能使天子與之諸侯。由此觀之，則天子者繫之於天，天與之則與之矣；諸侯者繫之天子，天子與之則與之矣。故堯將授舜而薦舜於天，舜亦將授禹而薦禹於天。舜、禹被薦而天受之也，則舜、禹以有天下；禹薦益於天而天不受也，則益不有天下。然則爲諸侯者可知矣，薦之天子而天子受之，然後可以有其國也，故諸侯之世子受命然後得嗣其父之位。春秋之時，斯禮廢矣。爲諸侯者不請於天子而自立於國中，爲大夫者，不請於諸侯而世其父之祿位，天

下滔滔皆是也。聖人不可一切誅之，則因其國人立之與大臣立之者以見其文焉。」（註一七）

依照西周、春秋的宗法制度，天子諸侯卿大夫基本上都是世襲，由嫡長子繼承。雖然周禮云：「凡諸侯之適子，誓於天子，攝其君，則下其君之禮一等。未誓，則以皮帛繼子男。」（註一八）惟未見諸實行。隱公四年條，公、穀亦謂晉不宜立，但公羊未說明不宜立的緣因，穀梁云：「春秋之義，諸侯與正而不與賢也。」未嘗提及「王命」。孫、程、謝三氏强調「必由王命」，目的在明確諸侯統屬於天子的關系。

隱公元年「公子益師卒」條，伊川云：「諸侯之卿，必受命於天子， 當時不復請命， 故諸侯之卿皆不書官，不與其爲卿也；稱公子，以公子故使爲卿也。」（註一九）

程氏學又云：「蓋上世置卿，選賢與德，不必以公子、公孫之貴。既不世官，則有老而不爲卿者矣。此其所以不書乎？自是以還，斯道並棄，官人以世，無賢德之選，故無致其事於朝者矣，其尤者則有生而賜族者，……先王之禮泯然無見矣。」（註二〇）

不但諸侯得受命於天子，諸侯之卿亦得受命於天子，不可以世襲，這是避免權臣跋扈的辦法。謝湜說的更明白，隱公三年「尹氏卒」條，云：「人臣無外交，無世爵。上失制御……任權臣以政，得君者其子孫不復量材度德，皆世爲卿。故尹奪爵稱氏，以罪王臣之世也。周有尹氏，其後尹氏立王子朝；齊有崔氏，其後崔杼叛其君，大夫秉國權，其禍有如此者，此春秋所以戒也。」（二一）

據禮記王制篇，天子三公九卿；大國三卿，皆命於天子；次國三卿，二卿命於天子，一卿命於其君；小國二卿，皆命於其君，與伊川「諸侯之卿，必受命於天子」說，頗有出入。伊川着意提出「受命於天子」，乃是爲了與北宋以京官充任地方官，使地方直屬中央的制度相配合。

禮制的强調

封建秩序的鞏固，有賴於禮制的維繫。孫程諸氏對禮制的維持，異常重視。

僖公三十一年「四月四卜郊。不從。乃免牲，猶三望」條，伊川云：「賜周公以天子之禮樂，當否?曰，始亂周公之法度者，是賜也。人臣安得用天子之禮樂哉！成王之賜，伯禽之受，皆不能無過？記曰，魯郊非禮也。周公其衰，聖人嘗譏之矣。說者乃云周公有人臣不能爲之功業，因賜以人臣所不得用之禮樂，則妄也，人臣豈有不能爲之功業哉。借使功業有大於周公，亦是人臣所當爲爾，人臣而不當爲，其誰爲之?」又曰：「魯得用天子禮樂，使周公在必不肯受，故孔子曰周公其衰矣。孔子以此爲周公之衰，是成王之失也。」(註二二)

郊，祭天之禮。據禮記王制，天子祭天地，諸侯祭社稷，大夫祭五祀。惟魯郊，淵源有自，明堂位云：「成王以周公爲有勳勞於天下，是以封周公於曲阜，……命魯公世世祀周公以天子之禮樂。是以魯君孟春乘大路，載弧韣，旂十有三旒，日月之章，祀帝於郊，配以后稷。天子之禮也。」程氏從公羊「天子祭天，諸侯祭土」，及解詁「周公薨，成王以王禮葬之，命魯使郊以彰周公德，非正」說引申，並成王、伯禽而責之，於禮制的重視，由此可見。

既然諸侯，卿大夫皆受命於天子，故此諸侯間土地之予奪，諸侯於大夫之專執、專放，於諸侯之廢立，都是不義，同屬無禮。

隱公四年「莒人伐杞，取牟婁」條，莘老云：「諸侯受天子之地以爲之國，德大者其地廣，德小者其地狹，疆域有常限，人民有常居，不可擅興，不可彊取也。失德於其民，得罪於其君者，則有黜地之罰，降爵之責，非天子雖方伯不得擅黜諸侯之地，擅易諸侯之封。蓋天子者受命於天，興也亡也繫之於天；諸侯受命於天子，封也黜也繫之天子。天子能有天下，不能以天下與人；諸侯能有其國，不能以其國與人。以國與人者猶以爲罪，況不義而取之乎？故春秋凡書取者，皆罪其擅取諸侯之地以入於己也。」（註二三）

成公八年「晉侯使韓穿來言汶陽之田，歸之於齊」條，謝湜云：「汶陽田，魯之分地，受之天子者也。齊之害我封境也，晉命歸我侵田；齊之聽命於晉也，晉復命我田歸齊。以汶陽與齊爲不順，故晉使韓穿來言者，諭魯之辭也。……魯之分地，天子所封也。或取或歸，一出於晉，則天子予奪之柄，晉國專之矣。書來言、書歸之於齊，著景公之罪也。」（註二四）

桓公五年「州公如曹」條，又云：「諸侯以王命主社稷，撫人民。其有難也，明忠信，嚴守備，與民以死守之，保國之義也。州公以小國間於大國，度其國危而不能守也，乃至不畏王命，不恤社稷人民，私以一身避難，適曹。然則州公非以鄰國之好朝魯也，非以大國加其國奔曹也，其行欲以免禍而已。春秋書曰如曹，而州公不能保守一國，其惡見矣。」（註二五）

擅黜諸侯土地，或取或歸，是奪天子之柄，侵天子之權，諸儒惡之是當然的；惟不守天子之土，不畏王命，輕去社稷，罪亦難饒。桓公五年條，公、穀說未及此，謝氏據左氏述事發揮，以明其義。

莊公十七年「齊人執鄭詹」條，莘老云：「春秋之法，執諸侯大夫不以其有罪無罪皆書曰人，以明執人之君臣者不可以專也；必受命於天王，天王命之執則執之矣，不命於天王而專執者，皆爲有罪也。執人之君則係國之存亡，執人之大夫則繫國之治亂，執有罪者猶爲不可，況無罪乎？孟子曰：『今有殺人者，或曰人可殺與？曰可。曰孰可殺之？曰爲士師則可以殺之。』殺人者固有罪矣，然非士師則殺之不可；他國之君，他國之大夫，雖有罪當執，然不受於天王而執之，則亦猶非士師而殺人也。故春秋執人之君、執人之臣者一貶之曰人，以其非所執而執之，行如匹夫也。」〔註二六〕

成公十五年「晉侯執曹伯，歸於京師」條，謝湜云：「曹宣之卒於師也，公子負芻殺太子自立，子臧不義成公而致其邑。戚之會，厲公以成公有殺適之罪也，於是執而歸於京師。去逆治亂以正大義，聽命王室以正天刑，得侯伯討罪之道矣。凡强國擅執諸侯，不以有罪無罪皆稱人，貶之也。惟厲公執曹伯得其罪，又歸於王，故執書晉侯，善之也。」〔註二七〕

諸侯有罪，方伯必須請命天子；天子命之執，始可執之，以示王權之不可僭。孫、謝二氏一貶一褒，以見其義。案：莊公十七年條，三傳無貶齊侯意；成公十五年條，公羊無傳，穀梁云：「以晉侯而斥執曹伯，惡晉侯也。不言之，急辭也，斷在晉侯也。」與謝氏美晉侯之意大相逕庭。

宣公元年「晉放其大夫胥甲父於衞」條，莘老云：「放，流之也，書曰放驩兜於崇山是也。大夫者，人君任以治國家者也。古者諸侯大夫命於天子，大夫有罪，則請於天子，天子命殺之可，放之可。春秋之於諸侯，未嘗請於天子，專命之專殺之專收之也。……書曰放其大夫，罪其命之專，放之無禮也。」〔註二八〕

據孫氏說，諸侯、大夫皆由天子任命，故專執諸侯爲無禮，專殺大夫亦爲無禮，須予貶黜。

僖公二十五年「楚人圍陳，納頓子於頓」條，程氏學云：「凡歸與入而言自某者，但挾彼國之勢，而其重在於歸入之人。凡書納者，其重則專在於納者矣。蓋王政不綱，天下大亂，國君世子大夫歸復廢立，不由天子之命，惟諸侯之强有力者專之，皆非所謂天吏而擅興師，概有罪焉。」〔註二九〕

文公十四年「晉人納捷菑於邾，弗克納」條，莘老云：「孟子曰，諸侯能薦人於天子而不能使天子與之諸侯。蓋能使人爲諸侯者，惟天子爾。晉與邾俱諸侯也，就令邾國無君，亦必薦之天子，天子立之則立之矣。晉以捷菑己國之出，志欲立之，乃使其臣帥師而納於邾，而邾已立君，捷菑於義不當立，弗克納之而反。」〔註三〇〕

昭公十三年「蔡侯廬歸於蔡，陳侯吳歸於陳」條，程氏學云：「蔡侯廬歸於蔡，陳侯吳歸於陳，楚滅陳、蔡，至此而復之，聖人舉王法以治。蓋陳、蔡者，先王之建國，非楚可滅而非楚可復也，故書爵歸，言二國之嗣，位其所固有，國其所宜歸也。二君名者素，非諸侯至此始立也。」〔註三一〕

强侯擅主諸侯大夫之歸復廢立，興國滅國，乃惡之大者，諸氏深罪之，理所當然。

封建社會裏，名份是禮的一個重要內容，北宋「春秋家」於此亦甚爲重視。莊公九年「公及齊大夫盟於蔇」條，莘老云：「春秋之義，魯公及外大夫盟，非外大夫之罪則書人，不言其名者，成二年盟於蜀是也；外大夫及公盟而伉公者，則沒公而書名，若但與微者也，莊二十二年及齊高傒盟於防是也。蓋曰：諸侯，君也；外大夫，臣也。諸侯之爲君，苟在於天子之天下，皆可以君稱也；大夫之爲臣，雖在於外諸侯之國，蓋亦臣爾。故君有常尊，臣有常卑，所以正君臣之分而防僭亂之萌也。以大夫之卑而敵諸侯之尊，大夫之罪也。明書大夫之名以著其罪，沒去我公之號，示不與大夫之得僭也。以諸侯之尊而求與大夫盟者，則魯公之罪也。明書魯公之及以著其罪，沒去大夫之名以人書之，不與大夫之敵諸侯，若微者則不嫌也。」（註三二）公、穀亦以魯公不當與大夫盟，惟穀梁沒說明不當之理由，公羊云：「使若衆然。」故孫氏於其後譏曰：「若使衆然，有何義乎！」

孫、程諸氏討論上述問題，未必皆於唐末五代或當前時事有所譏刺，因禮為春秋書法的基礎，也是儒家政治理論的基礎。這裏限於經文，討論的只是幾個問題，而其重禮的精神已充份的表現了出來。

王權確立的討論

桓公十四年「宋人以齊人、蔡人、衞人、陳人伐鄭」條，程氏學云：「宋人以齊人、蔡人、衞人、陳人伐鄭，以者，用也，宋人為主乎伐鄭，而用齊人、蔡人、衞人、陳人也。凡諸侯之國，甲兵有制，皆統乎天子，迺敢私用之與私為之，用以伐人之國，大亂之道也。」（註三三）

謝湜亦云：「古者甲兵，其數皆統於王，非諸侯所得私用也。故兵無妄舉，而征伐之權一出於上，諸侯私假私用，則出兵不復有制矣。宋人伐鄭書以，罪其私用也。此國私用之，彼國私為之用，其罪一也。」（註三四）

王權的確立，統制軍隊是首要的條件。趙匡胤黃袍加身以前，軍士擁立皇帝，屢見不鮮，唐明帝李嗣源、唐廢帝潞王從珂、周太祖郭威等皆是。太祖登極，常懷戒懼，於釋石守信等兵權時，就說得很明白，云：「汝曹雖無異心，其如麾下之人欲富貴者，一旦以黃袍加汝之身，汝雖欲不為，其可得乎？」（註三五）自此以後，兵權收歸中央。北宋「春秋家」於此多予以同情，公、穀說未及此義，謝氏等特彰明其旨。

莊公二十八年「齊人伐衛，衛人及齊人戰，衛人敗績」條，程氏學云：「春秋之義，微顯闡幽者，謂是類也。齊人伐國之罪，其文可見，而衛人與戰之罪不變文不足以明之。何者？彼以不道加諸我，已當持義而不戰，上可以訴諸天子，下可以告於諸侯。或備其疆場，折之文辭，斯亦可矣，奚爲忽然興師，遽與之戰哉？是謂以桀攻桀，何較曲直乎？故聖人特書曰及，所以明微也。」（註三六）

昭公三十年「吳滅徐，徐子章羽奔楚」條，又云：「齊師滅譚，譚子奔莒；楚人滅弦，弦子奔黃；狄滅温，温子奔衛，國滅君奔，皆不名者。春秋之世，强凌弱，衆暴寡，而滅人之國，其君力有不勝而奔者，於其國義未絕也。何則，彼實無罪而爲橫逆所加，固可以上訴諸天子，下告諸侯，然則其理可伸而其邦可復矣，焉可遽絕之哉！」（註三七）

諸侯私用甲兵，伐人之國，固爲不可，以之抵抗外侮，程氏學亦非之，謂當持義不戰，上告天子，下告諸侯。徐子奔楚，云未可遽絕；衛人與齊人戰，則譏爲以桀攻桀，義異公、穀（昭公三十年條公、穀無傳），程氏學之說未免過激。

桓公五年「蔡人、衛人、陳人，從王伐鄭」條，程氏學云：「周衰，諸侯背叛，莫有尊王而從命者，唯此年王、蔡、衛、陳人伐鄭，而聖人書曰蔡人、衛人、陳人，從王伐鄭，所以明君臣之大義，君行而臣從之正也。或曰，蔡、衛、陳皆稱人，微者乎？曰，雖使卿行，苟不命於天子者，若從王則亦不得以名，舉尊而厭（壓）卑，亦云宜矣。」（註三八）

謝混亦云：「君行而臣從，君臣之大義也。人君總天下之大，以言則行，以動則濟者，以臣子致事君之義也。周衰，諸侯不遵王命久矣，桓王之伐鄭也，三國乃能爲王出兵以討不庭，勤王之道矣。春秋書曰從王，所以明君臣之大義也。」〔註三九〕

諸侯從王征伐以討不庭，是勤王之道，有助於王權的確立，惟春秋之世，不可多見，故謝氏等於蔡、衞、陳之從王，深予稱美。

王權的確立，除兵甲外，錢穀之統制亦異常重要。太祖於釋諸將兵權，削除藩鎮之同時，亦並錢穀而統制之。續通鑑長編云：「自唐天寶以來，方鎮重兵，多以賦入自贍，名曰留使留州，其上供殊鮮。五代方鎮益彊。率令全部曲主場院，厚歛以自利；其屬三司者，補大吏臨之，輸額之外，輒入己，或私納貨賂，名曰貢用，用冀恩賞。上（太祖）始即位，猶循常制，收守來朝，皆有貢奉。及趙普爲相，勸上革去其弊。是月申命諸州，度支經費外，凡金帛以助軍實，悉送都下，無得占留。時方鎮闕守帥，稍命文臣權知所在場院，間遣京朝官廷臣監臨，又置轉運使，爲之條禁。文簿漸爲精密，由是利歸公上，外權削矣。」〔註四〇〕莘老於此亦有所見，桓公十五年「天王使家父來求車」條，云：「夫以天王之尊，苟天下所有者皆其所有，爲諸侯者受之地而爲之主爾，故王道之行則天下之有者畢入於京師，而天子無求於下也。周衰至於春秋之時，天下無王而諸侯自恣矣。王室之卑僅如列國，諸侯貢賦不入而天王益貧，至於賻死之物，車服之用，闕而不貢，使來求之。天王以天下之大，不能有之而至於求，諸侯分天下之土，不時入貢而使來求之，曰求者，兼譏之辭也。」〔註四一〕

隱公三年「武氏子來求賻」條，又云：「天王崩，四方諸侯近者奔喪，遠者會葬，又致賻助之事，以爲臣子送死之禮。春秋時，王室衰凌，諸侯偃蹇，天王崩葬不奔不會，至於用度窘窮，喪事不繼，而有求於下。夫以天子之尊，四海之大，尺地一民，莫非其有也，而常貢不入，王喪不共，聖人著其事而罪之，曰武氏子來求賻，所以見王道不行而天下無王也。」（註四二）

止有統一的帝國，中央政府始能統制稅收，控制全國財政。春秋之時，中央政府統制錢穀，斷不可行，故隱公三年條，公羊云：「武氏子來求賻，何以書？譏。何譏爾？喪事無求，求賻，非禮也。」穀梁云：「曰歸之者，正也；求之者，非正也。周雖不求，魯不可以不歸；魯雖不歸，周不可以求之。求之爲言得不得，未可知之辭也。交譏之。」又桓公十五年條，公羊云：「何以書？譏。何譏爾？王者無求，求車，非禮也。」穀梁云：「古者諸侯時獻於天子以其國之所有，故有辭讓而無徵求。求車，非禮也；求金，甚矣。」均未言及錢穀該由天子統制，莘老云「王道之行，則天下之有者畢入於京師」，很明顯是就當時政治，經濟之環境而言。

王與霸的討論

周室强大，天子力能制馭四海，上命行於下，政治上軌道，自然沒有霸主的出現。但當王室黯弱，政治腐敗，中央政府失去維繫地方的力量，地位等同列國，諸侯各自爲政，國家分崩離析，莫之統屬的時候，便不能不寄望於霸者的興起，以率諸侯，以尊天子，以攘夷狄，以一統中國了。春秋五霸，齊桓、晉文最有功於當世。孔子亦嘗美管仲，謂其相桓公，一匡天下，使中國得免夷狄之蹂躪。春秋於五霸事跡，多予記述。爲此，北宋「春秋家」有王與霸的討論。他們的討論，未必於唐末政治或當前時事有所褒貶，其目的亦在强調尊王之精神而已。

謝湜於莊公十六年「會齊侯、宋公、陳侯、衞侯、鄭伯、許男、滑伯、滕子，同盟於幽」條，云：「幽之盟，列國皆欲聽於齊，故書同盟。周衰，諸侯無所統一，小大弗率，相攻相爭久矣。桓公特起衰亂之中，乃能憑信義，修政行令，振舉邦法，會九國，同盟于幽，使諸侯有所遵守忌憚，不敢自肆，以至天下爭鬥少衰，兵車少息，而黔黎得遂其生，濟世之功大矣。以此尊周室，一天下，以復文武之業，又豈難哉。惟桓公有勤王之名，無勤王之實，此功業所以不究也。」（註四三）齊桓所以有功于當世，是因他能平息諸侯間的爭鬥，使人民得免塗炭之災。若能尊周室，統一天下，則其功業當更宏偉。

程氏昆仲，都以爲霸主是可以成就王者之業的。隱公元年「天王使宰咺來歸惠公仲子之賵」條，伊川云：「王者奉若天道，故稱天王。其命曰天命，其討曰天討。盡此道者，王道也；後世以資力把持天下者，霸道也。」（註四四）王與霸的分別，僅在方法與態度而已。

僖公十七年「齊侯小白卒」條，伯淳云：「得天理之正，極人倫之至者，堯舜之道也；用其私心，依仁義之偏者，伯者之事也。王道如砥，本乎人情，出乎禮義，若履大路而行，無復回曲；伯者崎嶇反側于曲徑之中，而卒不可與入堯舜之道。故誠心而王則王矣，假之以伯則伯矣。二者其道不同，在審其初而已。……故治天下者，必先立其志，志立則邪說不能移，異端不能惑，故力進于道而莫之禦也。苟以伯者之心而求王道之成，是衒石以爲玉也。」（註四五）王與霸二者之不同，僅視其初「誠心而王」或「假之以伯」之別而已，霸者止要先立其志，便可以成就王者之業。

既然中央政府陵遲，不得不寄望於强侯——霸主，而强侯不能懷諸侯而尊天子，盟諸夏而外夷狄，那是極之令人惋惜的。文公二年「晉侯及秦師戰于彭衙，秦師敗績」條，莘老云：「齊桓、晉文有大功於衰周，而春秋於其會盟侵伐未嘗以辭許之。至其卒也，諸侯伐齊而狄能救之，則進狄而稱人，以甚諸侯之惡；秦乘其喪以伐同姓，則書曰晉人敗秦師以外秦。蓋桓、文之伯心，雖得罪於春秋，而迹亦有功於當世，孔子於其卒也，蓋皆以其微意見之，亦深惜之爾。殽之役，敗而不戰，所以外秦也；彭衙之戰，書敗，所以進秦于中國也。秦驅其民，連年戰傷，亦足進乎，而春秋進之？非進秦也，所以罪晉爾。晉襄承先君之餘業，不能紹先君之志，以德懷諸侯而主盟諸夏，攘外裔以尊天子；而二年之間興師者四，敗秦於殽，敗狄於箕，伐許伐鄭，勞弊其國，以侵諸侯，故秦乘晉之空虛，諸侯之背叛，復來伐之，雖晉能力戰以取勝，然不能使秦之不來。彭衙之戰，書戰書敗，所以均晉罪於秦也。」〔註四六〕

諸侯盟會，使王綱解紐，上命不行於下，本來深爲「春秋家」貶斥。如隱公元年「公及邾儀父盟于蔑」條，謝湜云：「諸侯敎命皆受之王而達之民也，禮樂不敢擅出，禁令不敢擅行，制度不敢擅革，臣子之道也。春秋之亂，列國講好修令，不復請命天子而擅相爲盟，上命由此不行而王綱由此壞矣。凡書盟以罪諸侯之專也。」〔註四七〕惟霸主要尊天子，要號令天下，不得不盟會諸侯，於此，孫、程諸氏並不深責。僖公二十八年「公會晉侯、齊侯、宋公、蔡侯、鄭伯、衛子、莒子，盟于踐土」條，伊川云：「晉文公欲率諸侯以朝王也，懼其不能而召王就見之，又見其召王之罪而不明其欲朝之本心，是以譎而掩其正也。聖人伐其心迹，顯晉文勤王之志，且使後世之君知所行之不正則無以明其心，當愼其所行也。」〔註四八〕諸侯盟會，本已不可，召王，其惡尤甚。他家罪晉侯甚烈，莘老云：「踐土之會，晉文實致天王，經不言之，不與其致天王也。……齊威之興，始致世子；晉文之興，遂召天子。春秋于首止殊會世子，不與其盟王之世子也；踐土之會，沒去天子，不與其臣召君也。……孔子曰：『齊桓正而不譎，晉文譎而不正。』齊桓之正，非孔子所謂正也，校之以晉文則正矣。然則若晉文者，未能庶幾于齊桓，況王道歟？若踐土之召天王，皆所謂譎而不正也。」〔註四九〕伊川說異諸家，謂「聖人伐其心迹，顯晉文勤王之志」，蓋以其欲率諸侯朝王，故特重之，但斥其召王，不責其與諸侯盟會。

文公十五年「諸侯盟于扈」條，莘老云：「盟會之事，雖王法所當誅，而春秋之時，伯主持之以號令天下，從之者安，不從者危。文公怠於國政，不務安其國家，而諸侯盟會不能與焉，至於齊師再侵其鄙。書曰：『冬，十有一月，諸侯盟于扈』，所以見諸侯之大會而公獨不與，齊師再侵而外無所救也。」〔註五〇〕諸侯盟會，不予深譏，文公不與會，却予貶斥，蓋霸主欲號令天下，實非假盟會不可。孫氏微旨，於此可見。王綱不振，攘夷重任亦惟有寄望伯主，伯主不以爲己責，不以爲要務，良可歎惜。莊公二十年「齊人伐戎」條，謝湜云：「戎爲中國患久矣，合諸侯，攘戎狄，使犬羊順服而中國安强，方伯之事也。桓公務廣土地，服諸侯，以强齊國而已，故滅譚、滅遂以益封疆，伐宋、伐鄖、伐鄭、伐魯以振威力，至於荆入蔡，戎侵魯，未嘗以救難之師。一過而問焉，乃至十年之久然後起而伐戎，將何以服四夷，强中國哉？春秋書齊人伐戎而桓公討戎之不力，由此見矣」〔註五一〕

綜觀胡安定門弟子之論述，霸主得肩負起尊天子，攘夷狄，與統一中國的責任。苟能「誠心而王」，則可以成就王者之業。他們一面肯定霸者于衰世存在的意義，一面却極力貶低其功業，藉以顯示王道之宏大，隱示尊王之要旨。以下一段對話可視爲孫、程諸氏關于王與霸討論的總結。

或問伊川：「邢衞爲狄所滅，齊桓公攘戎狄而封之，當時夷狄横而中國微，桓公獨能如此，故孔子曰微管仲，吾其被髮左衽矣，爲功如此也。觀晋室之亂，劉、石猖獗於中原，當是時，只爲無一管仲，故顚沛如此，然則管仲之功，後世誠難及也？」曰：「若以後世論之，其功不可謂不大，自王道觀之，則不足以爲大也。今人只爲見管仲有此，故莫敢輕議，不知孔、孟有爲，規模自別，見得孔、孟作處，則管仲自小。」曰：「孔、孟如何？」曰：「必也以天保以上治內，以采薇以下治外。雖有夷狄，安得遽至中原乎！如小雅盡廢，則政事所以自治者俱亡，四夷安得而不交侵。」（註五二）

夷狄問題的討論

自宋太宗伐遼，大敗於高梁河，外族問題，一直困擾着北宋政權，爲此，對外政策成了「春秋家」熱衷討論的問題。對該政策的討論，是假夷狄問題進行的。

遼和西夏，威脅着北宋帝國的安全，倘能一舉將之殲滅，或將之驅逐，使其遠離中國邊境，如漢武帝驅逐匈奴一般，問題倒易於解決。惟是宋與遼、夏之戰爭，吃力而不討好，巨額的軍費開支，使國庫日見空虚，人民疲於奔命，亦嚴重損害到經濟的發展。以此，大家都不希望戰爭的發生。

莊公二十六年「公伐戎」條，莘老云：「戎人至無知而好爭戰爭也，莊公不內修其國家，而聲戎之罪，舉師伐之，是較輕重于戎人也。于其還也，告至于朝，春秋一書之，以見其罪焉。三傳無解，以其事至著也。」

〔註五三〕於輕啓戰端，痛予貶斥，惡戰爭之甚，可以想見。

避免與夷狄展開戰爭，只是一時之計，終非長遠之策。要徹底解決外族的問題，應該從內政之修明做起。隱公二年「公會戎于潛」條，謝湜云：「結之以恩，懷之以德，綏戎之道也。亂則治之，危則持之；暴橫弗率，則征之殘之，御戎之道也。人君懷服四夷，以此而已，又曷嘗屈辱於戎哉？隱公欲修好而與戎出會于郊，弱邦國之勢，啓夷狄之心，適以招患而已。春秋書會戎于潛，以示諸侯御戎之失道也。治政，中國爲善；人材，中國爲强；甲兵，中國爲利，修此以待彼，而四夷莫敢不服，況於一戎之小乎？故有國家者，患內不修，不患外不順；患內不强，不患外不畏。」〔註五四〕中國在物質方面，人材方面，條件都較外族優厚，所以不能使外族畏服，是政令不修，國勢不强的緣故。爲此，最根本的辦法，是從內政修明做起。與夷狄盟會，是向其示弱，啓其輕蔑之心，並非綏戎之道。諸家於此，亦深予貶斥。

隱公二年「公及戎盟于唐」條，莘老云：「春秋之義，盟爲有罪；盟戎又甚焉。魯公春與之會，秋與之盟，以中國禮義之鄉，聖人之後，而與外裔之人歃血而盟，以苟一時之安，聖人志之，見公之罪而示中國之微也。」〔註五五〕

成公二年「公及楚人、秦人、宋人、陳人、衞人、鄭人、齊人、曹人、邾人、薛人、鄫人、盟于蜀」條，伊川云：「楚爲强盛，陵轢中國，諸侯苟能保固疆圉，要結鄰好，豈有不能自存之理！乃懼而服從，與之約盟，故皆稱人，以見其衰弱，責諸侯則魯可知矣。」〔註五六〕

中國政治腐敗，上無明天子，下無賢方伯統率諸侯以攘夷狄，外族進迫，諸侯與之盟會，實有不得已處。

孫、程諸氏於責其棄華夷之辨同時，更傷周室衰弱，天下無王。

飽受遼、夏之威脅，戰爭之干擾，宋人於外族理該痛恨彌深，必殲之滅之而後快。然而，事實却不盡然。宣公十六年「晉人滅赤狄甲氏及留吁」條， 謝湜云：「甲氏，赤狄別種，留吁又一種。君不書，死於兵難之中故也。昔武王克商，庸、蜀、羌、茅、微、盧、彭、濮，莫不與聞牧野之誓。苟能大無外之謨，保而有之，則遠方之國皆吾股肱；就使以爲不可用，先王綏有德，接有禮，迎來送往，治亂持危，亦使之各遂其生而已，又曷常以殺滅爲事哉。赤狄其種非一也，晉人並赤狄三種而滅之，赤狄種類盡矣。書滅潞氏，書甲氏，及滅留吁，罪其不仁也。」〔註五七〕夷狄只要不干犯於我，便該各遂其生，不應肆行滅絕。仁者之心，及于異族，胸襟是何等的博大！

與孫明復相同，北宋「春秋家」闡發攘夷要義，也是爲了尊王的緣故。

莊公十年「荆敗蔡師于莘，以蔡侯獻舞歸」條，莘老云：「荆者，蠻荒之國，賓于南服，于周之盛時，猶爲中國所患，至其衰弱，遂乘中國之無人，侵陵中國，至執諸侯而用之，會而刼中國之盟主，侵伐圍滅無所不至，故春秋于其始，賤而外之，以擯于蠻服；至其漸盛，則稱人稱爵同之中國矣，蓋聖人以深罪中國而力外蠻服也。夫蠻服者，至無禮義，至無廉耻也，王者起必以外裔畜之，使之畏威懷德，不敢叛去，不敢侵暴而已，書曰蠻夷猾夏，欲其深備之，使之不至於猾夏也。詩曰：『戎狄是膺，荆舒是懲，則莫我敢乘。』欲深懲之，使之莫敢乘陵而已，蓋聖人深防外裔之患而遠中國之備也。故春秋之於楚也，是聖人之深意焉，於其始也，以蠻服處之，若曰，楚，蠻服爾，安得使之至乎！其至也，必深備之；至其侵陵之甚，主盟中國而虐害諸侯也，則書人書爵，與中國等矣。若曰，中國而至於是者，中國無人焉爾。中國而無人，則中國亦楚，於楚又何外之？故楚之所以得稱人稱爵者，非進楚也，罪中國也，一時之中國不深罪之，則無人以懲後世也。」（註五八）

僖公元年「楚人伐鄭」條，又云：「荆自此稱楚，始改號也。侵伐自此稱人者，所以見中國之衰，而荆蠻之强暴也。孟子曰：『人必自侮然後人侮之，國必自伐然後人伐之。』荆蠻之俗，至無禮義，至無知識者也。中國盛，王道明，則遁逃遠去，莫敢內向而窺覦矣，至其衰陵而中國無人也，則伐其小國，執其諸侯，無所不至矣。春秋深罪中國之衰，而荆蠻之盛也，則漸見其迹焉，以謂于是之時有能攘而却之者，則荆蠻之暴庶幾可息，奈何中國卒無其人焉，故稱人稱爵與中國等，明中國皆荆蠻也。」（註五九）

莘老罪中國，蓋傷中國衰微，上無明天子，下無賢方伯以却荆蠻，至使荆蠻肆虐。

莊公十三年「齊人滅遂」條，莘老又云：「夫春秋之時，王室衰，中國弱，諸侯之（失）道（註六〇），外裔侵陵。于是之際，能帥諸侯以尊天王，攘外裔以彊中國者，惟齊桓公，而桓公又以其私而報平生之讎，奪諸侯之土，行師二十餘年始伐楚，以責苞茅之不入，而彊中國之威，故伐楚之前悉貶之，曰人曰師；至伐楚之後遂以爵稱之，謂其一匡天下也。」（註六一）

霸主能尊天子，攘夷狄，則予稱美；不然，則予以深貶。

成公十五年「叔孫僑如會晉士燮、齊高無咎、宋華元、衞孫林父、鄭公子鰌、邾人。會吳于鍾離」條，伊川云：「吳益强大，求會于諸侯，諸侯之衆，往而從之，故書諸國往與之會，以見夷狄盛而中國衰也。時中國病楚，故與吳親。」（註六二）

謝湜亦云：「吳子橫，憑陵邦國，尤重于楚。方是時，上無明天子，下無賢方伯，列國皆屈節會吳，雖齊大國，其大夫亦往親吳而會之，中國陵遲甚矣。會吳於鍾離，會吳于柤，會吳於向，吳皆殊會者，斥吳人而外之也。外吳人所以責諸侯也。吳本泰伯之後，爲太王之昭，今雖介在南蠻，使率其職貢，通於王朝，固與晉衞諸邦俱爲同姓之戚，乃不此之圖，而淫名荐食，自同强楚，此春秋所以斥吳人而外之也。」〔註六三〕

襄公十年「公會晉侯、宋公、衞侯、曹伯、莒子、邾子、滕子、薛伯、杞伯、小邾子、齊世子光。會吳於柤」條，程氏學云：「成十五年會吳于鍾離，襄十年會吳于柤，十有四年會吳于向，三者殊會吳者，聖人罪諸侯而外吳人也。蓋天子失政而諸侯亂，中國無霸，雖晉楚大國，亦皆俛首以與吳人會。且吳之暴橫，馮陵上國，尤非楚比故也。至哀十三年黃池之會，書公會晉侯及吳子者，成襄之間，中國無霸而諸侯與吳人會，然中國猶且爲主焉，故惟書會吳，至此則非鍾離、柤、向所可擬也。春秋之末，中國無伯；黃池之會，夫差擅强，中國愈不能抗，而吳子爲主焉。書吳之爵，所以見中國之衰，書晉之及，所以抑吳人之橫也。抑吳人，存中國，聖人之旨微矣。」〔註六四〕

謝湜一面哀痛中國無王，夷狄主盟，一面也顯示出他所說夷狄與華夏之區別，是春秋原有的，而非宋儒所獨創。據史記，吳爲太伯之後，太伯爲周太王之昭；楚爲顓頊之後，周成王時封熊繹以子爵。春秋之世，蚡冒自立爲武王，不臣于周。吳壽夢隨之。謝湜以爲吳之所以爲夷狄，不在其居處南蠻之域，而在其自同于楚，不朝于周。不然，吳與魯、衞同姓，當亦爲華夏之國。由此觀之，華夷之別，視其對于中國禮義之棄取，與其對于周室之向背而已。這是春秋之根本義，與近世以種族血統來判分之說，在基本上有不同的觀念。

註一：提要，卷二六。

註二：提要，卷二六。

註三：引自李氏集義，綱領，卷上。

註四：程書，外書第九，春秋錄拾遺。

註五：引自李氏集義，卷一九。

註六：孫覺經解，卷一。

註七：引自李氏集義，卷一。

註八：引自李氏集義，卷三。

註九：孫覺經解，卷五。

註一〇：程氏學及程氏雜說同錄程頤、劉絢語，惟孰爲程說，孰爲劉說已不能辨，故以其書爲名，下同。

註一一：引自李氏集義，卷三五。

註一二：程書，伊川經說第四，春秋傳。

註一三：宋元學案，卷一，安定學案引胡氏春秋口說。

註一四：孫覺經解，卷五。

註一五：程書，伊川經說第四，春秋傳。

註一六：李氏集義，卷三。

註一七：孫覺經解，卷二。
註一八：周禮「宗伯禮官之職」。
註一九：程書，伊川經說第四，春秋傳。
註二〇：引自李氏集義，卷二。
註二一：引自李氏集義，卷三。
註二二：引自李氏集義，卷二五。
註二三：孫覺經解，卷二。
註二四：引自李氏集義，卷三六。
註二五：引自李氏集義，卷七。
註二六：孫覺經解，卷六。
註二七：引自李氏集義，卷三七。
註二八：孫覺經解，卷一〇。
註二九：引自李氏集義，卷二三。
註三〇：孫覺經解，卷九。
註三一：引自李氏集義，卷四四。
註三二：孫覺經解，卷五。

註三三：引自李氏集義，卷九。
註三四：引自李氏集義，卷九。
註三五：李燾續長編，卷二。
註三六：引自李氏集義，卷一六。
註三七：引自李氏集義，卷四五。
註三八：引自李氏集義，卷七。
註三九：引自李氏集義，卷七。
註四〇：李燾續長編，卷六。
註四一：孫覺經解，卷四。
註四二：孫覺經解，卷一。
註四三：引自李氏集義，卷一四。
註四四：程書，伊川經第四，春秋傳。
註四五：引自李氏集義，卷二一。
註四六：孫覺經解，卷九。
註四七：引自李氏集義，卷一。
註四八：引自李氏集義，卷二四。

註四九：孫覺經解，卷八。
註五〇：孫覺經解，卷九。
註五一：引自李氏集義，卷一五。
註五二：引自李氏集義，卷一八，僖公元年「齊師、宋師、曹師次於聶北，救邢」條。
註五三：孫覺經解，卷六。
註五四：引自李氏集義，卷二。
註五五：孫覺經解，卷一。
註五六：程書，伊川經說第四，春秋傳。
註五七：引自李氏集義，卷三四。
註五八：孫覺經解，卷五。
註五九：孫覺經解，卷八。
註六〇：「之」字疑為「失」字之誤。
註六一：孫覺經解，卷五。
註六二：程書，伊川經說第四，春秋傳。
註六三：引自李氏集義，卷三七。
註六四：引自李氏集義，卷三九。

三 劉原父崔彥直蕭子荊於尊王要義的補充

劉敞，字原父。（一〇一九——一〇六八）宋史本傳謂其「長於春秋，爲書四十卷行於時」。其弟攽作行狀，及歐陽修作墓誌，均謂原父著春秋傳十五卷，權衡十七卷，說例二卷，文權二卷，意林五卷，合爲四十一卷，與本傳畧有出入；惟據陳振孫直齋書錄解題，說例僅一卷，可能傳鈔分合互有異同。是則行狀、墓誌之說，與本傳不謬。（註一）春秋傳、權衡、意林三書，通志堂經解有刋版，文權與說例，則未見傳本，今本說例乃自永樂大典輯出。

崔子方，字彥直，晁說之集謂其字伯直，號西疇居士。宋史無傳，生卒無可考。據藝文志有春秋經解十二卷，春秋本例例要二十卷。本例，通志堂經解有刋本，春秋經解與例要皆自永樂大典輯出。（註二）

蕭楚，字子荊。（一〇六四——一一三〇）宋史藝文志有春秋經辨十卷。江西通志及萬姓統譜皆云是書四十九篇，今止四十四篇，其中或有佚脫。宋志云十卷，今永樂大典所載止二卷，疑爲明人編輯時所合併。（註三）

劉氏、崔氏、蕭氏說春秋，亦以闡發尊王要義爲主，惟各人重點不同，故分別論之。

劉原父於封建禮制的强調

原父長於春秋，歐陽修著「五代史、新唐書，凡例多問春秋於原父」。（註四）宋史謂其「嘗得先秦彝鼎數十，銘識奇奧，皆案而讀之，因以考知三代制度」。〈註五〉葉夢得批評孫明復「概以禮論當時之過，而不能盡禮之制」〈註六〉，惟於劉氏深爲稱許，實以其邃於禮學之故。〈註七〉

陳振孫云：「原父始爲權衡，以平三家之得失，然後集衆說，斷以己意而爲之傳，傳所不盡者，見之意林。」〈註八〉故今所論，以傳及意林爲主。

劉氏春秋說，與北宋「春秋家」相同，重在闡發尊王要義，惟於封建禮制，特別强調。

僖公五年「諸侯盟于首止」條，云：「曷爲再言首止？〈註九〉善是盟也。曷爲善之？王將以愛易世子，桓公爲是率諸侯會而盟之，王室以安。則是正乎？不正。不正則其嘉之何也？王將以愛易世子，諸侯莫知，以爭則不可，以諫則不得，桓公控大國，扶小國，會世子于首止，以尊天王爲之也。然而諸侯以睦，天王以尊，後嗣以定，一會而父子君臣之道皆得焉，故孔子曰正而不譎，此之謂也。」〈註一〇〉

左氏云：「謀寧周也。」服虔云：「惠王以惠后故，將廢太子鄭而立王子帶，故齊桓帥諸侯會王太子以定其位。」〈註一一〉穀梁云：「天子微，諸侯不享覲，桓控大國，扶小國，統諸侯，不能以朝天子，亦不敢致天王，尊王世子于首戴，乃所以尊天王之命也。」劉氏從左氏發揮，謂率諸侯安王室，雖不正，以尊天王之故爲之，亦當嘉美。

諸侯爵位，雖爲世襲，劉氏以爲必須請命天子，未受命，不得爲諸侯。

桓公三年「正月」條，云：「何以不書王，桓無王也。桓何以無王？桓不受命於王也。諸侯喪畢，以士服見天子，未受命不敢服其服也。已見天子，賜之黻冕圭璧，然後服；歸設奠於祖廟，然後臨諸臣。桓內弒其

君，外成人之亂，弱天子而不受命，則固無王也。不書王，見不受命也。不受命，雖久不得爲諸侯，君子賤之。〔註一二〕

六年「子同生」條，又云：「子同生者孰謂？謂莊公也。何以書？貴也。何貴爾？世子也。……此世子也，其不曰世子何？天下無生而貴者，誓於天子然後爲世子。」〔註一三〕

强調諸侯受命於天子始爲諸侯，世子誓於天子始爲世子，目的在强調諸侯於天子的臣屬關係，其義均出公、穀二傳外。

隱公七年「齊侯使其弟年來聘」條，云：「其稱弟何？母弟也。母弟稱弟，母兄稱兄，諸侯之尊，不得以屬通，其弟云者，凡以重書也。何重乎齊侯之弟？古者年四十而仕，五十而爵，天下無生而貴者。齊侯愛其弟，未可爵而爵之，亟交於諸侯，卒之其子弑齊君而亂齊國，是以君子重焉爾。」〔註一四〕

昭公元年「叔孫豹會晉趙武、楚公子圍、齊國弱、宋向戌、衞齊惡、陳公子招、蔡公孫歸生、鄭罕虎、許人、曹人于虢」條，又云：「此陳侯之弟招也，何以不稱弟？諸侯之尊，弟兄不得以其屬通也。諸侯之尊，則兄弟不得以其屬通？諸侯非始封之君臣諸父昆弟，其在朝廷爵以德，齒以官，體異姓也，族人不得以其戚戚君，尊尊也。」〔註一五〕

諸侯臣屬於天子，國人臣屬於諸侯，雖兄弟亦不例外，公、穀二傳，除隱公七年條穀梁說稍近外，皆不及此義。劉氏所謂「不得以其戚戚君」，是爲了强調封建社會君臣間的臣屬關係。

隱公元年「宋人盟于宿」條，云：「孰及之？卑者之盟不志，及之者，公也。公則曷爲不言公？恥與宋人

盟也。曷爲恥與宋人盟？大國之卿，可以會小國之君，小國之卿，不可以會次國之君。」〔註一六〕

案，昭公二十三年，左氏引叔孫婼語云：「列國之卿，當小國之君，固周制也。」文公十六年又云：「公有疾，使季文子會齊侯于賜穀，請盟。齊侯不肯，曰：『請俟君閒。』」以此觀之，劉氏所述，也許是周時禮制。惟隱公元年條，公、穀均以及宋人盟，爲魯微者，劉氏必指爲魯公與宋人盟，從而譏之，藉以强調其重禮之精神。

莊公三十二年「宋公、齊侯遇于梁丘」條，云：「何以書？我接之也。則其先宋何？宋主齊也。宋何以主齊？齊遠而宋近也。席則有上下，室則有奧阼，諸侯之事，重主輕，大主小，近主遠，貴主賤。」〔註一七〕昭公十八年「宋、衞、陳、鄭災」條，又云：「何以書？記災也。四國同日而俱災，非人力所爲也已。其序宋、衞、陳、鄭，春秋之正也。同德則尚爵，同爵則尚親，同親則尚齒。」〔註一八〕

諸侯與諸侯間有大國小國之別，國與國間也有親疏遠近之別，這是儒家倫理觀念投射到政治上的結果，義出公、穀之外，提要謂「敞說春秋，頗出新意」〔註一九〕，不是沒有根據的。

諸侯既臣屬於天子，自不能越禮，行天子之事。

莊公三十年「齊人伐山戎」條，云：「此齊侯也，其稱人何？貶。曷爲貶？齊侯曰：『我北伐山戎，至於孤竹獄濱，諸侯莫敢不來，雖三代受命何以異？』蓋封乎太山，禪乎梁父。齊之僭天子，自伐山戎始焉。」〔註二〇〕

劉氏所述齊桓事蹟，取材自國語。公羊云：「此齊侯也，其稱人何？貶。曷爲貶？子司馬子曰：『蓋以操之爲已甓矣。』此蓋戰也，何以不言戰？春秋敵者言戰，桓公之與戎狄，驅之爾。」穀梁云：「齊人者，齊侯也。其曰人何也？愛齊侯乎山戎也。其愛之何也？桓內無因國，外無從諸侯，而越千里之險，北伐山戎，危之也。則非之乎？善之也。何善乎爾？燕，周之分子也，貢職不至，山戎爲之伐爾。」二傳於齊桓伐山戎，均善之，劉氏以其封太山，禪梁父，僭天子之禮，皆肇於此，故深予貶黜。

隱公十一年「滕侯、薛侯來朝」條，云：「隱公之志也已驕。晉侯使荀庚來聘，衛侯使孫林父來聘，固人臣也，魯不敢同日而參盟，丙午及荀庚盟，丁未及孫良父盟是也。今一旦而朝兩國君，不能識其非禮而受之，則非獨驕也，死不亦宜乎？」（註二一）

諸侯相朝爲周禮，上文已嘗論及。劉氏深於禮學，何以於隱公痛予貶斥？竊以爲可能有感於何休說而發。公羊云：「其言朝何？諸侯來曰朝，大夫來曰聘。」解詁云：「傳言來者，解內外也。春秋王魯，王者無朝諸侯之義，故內適外言如，外適內言朝聘，所以別外尊內也。」新周王魯之說，公羊無明文，始見於董仲舒春秋繁露（註二二），經何休衍說而倡明。原父於權衡中批評公羊云：「又所謂新周故宋以春秋當新王者，亦非也。聖人作春秋，本欲見褒貶是非，達王義而已，王義苟達，雖不新周，雖不故宋，雖不當新王，猶是春秋也。聖人曰：『不怨天，不尤人，知我者其天乎？』今天不命以王天下之任，而聖人因鼓而自立王天下之文，不可訓也。且周命未改，何新之說？」（註二三）董仲舒與胡毋生同時，著書在公羊初著竹帛時，王魯新周故宋之說，很可能是公羊子口傳之義，（註二四）故劉氏以其罪歸諸公羊。於此貶隱公，是何休說之反動。

成公十年「丙午晉侯獳卒。秋七月公如晉」條，云：「傳曰，葬晉侯也。曷爲不言葬晉景公？不與葬，晉使也。曷爲不與？天子之喪動天下，屬諸侯；諸侯之喪動通國，屬大夫；大夫之喪動二國，屬修士；士之喪動一鄉，屬朋友；庶人之喪動州里，屬黨族，公之葬晉侯，非禮也。以謂唯天子之事焉可也。」（註二五）

公、穀無傳，劉氏從左氏說發揮，指晉人使魯公送晉侯葬，爲僭天子之禮。

僖公二十九年「會王人、晉人、宋人、齊人、陳人、蔡人、秦人、盟于翟泉」條，云：「是稱人，皆微者歟？非微者也，王子虎、晉狐偃、宋公孫固、齊國歸父、陳轅濤塗、秦小子慭之盟也。則其稱人何？翟泉在王城之內，諸侯之大夫入天子之境，雖貴曰士，陪臣也，而盟于天子之側自此始，是以貶之也。」（註二六）

公、穀無傳，左氏云：「卿不書，罪之也。在禮，卿不會公侯，會伯子男可也。」劉氏不取其說，別出新意，不罪諸國之卿會公侯，而罪其干犯天子。雖然，盟於天子側於禮尤爲不合，是亦足見劉氏於尊王要義之重視。

成公二年「季孫行父、臧孫許、叔孫僑如、公孫嬰齊帥師會晉郤克、衛孫良父、曹公子首及齊侯戰于鞍」條，云：「帥，言元帥者也。其曰季孫行父、臧孫許、叔孫僑如、公孫嬰齊何？譏。何譏爾？古者大國三卿，次國二卿，小國一卿。元侯之卿有軍作師，以承天子；諸侯之卿無軍敎衛，以聽元侯。魯一軍多矣，二軍非禮，三軍僭也，四軍悖也，亡制甚矣。」（註二七）

按，魯於襄公十一年作三軍，穀梁云：「非正也。」昭公五年舍中軍，穀梁云：「貴復正也。」公羊亦云：「復古也。」是則作三軍以前，魯止二軍而已，劉氏以爲鞌之戰，魯國四軍，實緣公羊至誤。襄公十一年「作三軍」條，公羊云：「三軍者何？三卿也。」其意謂春秋之時，以卿統軍，作三軍亦即置三卿。故淸代學者孔廣森公羊通義云：「軍將皆命卿，故以三卿解之。」〔註二八〕劉氏據公羊說，以鞌之戰，季孫行父、臧孫許、叔孫僑如、公孫嬰齊帥師，遂斷魯有四軍。竊以爲公羊說未必屬實。禮記王制篇云：「大國三卿，皆命於天子，……次國三卿，二卿命於天子，一卿命於其君。」魯於春秋，即非大國，當亦次國，毋待襄公十一年始置三卿。劉氏責魯有過激處，惟其强調禮制的精神，躍然紙上。

僖公十三年「杞子卒」條，云：「杞其稱子何也？貶。曷爲貶？以其用夷禮貶。然則孰貶之？天子貶之。何用知其天子貶之？非天子不制度，不議禮，不考文。春秋之進賢也，不記實，其退不肖也，不亂名。然則杞之名何也？公也。」〔註二九〕

公、穀無傳，左氏云：「杞成公卒，書曰子。杞，夷也。」杜註：「成公始行夷禮以終其身，故於卒貶之。杞實稱伯，仲尼以文貶稱子。」劉氏修正杜註，以貶杞者爲天子，從而强調禮制之爲天子所立。

以上諸問題的討論，在在顯示劉氏於禮特重的精神。他重禮之目的，當然還是爲了尊王之緣故。莊公十年「荆敗蔡師於莘」條，關於吳、楚、徐、越之討論，就表現得極其明顯，曰：「論者以吳、楚、徐、越爲夷狄乎？不然也。吳、楚、徐、越有狄之名，無狄之情。聖人者愼絕人。吳，太伯之後也；楚，祝融之後也；徐，伯益之後也；越，大禹之後也，其上也皆有元德顯功通乎周室矣，中國冠帶之君奚以異？徐始稱王，楚後稱王，吳、越因遂稱王，王非諸侯所當名也，故夷狄之。」〔註三〇〕唯天子可以稱王，諸侯僭王號，皆當貶爲夷狄，强調封建禮制與尊王思想，是相互配合的。

崔彥直於權臣專擅的刺譏

崔彥直喜歡以義例說春秋，陳振孫直齋書錄解題云：「其學辨正三傳之是非，而專以日月爲例，則正蹈其失而不悟也。」〔註三一〕又李心傳建炎以來繫年要錄云：「（彥直）於紹聖間三上疏，乞置春秋博士，不報，乃隱居六合縣，杜門著書者三十餘年。」〔註三二〕考彥直著書期間，適值蔡京當國，職是之故，其說春秋特以譏刺權臣專擅爲主。

隱公二年「紀子帛、莒子盟于密」條，云：「子帛，蓋裂繻字也，當時之辭也。傳曰：『盟于密，魯故也。』魯人以其爲我而盟，故貴而字之，史從而書焉。當時以爲寵，而春秋因之以見其恃貴專命之罪云爾。裂繻受命逆女，爲魯之故而遽與莒盟，則其恃貴而專命可知矣。凡春秋諸侯之臣有變名而字者，皆見其專僭之罪也。」〔註三三〕

三傳未及褒貶義，原父說較持平，云：「子帛者何？裂繻之字也。何以字？褒之也，曷爲褒之？爲其與莒子盟也。與莒子盟則曷爲褒之？莒人魯人相與有仇，莒子將伐魯，裂繻知其謀也，道與莒子言而平之。莒子爲是盟，故若裂繻可謂忠矣。大夫不憂諸侯，此其爲忠奈何？昏因之道也。大夫在境外有可以尊國家利社稷則專之，諸侯不專社稷。」〔註三四〕崔氏說大異其趣，其貶紀子帛，實有深意。

桓公二年「宋督弒其君與夷，及其大夫孔父」條，云：「孔父，字也。何以不名？當時之辭也。蓋孔父擅貴而專國，國人稱之不敢以名而以字云爾，故春秋因之以見其事焉。惟其擅貴而專國，此督弒君而遂及孔父

也。」〔註三五〕

公羊云：「及者何？累也。弒君多矣，舍此無累者乎？曰，有，仇牧、荀息皆累也。舍仇牧、荀息無累者乎？曰，有。有則此何以書？賢也。何賢乎孔父？孔父可謂義形於色矣。其義形於色奈何？督將弒殤公，孔父生而存，則殤公不可得而弒也，故於是先攻孔父之家。殤公知孔父死己必死，趨而救之，皆死焉。孔父正色而立於朝，則人莫敢過而致難於其君者，孔父可謂義形於色矣。」穀梁云：「孔父先死，其曰及何也？書尊及卑，春秋之義也。孔父之先死，何也？督欲弒君而恐不立，於是乎先殺孔父，孔父閑也。何以知其先殺孔父也？曰，子既死，父不忍稱其名；臣既死，君不忍稱其名，以是知君之累也。」二傳於孔父皆有美意。

桓公十一年「宋人執鄭祭仲」條，云：「祭仲，字也，當時之辭也。春秋有因當時之辭以見褒貶者多矣，稱字之例如紀子帛、宋孔父、子哀、華孫之徒是也。蓋祭仲實鄭之權臣，擅貴而專國，國人稱之不敢以名而字云爾。彼以字赴，史以字書，春秋因其實以見罪焉。夫能出君而納不正，如反手之易，則祭仲之權可知也，而傳者謂春秋書字以爲褒，誤矣。彼獨不因其事以觀之乎？夫突，宋出也，宋人之所欲立。宋以爲不得祭仲，則忽不可出，而突不得立，故執祭仲以要之。仲不能以己殉國守節而死難，於是廢正立庶，徇人之私，彼其罪宜何如？則無爲稱字以褒之也，故知因當時之辭以見惡，明矣。」〔註三六〕

公羊云：「祭仲者何？鄭相也。何以不名？賢也。何賢乎仲？以爲知權也。其爲知權奈何？……莊公死，已葬，祭仲將往省于留，塗出于宋，宋人執之，謂之曰：『爲我出忽立突。』祭仲不從其言，則君必死，國必亡；從其言則君可以生易死，國可以存易亡，少遼緩之，則突可故出，而忽可故反，是不可得則病，然後有鄭國。古人之有權者，祭仲之權是也。」穀梁云：「祭仲易其事，權在祭仲也。死君難，臣道也。今納惡而黜正，惡祭仲也。」公羊從大處看，穀梁從小處看，崔氏從穀梁說發揮。

莊公二十五年「陳侯使女叔來聘」條，云：「其曰女叔，蓋字也。當時之辭爾，見女叔之專也。夫女叔之專而春秋無異辭以見之，何也？變名而爲字，此春秋所以見之也。紀子帛、鄭祭仲、宋孔父、子哀、華孫之徒是矣，而傳者謂嘉之，故不名。且裂繻有專命之嫌，祭仲有逐君之惡，孔父有見殺之咎，而華孫、子哀有恃貴之罪，春秋何以嘉焉？推是五者，則女叔之有譏可知矣。春秋以例見者，不疑也。」（註三七）

公羊無傳，穀梁云：「其不名，何也？天子之命大夫也。」左氏云：「始結陳好也，嘉之，故不名。」崔氏斷女叔專擅，春秋譏之，所憑藉者爲其義例。此處所用義例，乃自春秋所書關於紀子帛、鄭祭仲、宋孔父、子哀、華孫之文字——書字不書名，分析歸納而成。於紀子帛、鄭祭仲、宋孔父之討論，已見前文，其說多以臆測爲主，未必盡符事實。職是之故，此義例之可靠程度，頗堪懷疑。以之非左氏，斷女叔之專擅，自然甚成問題。於此，惟見崔氏於權臣擅貴之憎惡而已。

文公十四年「宋子哀來奔」條，云：「子哀之字，當時之辭。且今年子哀來奔，明年華孫來盟，華孫之盟，私於子哀故也。然則二人固同黨者，其擅貴而專國可知矣。此子哀所以得罪來奔，華孫所以非君命來盟也。魯人以其貴，故皆從而字之，春秋因之以見其事焉。此其三世內娶之弊而至此乎？」（註三八）

公羊云：「宋子哀者何？無聞焉爾。」穀梁亦云：「其曰子哀，失之也。」左氏云：「宋高哀爲蕭封人，以爲卿，不義宋公而出，遂來奔。書曰：『宋子哀來奔。』貴之也。」崔氏別出新義，實有穿鑿之嫌。

十五年「宋司馬華孫來盟」，云：「稱官而字之，亦當時之辭也。稱官以其尊也，稱字以其貴也，蓋魯人不敢慢之如此。然其來也，私於子哀之故，非有君命，故不書使以見之。則其專官而擅貴可知矣。」〔註三九〕

公羊無傳，穀梁云：「司馬，官也。其以官稱，無君之辭也。來盟者何？前定也。不言及者，以國與之也。」左氏云：「宋華耦來盟，其官皆從之。書曰宋司馬華孫，貴之也。」崔氏譏華孫擅貴，可能受穀梁啓發，惟以華孫私於子哀，似屬虛構。

莊公二十三年「祭叔來聘」條，云：「隱元年祭伯來不稱使，不目其事，知其以私事行也。此曰來聘，是將公事者也；有公事而不稱使，知假天子之命來爾，故春秋不稱使而目其事以見其實焉。且爲人臣而外交，罪矣，況假天子之命以行者耶？故直曰祭叔來聘以惡之，其譏明矣。」〔註四〇〕

公羊無傳，穀梁云：「其不言使，何也？天子之內臣也，不正其外交，故不與使也。」崔氏從穀梁說發揮，更加上假天子命之罪。

諸侯、大夫均受命於天子，故諸侯於大夫之專執，專殺，崔氏深予貶黜。

十七年「齊人執鄭詹」條，云：「詹，鄭大夫之未命氏者也。鄭詹之罪何？前年背會而侵宋者，豈鄭詹爲之歟？今齊行霸然後有討於鄭，而詹見執也。春秋或稱人以執，或稱爵以執。稱人以執，執有罪也，雖有罪然人非所以執矣；稱爵以執，執無罪也，彼無罪雖天子不得而執，況諸侯乎？凡執之志，皆譏也。諸侯與大夫皆命於天子，非天子命而執之，是專執也，春秋所以爲譏矣。」〔註四一〕

公羊云：「鄭詹者何？鄭之微者也。何言乎齊人執之？書甚佞也。」穀梁云：「鄭詹，鄭之卑者。卑者不志，此其志何也？以其逃來，志之也。……鄭詹，鄭之佞人也。」二傳止罪鄭詹，不罪齊人，崔氏幷齊人而譏，罪其專執。

二十二年「陳人殺其公子御寇」條，云：「諸侯之大夫皆命於天子，雖有罪必請于天子，不得專殺也。故孟子稱葵丘之盟，戒曰毋專殺大夫。然則春秋凡書殺大夫者，皆譏也。有罪而見殺，猶以爲譏，又況無罪而殺之乎？故春秋之例，稱國以殺大夫，舉重者，君討之辭也，殺有罪也；稱人以殺大夫，舉微者，下殺之辭也，殺無罪也。陳人殺其公子御寇，知其無罪也；其不稱大夫，未命爲大夫也。公子，貴矣，今公之子也。尊爲之君，親爲之父，而不能保其臣子之無罪而見殺，以陳侯爲病矣。」（註四二）

公羊無傳，穀梁云：「言公子而不言大夫，公子未命爲大夫也。其曰公子，何也？公子之重視大夫，命以執公子。」義甚晦澀，崔氏譏專殺大夫，乃別出新意。

權臣過份專擅，勢將釀成篡奪之禍，陽虎之亂，是個深刻的教訓。崔氏特提出討論，引起時人之注視，以資警惕。

定公八年「從祀先公」條，云：「從祀先公，何以書？所以誅陽虎之亂見陪臣執國命也。是蓋魯禮之復正者，而知其誅陽虎之亂何也？當是時，魯國之政，季氏專之。季氏之室，陽虎有之。魯之君臣拱手聽命，無敢誰何，此孔子所以嘆陪臣執國命，而知三桓之子孫微也。彼陽虎所以能濟其謀者，必有所挾也，因人之所欲者而假譽焉。蓋自文公以來，魯之逆祀久矣，舉國之人皆欲去之，然百餘年之間莫或修正而改。及陽虎爲政，一旦而去之，彼自謂足以借譽於國人而取悅乎先君也，於是遂肆其亂。及其不克，乃竊夫寶玉大弓而逃焉。不

然，彼陽虎方且迫於爲亂，而魯之君臣方且謀虎之不暇，何暇修百年久失之亂而正之哉？其事蓋可知矣。」〔註四三〕

左氏、公羊均以從祀爲順祀，穀梁更謂「貴復正也」。案，春秋是年經文「從祀先公」後，即爲「盜竊寶玉大弓」。盜竊寶玉大弓者，陽虎也。崔氏說非無理，然其中頗有深意。

十二年「季孫斯、仲孫何忌帥師墮費」條，云：「郈，叔孫氏之邑；費，季氏之邑。城之不度，將爲國害，故墮之也。夫二邑，二家恃以爲保障，而肯墮之，何也？不得已也，蓋仲由爲季氏宰，欲張公室而後墮之。夫以二家之所恃以爲固者，而乃不能奪之于仲由，見陪臣之執國命矣。是以冉有、子路相季氏而欲伐顓臾，孔子誨之，既而發陪臣執國命三世希不失之歎也。」〔註四四〕

穀梁但釋墮字之義。公羊云：「曷爲帥師墮郈，帥師墮費？孔子行乎季孫，三月不違，曰家不藏甲，邑無百雉之城，於是帥師墮郈，帥師墮費。」崔氏棄公羊說，而發陪臣執國命之歎。

昭公二十三年「公如晉，至河，有病，乃復」條，云：「昭公自始即位，至此凡五如晉至河乃復，於此獨言有疾，則知不言有疾者，皆以他事而復也。蓋內爲權臣所制，外爲霸主所鄙，而不見禮於大國，此所以終孫于齊也。」〔註四五〕

公羊云：「何言乎公有疾，乃復？殺恥也。」穀梁云：「疾不志，此其志，何也？釋不得入乎晉也。」二傳有貶昭公意，然未及他義，崔氏慨歎昭公「內爲權臣所制，外爲霸主所鄙」，也許確屬事實，然於史論之餘，似亦有所寓意。

崔氏深惡權臣專擅，說春秋喜爲深刻之論，較孫明復尤有過之。提要所謂「遂使孔庭筆削，變爲羅織之經」〔註四六〕，以之形容崔氏，毫不過份。考其著書之時，値蔡京當國，竊疑其於權臣專擅貶斥之深意，蓋在於此。

蕭子荊所謂威福二柄之討論

蕭子荊，宋史無傳，黃宗羲宋元學案以爲伊川門人，胡周再傳。其說春秋，多出新意，不若謝湜、劉絢，緊隨伊川。陳振孫直齋書錄解題云：「廬陵蕭楚子荊……，紹聖中貢禮部，不第。蔡京用事。與其徒馮澥書，言蔡將爲宋王莽，誓不復仕。」〔註四七〕以此，其說春秋多緣事而發，張浚讀其所著戰辨，歎曰：「是可謂切中時病矣。」〔註四八〕提要許其辨疑云：「書之大旨，主於以統制歸天王，而深戒威福之移於下。雖多爲權姦柄國而發，而持論正大，實有合尼山筆削之義。」〔註四九〕

惡蔡京之專擅，痛權臣之當國，蕭氏與崔氏無異。惟崔氏春秋說，止於權臣痛予貶斥，此外更無積極建議；蕭氏則提出防止權臣擅國之切實辦法——威福之柄由天子執持，使尊王思想具體化起來。

何謂威福之柄？先談談威天下之大柄。

於「盟會侵伐統辨」條，蕭氏云：「春秋所書事僅百數，而盟會侵伐居其多，何也？天下之大政也。夫盟者刲牲歃血要言于天地神明也，忠信薄而姦詐起，于是始有相與援指天地神明，呪誓口血坎牲以堅其約者，聖人不得已，因而用之，故周官有司盟之職。凡邦國有疑則掌其盟載之約，蓋防狡黠者以之合仇錮黨，迭相傾軌，漸以階禍，故其事必司于王官也。會者又以施天下之令，發天下之禁，而爲侵伐則以致討其不順，是數者皆以統一海內之綱紀，王者之政。春秋書諸侯盟會侵伐，見天下大政自諸侯出，此春秋所以自隱公而始也。司馬法亦云：『天子會諸侯，九伐之法也。』若夫析而言之，則侵伐爲重，盟次之，會次之。何也？侵伐，兵戎之事，威天下之柄也，盟會則典禮也。威柄出於上則人羣可合，典禮可興，天下可治；威柄一失，則典禮爲徒法，而天下亂矣。故春秋之始，諸侯盟會則直書之，侵伐則貶書之，以兵戎爲重，示後世天下威柄，王人尤不可失也；大夫初出將兵，亦貶書之，示後世一國威柄，君人尤不可失。觀之春秋，自東遷而後，强侯迭興，中國賴焉，而周室終于淪敗，不克返正，則知天下威柄，王天下者不可失，昭昭矣；大夫既擅兵，其初也，不惟功伐著于國，蓋亦有勞于王矣；逮其末也，六卿以之分晉，三桓以之弱魯，齊吞于田宗，衞亂于孫氏、甯氏，則知一國威柄，君國者不可失，昭昭矣。夫小民至愚，禮義之善或不能入，刑罰之威有所不畏者，而至咒誓于天地神明，則咸有肅心，若其性然。聖人慮臣下乘此聚結，兇頑易以作亂，故春秋于大夫初出盟亦貶之，以盟于國家爲重，不予其專也。其後，政在大夫，賴盟載之約以安國家，利社稷，蓋有之矣，而賊臣弑君叛邑，恃要言以自固者，抑比比然，然則聖人不予臣下得專兵者，慮禍微矣。」〔註五〇〕

强侯迭興，周室淪敗；大夫擅兵，六卿分晉，三桓分魯，是知兵戎之事，王天下者決不可失，此所謂威天下之大柄。盟會之事，王者主之可以施天下之令，發天下之禁，諸侯大夫主之，則臣下乘此聚結，兇頑易以作亂，故盟會與兵戎侵伐，性質雖異，而效用相近，亦王天下者所不可輕忽。

於「侵伐辨」條，又云：「夫兵戎誅殺，威天下之大柄，統一海內之法，王官之所司也。春秋之時，諸侯擅用，大率强奪弱，衆併寡，卒之四分五剖，潰爲戰國。仲尼誌之，以見王者失天下之威柄，終致天下之亂，冀後之君子覩此知威柄之不可失也。」（註五一）

於「同盟辨」條，復云：「盟以結信，興于季世，以人爲不足信，而要誓于神也。小人常情，寧悖傲于君父，而不敢慢于神；寧有罔于君父而不敢欺于神。當春秋之時，盟爲國之大事，仲尼慮姦人乘此，易以作亂，故于內大夫初出預盟皆貶之，霸國大夫初主夏盟亦貶之，示不與臣下得專也。同盟則又甚矣。易曰：『二人同心，其利斷金。』夫同善相資，其功必博；同惡相濟，其害必大；君子以興，小人以亂，不可不愼也。淸丘之役，雖無利于國，亦無敗于事，而聖人重其貶者，愼始也。其後大夫跋扈，挾外援以抗君，若姦臣刼衆以叛國，亂臣賊子至弑父與君，無所顧憚，紛紛而起，皆賴于要盟焉。是以聖人謹于其始，雖未有害，皆加貶文，冀後之君子，前知事有繫國之重，必使權歸于上，不專于臣下也。自周東遷，諸侯擅盟，大率要結朋比，始乎相軋，終乎相併，獲麟而後，四分五剖，遂峙爲戰國，則諸侯擅盟已不可，況大夫乎！此周官所以設司盟之職，春秋所以不與臣下專盟也。」（註五二）

諸侯專侵伐，主盟會，則天下之政歸諸侯；大夫專侵伐，主盟會，則一國之政歸大夫。蕭氏再次申明王者威天下之柄不可失，諸侯大夫不得主盟會。

蕭氏以爲王天下之大柄有二，其一曰威，上文已予論述；其二曰福。所謂福者，就是恩惠。

於「不書諸侯恩惠辨」條，云：「王天下者，大柄有二：曰威曰福。二柄舉則天下治矣。一有失焉，不以淪亡，則以敗亂，下或擅之，小則以霸，大則以王。是二者，王人操之，俱不可失。然威之爲用，足以制人而已，王政之末也。足以得人者，必資之于福。福者，積微以爲用，以晦而彰，以柔而强，及其至也，威不足以言之，是王道之本也。何謂福？恩惠是也。何謂威？甲兵是也。以討有罪，以結邦國，以威天下，莫大于甲兵；而甲兵之事以衆齊，衆或叛貳，則雖有知勇蓋世，不能以獨勝，是用之者必有道也，故曰王政之末也。至于恩惠所在，人懷而歸之，雖行之以無心，而歸之者必以誠。人誠而歸之則爲之服勞，爲之犯難，將惟其指顧而奔走之。大夫得此必至變家而爲國，諸侯得此必至變國而爲天下，則雖有甲兵之利，莫之能制之矣。此之謂以柔而强，矧人歸之，則天從之，猶影響之必效。……較斯二者，如不得已，失威猶可也，福去則本亡，猶能以獨存者，未之有也。故先王經世有賜諸侯弓矢，得專征伐之威，未嘗偶予臣下得私恩惠之福，誠知威之爲末，猶可以分人，福之爲本，獨操之不可失也。故禮『家施不及國』者，不予大夫得作福于國也；詩戒諸侯專封者，不予有國者得福于天下也。……春秋間有執人之君已而釋之者，滅人之國已而復之者，以一時論之，似無害于王，然力能執人之君，滅人之國，威亦大矣，釋而不殺，若復畀其人民社稷，惠亦厚矣。有威可畏，有惠可懷，商紂之時，此文王所以造周也；若夫姦雄乘之，必至吞弱兼小，雖無商紂，猶將睥睨神器，故仲尼書執人之君，滅人之國者，著其無王，罪之也；至于釋而不殺，復畀其人民社稷，則皆不書者，示不予邦君作福于天下也。春秋征伐自諸侯出，則王之壹柄去矣，若諸侯推恩布惠于天下，從而書之，則威福二柄皆出于下，王道于是絕矣，尚何以訓？況福者王道之本，本存則王道可以興，本去雖威存，亦終必亡而已，況威已去王室耶？故不書于經，存王道也。」〔註五三〕

於「書滅辨上」條，又云：「案，經襄六年莒人滅鄫，昭四年，又書取鄫，用見前此鄫之復存也。定公六年書鄭游速帥師滅許，以許男斯歸；哀元年又書許男圍蔡，用見許之復存也。夫鄫許二國既滅而再見，是必莒鄭悔禍而反二國之君，而聖筆不書其事者，不予列侯得專廢置也，不予列侯得專廢置者，一天下威福之柄于王也。夫有天下者，威福在手然後能用天下；有一國者，威福在手然後能用一國。周室終于失天下，由威福之柄下移于諸侯也；諸侯終于失國，由威福之柄下移于大夫也。故春秋凡大義有害于王者，皆不直書而微見旨焉，作後王之鑑也。」（註五四）

所謂福，就是恩惠，亦即懷柔手段。蕭氏於此異常重視，以為威者王政之末，福者王道之本，失威猶可，福去必亡。作為統治者統治人民之工具，懷柔手段較諸武力鎮壓更為有效，實毋庸置疑。蕭氏論述，透闢深入，識見顯然遠遠凌駕北宋諸「春秋家」之上。

於「地名不繫所屬之國辨」條，云：「或曰，春秋盟會戰敗之所，與山崩麓崩直名其地，不繫所屬之國，何也？曰，示諸侯不得專其地。諸侯受封邦畿等衰，雖各有分域，然而功罪之不齊，先王於是有加地削地之法焉，是邦國之地，制在王也，諸侯不得有也。夫能制邦國之地，然後能黜陟諸侯；能黜陟諸侯然後制華夏于治平，故春秋書地名不繫于邦國，言天下之地，制歸于王也。」（註五五）

與蕭氏同時或較前之「春秋家」，責諸侯間土地之攻掠予奪，皆在其侵天子之權，未及他義。蕭氏論諸侯不得專其地，乃與威福二柄之論緊相結合。蓋天子能黜陟諸侯，始能以威鎮服天下，以福施惠臣民。

於「即位辨」條，云：「位者，國君之大寶，長子繼世守之，不俟逾年更歲，然後始即。故凡書者，非其常也。非常者，見其不正也。自僖公以前，政在諸侯，則嗣子廢立由諸侯也；僖公以後，政在大夫，則人君廢立由大夫也。諸侯有國，自擅廢立，未失政也；大夫而專廢立，君權衰矣。案僖公以前，獨桓公書即位者，不正桓篡兄而立也；僖公以後，無不書即位者，不正由大夫而立也。以其時攷之，僖之末年，齊桓與管仲屬公子元于宋襄公，以爲太子，及桓公卒，易牙與寺人貂殺羣吏而立公子無虧；文之六年，晉襄公卒，晉人謀立君，趙盾欲立公子雍，賈季欲立公子樂，卒之廢雍而殺樂，幾年而靈公始立；襄公之時，齊靈公即命高厚傅牙爲太子，及靈公卒，崔杼迎光而立之。于魯則襄仲挾齊殺適（嫡）而立庶，季氏恨昭， 逐嫡而立弟， 則自僖公而後，廢立由大夫可知也。夫廢立，天下之至危事也。當至危之際，使嗣子陰默拱手以聽于人，彼無伊尹之志，孰不爲亂？于時三桓專魯，六卿專晉，田氏崔氏專齊，孫氏甯氏專衛，其視逐君如脫屣，置君如奕棊。至獲麟之時，人君之在位者僅有名號，反畏其臣如勍敵然，豈能用其國哉？故聖人惡之，自僖公而後悉書即位，所以不專予人臣得廢立也。」〔註五六〕

廢立之事，於國家社會關係重大。威福之柄，人君失之，權力勢必下移，以至國君廢立，均得聽命人臣。蕭氏所謂「政在諸侯，則嗣子廢立由諸侯」；「政在大夫，則人君廢立由大夫」，實非空泛之言。於春秋諸國大夫專政之論述，更足爲其時統治者之當頭棒喝。

北宋諸儒說春秋，闡發尊王要旨者甚衆，惟其尊王精神，多藉於經文所述故事貶斥之消極形式表現；而以積極形式提出尊王之具體措施的，蕭氏爲第一人。其所謂威福二柄，一爲軍事力量，二爲政治手腕——懷柔政策，皆統治者鞏固政權之重要工具。前者藉以鎮壓叛亂，抵抗外侮，後者藉以維繫民心。蕭氏以爲後者爲王道之本，前者為王政之末，故後者遠較前者尤為重要。

註一：按，春秋意林，提要云：「宋史藝文志作二卷，王應麟玉海作五卷，馬端臨經籍考則併春秋權衡、春秋傳、春秋意林總題三十四卷，今考權衡實十七卷，傳實十五卷，合以意林二卷，正得三十四卷，與宋志合，則玉海作五卷，傳寫誤也。」又云，「宋史藝文志獨稱敞說例十一卷，殆傳寫誤衍一十字，或竟以十一篇為十一卷也。」

註二：提要云：「考宋史藝文志，子方春秋經解十二卷，本例例要二十卷，知子方所著原本此書與本例合幷矣。朱彝尊經義考稱本例例要並存，而今通志堂刊行之本例，則析目錄別為一卷，以足二十卷之數，而例要闕焉，誤以本例目錄為例要而不知其別有一篇，恐彝尊所見，即為此本，其曰幷存，亦誤註也。」

註三：春秋經解，朱彝尊經義考謂其已佚，非也。今本題曰春秋辨疑，與原名小異，或後來更定，史弗及詳歟？

註四：納蘭成德春秋劉氏傳序。

註五：宋史本傳。

註六：朱彝尊經義考，卷一七九。

註七：朱彝尊經義考，卷一八〇，提要卷二六。

註八：陳振孫直齋書錄解題，卷三。

註九：按，上條為「公及齊侯、宋公、陳侯、衛侯、鄭伯、許男、曹伯、會王世子于首止」。

註一〇：劉敞春秋傳，第五。

註一一：太平御覽，一四六引。

註一二：劉敞春秋傳，第二。

註一三：劉敞春秋傳，第二。

註一四：劉敞春秋傳，第一。

註一五：劉敞春秋傳，第一二。

註一六：劉敞春秋傳，第一。

註一七：劉敞春秋傳，第四。

註一八：劉敞春秋傳，第一三。

註一九：提要，卷二六。

註二〇：劉敞春秋傳，第四。

註二一：劉敞春秋意林，卷上。

註二二：見董仲舒春秋繁露「三代改制質文」篇。

註二三：劉敞春秋權衡，卷八「公羊第一」。

註二四：參攷皮錫瑞經學通論四，「論存三統明見董子書，並不始於何休，據其說足知古時二帝三王本無一定」條。

註二五：劉敞春秋傳，第九。
註二六：劉敞春秋傳，第六。
註二七：劉敞春秋傳，第九。
註二八：孔廣森公羊通義，卷八。
註二九：劉敞春秋傳，第六。
註三〇：劉敞春秋意林，卷上。
註三一：陳振孫直齋書錄解題，卷三。
註三二：李心傳建炎以來繫年要錄，卷一六。
註三三：崔子方春秋經解（以下簡稱崔氏經解），卷一。
註三四：劉敞春秋傳，第一。
註三五：崔氏經解，卷二。
註三六：崔氏經解，卷二。
註三七：崔氏經解，卷三。
註三八：崔氏經解，卷六。
註三九：崔氏經解，卷六。
註四〇：崔氏經解，卷三。

註四一：崔氏經解，卷三。
註四二：崔氏經解，卷三。
註四三：崔氏經解，卷一一。
註四四：崔氏經解，卷一一。
註四五：崔氏經解，卷一〇。
註四六：提要，卷二六。
註四七：陳振孫直齋書錄解題，卷三。
註四八：胡銓春秋辨疑序。
註四九：提要，卷二六，據藝文印書館影印本。
註五〇：蕭楚春秋辨疑，卷一。
註五一：蕭楚春秋辨疑，卷二。
註五二：蕭楚春秋辨疑，卷一。
註五三：蕭楚春秋辨疑，卷三。
註五四：蕭楚春秋辨疑，卷四。
註五五：蕭楚春秋辨疑，卷四。
註五六：蕭楚春秋辨疑，卷一。

Yan Zhi (崔彥直) shut himself off from the outside world and wrote his treatise. So his exegesis of the *Spring & Autumn Annals* focused on criticism and reproach of the power grabbing officials. Chui's theories were even more impressive than those of Sun Min Fu (孫明復).

In order to prevent the loss of the emperor's power, Xiao Zi Jing (蕭子荆) suggested that "magestic awe" (威) and "prosperity" (福) should be concrete methods used by the emperor. Authority implied battles and alliances, while prosperity implied beneficence to the people. The two were essential techniques for a leader to govern the state.

With regard to political and social stability, stressing the idea of respecting the king had realistic implications in the early and middle periods of the Northern Sung. No wonder the Sung philosophers, with their ultilitarian attitude of remedying the problems of the times, wrote exegeses of the *Spring & Autumn Annals* and brought to fore the idea of respecting the heavenly king which coincided perfectly with the spirit of the times.

'driving out the barbarians' was mainly for the sake of the basic tenet 'respecting the heavenly king'.

Hu An Ding (胡安定), his disciples Sun Shen Lao (孫莘老) and Cheng Yi Chuan (程伊川), and their disciples Xie Zhi (謝湜) and Liu Xuan (劉絢) all wrote about the *Spring & Autumn Annals*; they also stressed the concept of 'the respect of the heavenly king'. They corrected and supplemented Sun's *Chun Chiu zun wang fa wei* and strengthened the theory of respecting the heavenly king. Besides strongly advocating the stabilization of the feudal rankings, they also took notice of the problem of rites and bitterly opposed the exceeding of the appropriate authority and rites by the feudal lords and officers of the state in the Spring & Autumn period. When discussing how to establish and solidify the sovereign's authority, they pointed out the importance of the control of armour and finance by the central government. During the period of governmental corruption and of weakness of the royal house and at the time when the central government lost its power to unify the various parts of the state, a tyrant might find his way to seize power. This did not mean that a tyrant could not attain 'the achievement of kingliness' (王者之業). This depended on whether he wanted to sincerely practice the ways of kingliness or else act as a tyrannical lord on false pretenses. Regarding the problem of barbarians, these scholars proposed a policy of peaceful co-existence —so long as the barbarians did not attack — rather than a bellicose policy.

Liu Yuan Fu (劉原父), very learned about the rites, gave much greater emphasis to the rites when he interpreted the *Spring & Autumn Annals* than did other scholars.

Cai Jing (蔡京) was in effective control of the country when Chui over King Pu (濮議), the reform of Wang An Shi, the setting up of political factions and the domination of the officials were again and again put forward for discussion. In general, the philosophers of the Northern Sung stressed the interpretation of 'respecting the heavenly king' while those of the Southern Sung focused on the restoration of the lost territories.

Originally, the concept of 'respecting the heavenly king' was one of the essential tenets of the *Spring & Autumn Annals*. With the Northern Sung, this concept became prominent through the scholars of classical learning. Sun Ming Fu (孫明復) was the first to introduce this theme. His method of and attitude toward studying the *Spring & Autumn Annals* had considerable influence on subsequent Sung philosophers. In one of his works *Chun Chiu zun wang fa wei* (春秋尊王發微) which consists of extremely one-sided theories, he considered that all events recorded in the *Spring & Autumn Annals* were evil and subject to Confucius' censure. He realized that it would be difficult for a country to attain unification without a strong leader at the head of the central government. The status of the ruler should never be ranked equally with the feudal lords (諸侯). Sun also energetically supported the re-establishment of feudal rankings in order to lead to a revival of the central government's power. Owing to the extreme power of the regional commanders (節度使) at the end of T'ang Dynasty, the country was effectively partitioned. Sun moured the central government's loss of power in the Spring & Autumn period as a means of warning the leader to be alert. His treatise, mentioned above, also raised the problem of 'driving out of the barbarians'. Clearly, in order to obtain stability in the Sung kingdom, the threat of Liao (遼) and Hsia (夏) had to be removed. Sun's advocacy of

THE SUNG CONFUCIANS' EXEGESIS OF THE *SPRING & AUTUMN ANNALS* AND THEIR POLITICAL THOUGHT

（宋儒春秋尊王要義的發微與其政治思想）

By Chan Hing-sun（陳 慶 新）

The intellectual climate of studies of the Chinese classics shifted with the Sung Dynasty. The change evidenced in the study of the *Spring & Autumn Annals* was especially great. With the onset of criticism of the three traditional commentaries to the classic, *San Chuan* (三傳), by Dan Zhu (啖助), Chao Kuang (趙匡) and Lu Chun (陸淳) of the T'ang Dynasty, in addition to the theory of 'Putting the *San Chuan* on a high self' proclaimed by Lu Tong also known as Yu Chuan Zi (盧仝玉川子), the trend of study of *Spring & Autumn Annals* had changed by the time of the Sung Dynasty. Most scholars of the *Spring & Autumn Annals* followed the practice of discarding the commentaries and following the classic alone (棄傳從經).

This practice and approach to studying the classics freed classical studies from traditional restraints and allowed those Sung scholars who tried to explicate the *Spring & Autumn Annals* to express their political ideas. From their works on the *Spring & Autumn Annals,* we discover that they paid attention to many of the political problems of the times. The concepts of 'respecting the heavenly king' (尊王) and 'driving out the barbarians' (攘夷), being the central issues of the current political theory, were also subjects zealously discussed by students of the *Spring & Autumn Annals.* Moreover the problems of "the way of the ruler" (王道), the succession to the throne, the debate

THE NEW ORIENTATION IN LIANG CH'I-CH'AO'S STUDY OF CHINESE HISTORY

（梁啓超對中國史學研究的創新）

By Lo Ping-mien （羅 炳 綿）

The contribution which Liang Ch'i-ch'ao made to the study of Chinese history is prominent. Influenced by his teacher and friends and the ideas of evolution, he made efforts to seek for new orientation in the study of general history, history of Chinese civilization, biography, chronological biography, etc. He put great emphasis on the political and nationalistic meaning of history. In his historical writings, we can sense striking patriotic feelings and conciousness. "History should be written for the people of the country" is his theory to which he stuck throughout his writings.

Based on these lines, the present article delineates Lianf's new historical ideas and the development and influence of these ideas in Liang's works.

imperative by foreign consular members in Korea; the Chinese government endorsed the request with utmost caution and the expeditionary force despatched was in very limited number; and every step was taken by the Chinese government to fulfill its treaty obligations and to assure Japan of its honest purpose. The war was, in fact, deliberately and unscrupulously forced on China by Japan with the intention to upset China's agelong suzerainty in Korea and replace it with her own. Even if the Chinese government ignored the request of the Korean government and no expeditionary force were despatched in 1894, the continuation and spread of the Tonghak rebellion would sooner or later provide Japan with a pretext for military interference in Korea which also would inevitably result in a war between China and Japan. The supposition appears more plausible when we know that Japanese *ronins* with the encouragement of Japanese policy-makers were active among the Tonghaks as instigators, providers and military consultants for their concealed purpose of "setting something on fire" in Korea.

ON THE JUSTIFICATION OF THE KOREAN EXPEDITION OF 1894

（論 甲 午 援 韓）

By Wang Teh-chao（王 德 昭）

The expedition of 1894 at the Korean government's request to help it suppress the Tonghak uprising in south Korea is the occasion leading to the outbreak of the First Sino-Japanese War which proved to be a diasater to China on her way to self-strengthening. Liang Ch'i-ch'ao laid the blame on Yüan Shih-k'ai and Li Hung-chang on the assumption that their ambition in Korea had prompted the expendition. The Tong-hak rebellion, it was said, was not so serious that in its suppression an expeditionary force from China was needed; it was Yüan who persuaded the Korean government to make the request and again misinformed his own government of the scope of the rebellion with exaggerations; the motive behind the expedition was the ambition of both Li and Yüan to further enhance China's image in Korea, which ironically did on the contrary an irreparable damage to the Chinese nation. This is a very unfair accusation against the Chinese government of that time and the persons who were responsible for its Korean policy. And, unfortunately, there have been historians who still follow in the wake of Liang's interpretation.

The present work is an attempt to prove that the Tonghak rebellion was serious in view of the feebleness of the Korean government forces; the request for military aid from China was motioned by Korean officers and the decision was made by the Korean court after careful considerations; an expeditionary force from China, as Korea's suzerain, to pacify the rebellion was generally expected and deemed

COMMENTARIES ON WANG CH'UNG

（王 充 論 考）

By Hsü Foo-kuan（徐 復 觀）

The purpose of this article is to try to give a full and objective picture of the life and thought of Wang Ch'ung, and by wiping off the mist which was spread by the biased studies of scholars of Hu Shih, to re-establish the proper position of Wang Ch'ung in the intellectual history of China.

Firstly, based on the contents of *Lun Hen,* the article checks out the mistakes made in the biography of Wang Ch'ung in *Hou Han Shu.* Through this, the article tries to show that there was a close relationship between the life of Wang and the formation of his thought.

The fourth section of the article defines the peculiar position of Wang Ch'ung in the intellectual world of the Han time. More emphasis is put on Wang's ideas of "deem knowledge more highly than morality," "refute the causal relationship of action and result," and "denounce the scholastic disciplines of the time," and an evaluation of these ideas is given. The fifth, sixth, seventh and eighth sections of the article purport to elaborate Wang's hatred for fabrication and talsehood in the formation of knowledge. In the light of Wang's comprehension ability and the method he used, the article attempts to judge to what degree his "hatred for fabrication and falsehood" had actually achieved its aim.

The ninth section describes the similarities and differences between Wang's idea of *tien-tao* and that prevailed in Han. Wang's **idea of** *"tien-tao tzu-jan,"* though apparently rooted in Lao-tzu, in fact differed from Lao-tzu's idea. The tenth section clears up problems of science and superstition related to Wang. The eleventh section analyses Wang's conception of fate, which in fact already came near to fortune-telling in later ages. The twelfth section discusses Wang's conception of *Ch'i*, on which his theory of human nature was founded. The compromising attitude he adopted in his theory of human nature may compensate for the loss of the human self in his idea of fate.

Kiang-chow, reached Kao-hsien, then led northward along the east side of the Fen-shui, passing Chin-chow (now Ling-fen Hsien), Fen-shui-kwan (now Nan-Kwan-chen, north 40 *li* of Huo Hsien), Yin-ti kwan (now Kao-pi-pu, south 20 *li* of Ling-hih Hsien), to Leng-chuan-Kwan (now north 45 *li* of Ling-shih Hsien), to Leng-chuan-kwan (now north 45 *li* of Ling-shih Hsien). About south 100 *li* of Leng-chuan, there was the route running through the Ch'ioh-shu-ku pass. North of Leng-chuan, there were also two routes, the south running along the south side of the Fen-shui and the north crossing Fen-shui running along the north side of the Fen-shui. Both the routes led to reach Tai-yuan Fu (now Chin-yuan Hsien).

These post roads provided a busy and prosperous traffic in T'ang time and, as a result, the details of these roads can still be drawn out. Names of the known Posts amounted to 22.

THE POST ROAD LEADING FROM CH'ANG-AN TO TAI-YUAN IN THE TIME OF T'ANG
（唐代長安太原道驛程考）

By Yen Keng-wang（嚴耕望）

Ch'ang-an, the imperial capital of T'ang, Lo-yang, its eastern capital, and Tai-yuan, its northern capital, were connected by three post roads, of which the one linking Ch'ang-an and Lo-yang was the busiest, and to a less degree the one linking Ch'ang-an and Tai-yuan. Based on data from historical and geographical works, poems and essasys, and tomb inscriptions of the time of T'ang, alongside with reference to the travelling records of Japanese monks, the present article attempts to draw out the track of the three post roads. The following is a simplified description: From Ch'ang-an to Tung-chow (now Tali Hsien), there were the north and south routes. The south led eastward from Ch'ang-an, passing the Pa-ch'iao Post, crossing the Tung-wei Bridge, advancing along the north of the Wei River. The north started also from Ch'ang-an, taking northward across the Wei River to reach Ching-yang, advancing along the southern side of the Northern Mountains. The two routes met at Tung-chow. Crossing the Yellow River the combined route led northward to Ho-chung Fu (now Yung-tsi Hsien).

Leading eastward and northward from Ho-chung Fu to Kiang-chow (now Hsin-kiang Hsien), there were the east and west routes. The west route ran along the east side of the valley of the Yellow River, and then the north side of the Fen-shui; and the east route passed through places like Yu-hsiang and An-yi, and met the west route at Kiang-chow. The combined route crossed the Fen-shui at

Aknowledgement

The Institute of Advanced Chinese Studies and Research of New Asia College, Hong Kong, wishes to acknowledge with gratitude the generous contribution of the Harvard-Yenching Institute towards the cost of publication of this Journal.

一九七一年十二月一日初版

新亞學報　第十卷第一期（上冊）

定價　港幣三十元　美金六元

編輯者　新亞研究所　九龍新亞書院

發行者　新亞書院圖書館　九龍農圃道六號

承印者　人文印務公司　九龍浙江街二十六號

THE NEW ASIA JOURNAL

Volume 10 **December 1971** **Number 1 Part I**

THE NEW ASIA RESEARCH INSTITUTE